BASTEI
LÜBBE

Yoram Binur

Mein Bruder, mein Feind

Aus dem Amerikanischen
von Jürg Wahlen

BASTEI-LÜBBE-TASCHENBUCH
Band 61 218

1. Auflage Dez. 1991
2. Auflage Juli 1992

Die amerikanische Originalausgabe erschien 1989 unter dem
Titel »My Enemy, My Self« bei Doubleday, New York
© 1989 by Yoram Binur
Published by arrangement with Doubleday, a division
of Bantam Doubleday Dell Publishing Group, Inc.
© der deutschsprachigen Ausgabe 1990 by SV International/
Schweizer Verlagshaus AG, Zürich
Lizenzausgabe: Gustav Lübbe Verlag GmbH, Bergisch Gladbach
Printed in Germany, Juli 1992
Einbandgestaltung: Manfred Peters
Titelbild: Yisrael Cohen
Druck und Bindung: Ebner Ulm
ISBN 3-404-61218-3

Dieses Buch ist dem besseren Einvernehmen zwischen Israelis und Palästinensern gewidmet.

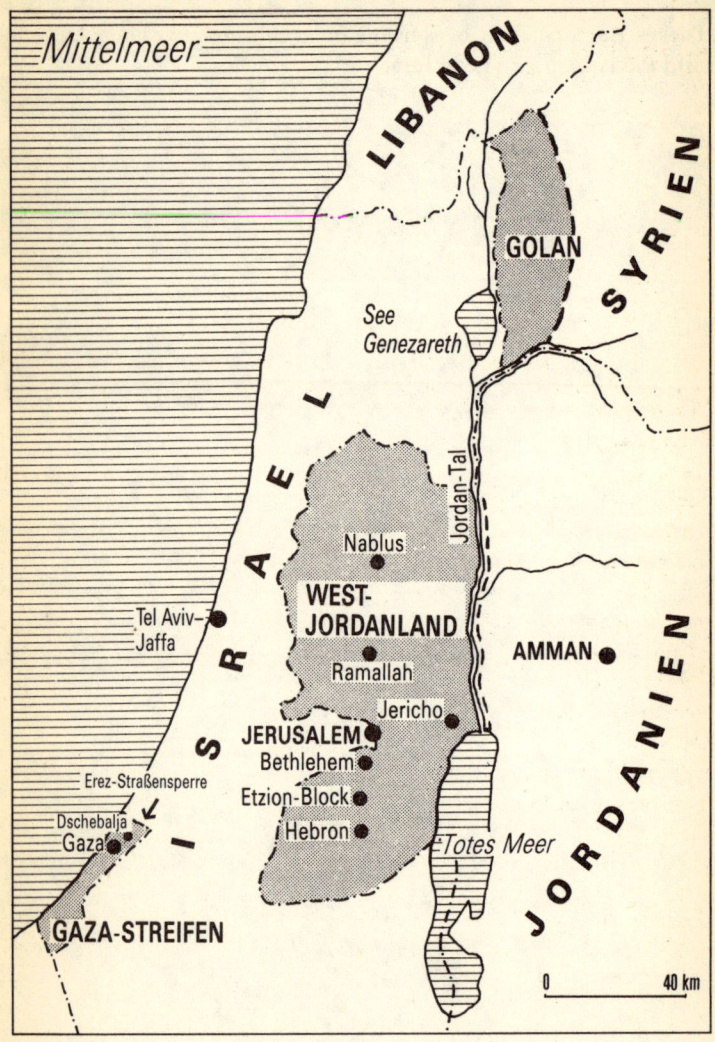

Reproduktion mit freundlicher Genehmigung der »Neuen Zürcher Zeitung«.

Inhalt

Vorwort   9
Einführung   11
Kolosseum   19
Binchu   40
Abu Naim   63
Nachwehen   95
Miri   107
Geheimnummer   129
Zutritt verboten   140
Kibbuz   158
Dschebalja   188
Sumud   225
Intifada   239
Schlußwort   262

Dank

Mein Dank gilt all jenen, ohne deren Mithilfe ich dieses Buch nie hätte schreiben können: Feisal el-Husseini aus Ostjerusalem, Uriel Grunfeld aus Tel Aviv, Amit Harpas aus Rosch Pina, Hassan Dschibril vom Flüchtlingslager Schati im Gazastreifen, Fathi Raban vom Flüchtlingslager Dschebalja im Gazastreifen, Daud Kuttab aus Ostjerusalem, Yisrael Cohen aus Tel Aviv, Makram Huri Mahul aus Jaffa, Carol Mann aus New York – und vielen weiteren, deren Identität ich nicht enthüllen kann.

Vorwort
zur deutschsprachigen Ausgabe

Dieser persönliche Bericht erzählt von meinen Erlebnissen während der sechs Monate, in denen ich in die Rolle eines Palästinensers schlüpfte. Zum Zeitpunkt der Publikation des vorliegenden Buches ist die Intifada, der Aufstand der Palästinenser, bereits zur Alltagsroutine geworden und von heftigen Gewalttätigkeiten geprägt.

Ich befinde mich weit weg von meiner Heimat und höre den blutigen Widerhall. Die Zahl der Opfer, sowohl auf seiten der Palästinenser als auch der Israelis, nimmt ständig zu. Einige der in diesem Buch porträtierten Menschen hatten das unglückliche Los, erneut in die Schlagzeilen zu gelangen. Zu ihnen zählt Mohammed Abu el-Naser. Als ich mich als Palästinenser verkleidet hatte, lud mich Naser zum Mittagessen in sein Haus im Flüchtlingslager Dschebalja ein; um sich zu vergewissern, daß ich kein Spion war, fragte er mich mit einem scharfen Messer in seiner Hand so lange aus, bis er zur Überzeugung gelangt war, ich sei wirklich ein Palästinenser. Jahre danach erfuhr ich, daß Naser einen amerikanischen Manager einer Hilfsorganisation in der Stadt Gaza entführt hatte, und im Juni 1989 las ich von Nasers Ermordung in einem Zeitungsartikel der *New York Times* mit dem Titel »Israelis morden Araber im Zusammenhang mit Entführung«. Ein weiterer Fall betrifft Hassan Dschibril, einen palästinensischen Journalisten, der mir unschätzbare Hilfe geleistet hatte. Während einer Palästinenserdemonstration wurde er von israelischen Soldaten übel zugerichtet und nach seiner Entlassung aus dem Krankenhaus in ein spezielles Gefangenenlager für aufständische Häftlinge gesteckt.

Bei der Niederschrift dieses Buches kämpfte ich häufig gegen widersprüchliche Gefühle an. Ist es wirklich meine Schuldigkeit als israelischer Jude, die Palästinenser besser zu verstehen, wo sie doch zur Zeit die Feinde meines Volkes sind? Wo liegt der Unterschied zwischen Kritik am eigenen Volk und Nestbeschmutzung? Heute blicke ich aus mehreren tausend Kilometer Entfernung auf Israel. Seit meinem Tarnprojekt ist einige Zeit verstrichen, doch ich glaube, daß einer, der weiß und fühlt, was ich vor fünf Jahren wußte und fühlte, und der dennoch nichts unternimmt, um die Aufmerksamkeit seines Volkes auf diese Situation zu lenken, sich seinem Vaterland gegenüber viel treuloser verhält.

Über allen Schmerz und alle Leidenschaftlichkeit meiner Erlebnisse hinaus bin ich zu dem Schluß gekommen, daß Israel vor einer weitaus kritischeren und tiefergreifenden Entscheidung steht als allein vor der Frage, ob man mit der PLO sprechen sollte oder nicht. Der springende Punkt ist vielmehr folgender: Werden die Israelis in ihrem Teil der Welt die Soldaten und Polizisten spielen – oder werden sie dieser Welt einmal als ein Teil zugehören?

Irgendeinmal wird das israelische Volk zum Schicksal der besetzten Gebiete Stellung beziehen müssen, sei es mittels Wahlen oder mittels einer öffentlichen Meinungsumfrage. Der Bevölkerung sollten dabei möglichst umfassende Unterlagen zur Verfügung stehen, damit sie ein Urteil zu dieser Frage abgeben kann, und wenn mein Buch auch nur ein Geringes zu diesem Ziel beiträgt, betrachte ich es bereits als einen Erfolg.

New York, September 1989

Einführung

*I*m Jahr 1984 begann ich als Reporter für die lokale Wochenzeitung *Kol Hair* (»Die Stimme der Stadt«) in Jerusalem zu arbeiten. Gleich zu Anfang ließ mich der Chefredakteur wissen, daß sie einen Zuständigen für den arabischen Sektor der Stadt suchten, um Kontakte zu knüpfen und über die dortigen Ereignisse zu berichten. Ich erklärte mich dazu bereit, das arabische »Revier« zu übernehmen. Mein erster Artikel handelte von Dorfbewohnern, die in ein arabisches Krankenhaus auf dem Skopusberg eingeliefert worden waren. Die israelische Armee hatte eine Ausgangssperre über ihr Dorf verhängt und war bei einer nächtlichen Hausdurchsuchung so grob und ruppig vorgegangen, daß viele der Einwohner ärztliche Behandlung nötig hatten. Als ich eine offizielle Antwort auf die von mir zusammengetragenen Informationen forderte, stritt der Sprecher der israelischen Streitkräfte jegliche Übertretung seitens des Militärs ab. Nach der Veröffentlichung meines Berichts, in welchem untrügliche Beweise für die Gewalttätigkeiten der beteiligten Armeeangehörigen geliefert wurden, erhielt der Sprecher von seinen Vorgesetzten einen Rüffel. (Nebenbei bemerkt, akzeptierte er seinen Tadel wie ein Gentleman und hat mich seither immer sehr fair behandelt.)

In kurzer Zeit hatte ich die Grenzen meines Aufgabenbereichs weiter gesteckt und begann außer über Ostjerusalem auch für den Großteil des Westjordanlands und gelegentlich über den Gazastreifen zu berichten. Mein täglicher enger Kontakt mit Arabern aus den besetzten Gebieten brachte es mit sich, daß sich nicht nur meine Beherrschung der arabischen Umgangssprache, sondern auch meine Kenntnis ihrer Umgangsformen, Gebräuche und Gesten beträchtlich verbesserten.

Wie sehr ich die palästinensische Kultur in mich aufgesogen hatte, wurde mir erstmals richtig bewußt, als ich mit Danny Rubinstein, einem kampferprobten Reporter der Zeitung *Davar*, nach Nablus reiste, um einen Verwandten von Abu Nidal, dem berüchtigten palästinensischen Terroristenführer, zu interviewen. Während unseres Gesprächs erfuhr ich, daß der Befragte glaubte, ich sei Rubinsteins arabischer Führer. Auch bei anderen Gelegenheiten hielten mich Araber aus den besetzten Gebieten irrtümlicherweise für einen der Ihren.

Da die Neuigkeiten aus dem Westjordanland zu jener Zeit ziemlich belanglos waren, bewogen mich solche Fehleinschätzungen dazu, meinem Redakteur ein anderes Vorgehen vorzuschlagen. Mir war die Idee gekommen, aus einer neuartigen Perspektive über unsere Beziehung zu den Palästinensern zu berichten: Ich wollte mich in den verschiedensten Lebensumständen in der israelischen Gesellschaft als Palästinenser ausgeben und meine eigenen Eindrücke wie auch die Reaktionen der Leute auf mich festhalten. Für Jerusalem, wo Araber und Juden Seite an Seite in benachbarten Stadtvierteln leben, schien meine Initiative besonders relevant, und mein Chef war damit einverstanden.

Bevor ich mein Vorhaben ausführen konnte, mußte ich mir zuallererst das Erscheinungsbild eines typischen palästinensischen Arbeiters verpassen, was mit Hilfe von entsprechenden Kleidungsstücken und Accessoires relativ leicht zu bewerkstelligen war. Ganz in der Nähe eines der Stadttore der von Mauern umringten Altstadt Jerusalems bietet ein Trödler gebrauchte Kleidung in einem Supermarkt-Einkaufswagen an. Bei ihm erstand ich mehrere Paar sehr alte, weite schwarze Hosen sowie einige Hemden mit Flicken. Meine neue Garderobe erhielt ihren letzten Schliff, als ich aus dem obersten Regal im Wandschrank meines Vaters eine alte, gestreifte Jacke hervorzog, die schon Jahre vor der Gründung des Staates Israel getragen worden war.

Des weiteren legte ich mir einige der typischen Utensilien eines arabischen Arbeiters zu. Als erstes borgte ich mir von meiner Mutter einen billigen Einkaufskorb aus Plastik, wie ihn ältere Hausfrauen zum Einkaufen auf dem Markt bei sich tragen. Arabische Arbeiter benutzen solche Körbe häufig, um ein paar notwendige Dinge mit zur Arbeit zu nehmen. Dann kaufte ich mehrere Ausgaben der bebilderten Wochenzeitung *Al Biader Al Siasi*. Selbst aus einiger Entfernung war die Illustrierte leicht zu erkennen, ob sie nun in meinem Einkaufskorb lag oder zusammengerollt in meiner Jackentasche steckte. Als letztes erstand ich drei Kartons Farid-Zigaretten. Sie werden in Ostjerusalem hergestellt, haben einen starken, bitteren Geschmack, und keinem Juden würde es je einfallen, dieses Kraut zu rauchen.

Um mein Image zu vervollständigen, hörte ich auf, mich zu rasieren, und nahm stets meinen guten, alten, zerschlissenen roten Keffijeh mit, die traditionelle arabische Kopfbedeckung. In den besetzten Gebieten hat die Farbe eines Keffijeh eine ganz bestimmte Bedeutung. Ein roter Keffijeh hat sich im Lauf der vergangenen Jahre zu einem Symbol für die Anhänger und Sympathisanten der PELP, der Volksfront für die Befreiung Palästinas, und anderer linksgerichteter Organisationen gemausert, während ein schwarzweißer auf einen Anhänger der Al Fatah hinweist. Zuweilen sieht man auch Männer mit grünweißen Keffijehs: Dies sind die religiösen Fundamentalisten, Anhänger der »Moslemischen Bruderschaft« oder der radikalen Gruppe »Islamischer Dschihad« [Heiliger Krieg]. Ich selbst entschied mich vor allem aus praktischen Gründen dafür, einen roten Keffijeh zu tragen – diese Farbe stach von allen am meisten ins Auge.

Nebst der Bekleidung unterscheiden sich auch die Gesten und die Körpersprache der Araber sehr auffällig von jenen der Mehrheit der Juden. Nur sehr wenige Juden (wahrscheinlich nur solche, die in anderen Nahostländern geboren und aufgewachsen sind) werden beispielsweise ein Glas Tee ergreifen, indem sie es mit vier Fingern unten am Glas halten und den Daumen über den Rand legen; fährt ein Araber in einem israelischen Taxi oder Bus, wird er die Beine übereinanderschlagen, um möglichst wenig Platz einzunehmen; und so gibt es noch viele andere, meist unbewußte körperliche Ausdrucksformen, die mir, wie ich glaube, mit der Zeit in Fleisch und Blut übergegangen sind.

Nachdem ich mich vom Aussehen her erfolgreich in einen Palästinenser verwandelt hatte, unternahm ich eine Reihe kurzer Streifzüge ins Zentrum des »jüdischen« Jerusalem, wo ich allerlei prosaische Alltagshandlungen ausführte, wie zum Beispiel in einen Bus zu steigen oder in den Kaffeehäusern herumzusitzen. Ich besuchte auch einige der nächtlichen Treffpunkte und Klubs und versuchte zusammen mit einer Komplizin eine Wohnung zu mieten, wobei wir uns als »rassisch gemischtes« Paar ausgaben. In der Reportage, die ich über die Reaktionen auf mein »palästinensisches« Gehabe in diesen Situationen verfaßte, kam ich zum Schluß, daß trotz der Nähe, in welcher Juden und Araber in Israel leben, und trotz der angeblichen Vereinigung der Stadt Jerusalem zwischen den beiden Völkern ein spürbarer geheimer Vorbehalt geblieben ist und sie einander mit Angst und Argwohn begegnen.

Mein Projekt erweckte breites Interesse und führte schließlich zu dem größerangelegten Unternehmen, von dem in diesem Buch die Rede ist. Über einen Zeitraum von sechs Monaten lebte ich mehr oder weniger pausenlos als Araber in einer Vielzahl verschiedenster Lebensumstände, darunter waren ein Flüchtlingslager im Gazastreifen, eine Anzahl Arbeitsstellen in Tel Aviv und ein Kibbuz, wo ich interessante Erfahrungen als Freiwilliger machte. Absichtlich beschloß ich, Jerusalem diesmal auszulassen. Da ich dort wohnte, war das Risiko zu groß, einem Bekannten in die Arme zu laufen und demaskiert zu werden. Außerdem gehen die arabischen Arbeitskräfte in Jerusalem nach der Arbeitszeit nach Hause und bleiben nicht im jüdischen Sektor der Stadt. In dieser Hinsicht bot sich mir in Tel Aviv ein breiteres Spektrum an Möglichkeiten, und nicht zuletzt konnte ich so auch die Wohnverhältnisse in einer illegalen Absteige in Jaffa erforschen.

Im allgemeinen suchte ich nach Situationen, die für den durchschnittlichen Palästinenser, der unter israelischer Militärherrschaft lebt, repräsentativ sind. So nahm ich eine Stelle als Hilfskraft in einem Restaurant und als Mechaniker in einer

Autoreparaturwerkstätte an, wohnte mit anderen arabischen Arbeitern zusammen und ging sogar eine Beziehung mit einer jüdischen Israeli ein. Sich freiwillig zur Arbeit in einem Kibbuz zu melden wäre einem Araber hingegen wohl kaum je in den Sinn gekommen, bot mir jedoch eine ausgezeichnete Gelegenheit, einen spezifischen Teilbereich der jüdischen Gesellschaft genauer unter die Lupe zu nehmen.

Dieses zweite Projekt zeichnete sich durch eine noch gründlichere Vorbereitung aus. Zur Vorsicht riß ich alle Schildchen und Etiketten aus meinen Kleidern heraus, die Verdacht erregen konnten. In einem Schuhgeschäft in der Altstadt von Jerusalem kaufte ich ein Paar billige Sandalen aus Plastik, das wie Wildleder aussah. Diese Sandalen werden in Gaza hergestellt und nur von Arabern getragen. Als ich den Laden betrat, sprach mich der Verkäufer auf hebräisch an, doch sobald ich meinen Wunsch geäußert hatte, wechselte er sogleich ins Arabische über.

Das nächste, was ich mir besorgte, war eine passable ID – für den Fall, daß ich meinen potentiellen Arbeitgebern einen Personalausweis vorlegen mußte. Einige Monate zuvor war mir im Laufe meiner Arbeit wahrhaftig eine jordanische Identitätskarte in die Hände geraten. Sie hatte einem gewissen Ali Hussein gehört, der in Ostjerusalem ermordet worden war. Der verstorbene Besitzer des Dokuments war 1947 geboren worden, und seine Gesichtszüge ähnelten meinen eigenen. Um unliebsame Komplikationen zu vermeiden, nahm ich mir vor, meine arabische ID nur bei ganz bestimmten Gelegenheiten zu zeigen, israelischen Arbeitgebern beispielsweise, nicht aber israelischen Behördenvertretern wie Polizisten oder Militärpersonen. In solchen Fällen hoffte ich, so lange wie nur möglich meiner Rolle treu bleiben zu können und notfalls meinen eigenen Israeli-Personalausweis zu zücken. Das Vorzeigen falscher Papiere hätte leicht dazu führen können, daß ich wegen Behinderung der Amtsgewalt, mißbräuchlicher Benutzung eines Ausweises und weiterer Übertretungen verhaftet worden wäre, was mein Projekt vorzeitig beendet hätte.

Schließlich legte ich mir eine mehr oder weniger konsistente

Tarngeschichte zurecht. Da im Ausweis nur der Geburtsort seines Besitzers und keine gegenwärtige Adresse aufgeführt war, entschied ich mich für eine Version, die mich zu einem Insassen des Flüchtlingslagers Balata in der Nähe von Nablus, eines der militanteren Lager im Westjordanland, machte. Bei mehreren Gelegenheiten gab ich mich nicht wie in der ID verzeichnet als Ali, sondern als Fathi aus. Ich hatte diesen Namen schon jahrelang unter meinen arabischen Bekannten verwendet, da es ihnen Schwierigkeiten bereitet, meinen hebräischen Namen auszusprechen. Nachdem ich den Rat eines palästinensischen Freundes eingeholt hatte, entschied ich mich für den Geschlechtsnamen Awad. Die Awads sind eine kleine und relativ unbekannte Familie in den besetzten Gebieten, daher war die Chance, auf Leute zu treffen, die sie näher kannten, gleich Null.

Dennoch bestand immer die Möglichkeit, daß ein besonders argwöhnischer Zeitgenosse Verdacht schöpfte, es darauf anlegte, mir auf den Zahn zu fühlen, und dabei Schwachpunkte in meiner Vertrautheit mit den lokalen Gegebenheiten entdeckte. Für solche Fälle beschloß ich, meiner angeblichen Lebensgeschichte ein Kapitel in den Vereinigten Staaten anzuhängen. Was meinen unzureichenden arabischen Wortschatz betraf, wollte ich dafür sorgen, Diskussionen über Themen wie Naturwissenschaften oder klassische Literatur möglichst aus dem Weg zu gehen und darauf zu achten, in den Bereichen des alltäglichen Lebens und der Politik zu bleiben, wo ich mich viel sicherer fühlte.

Um das Projekt so weit wie möglich mit Bildern zu dokumentieren, mußte ich einen Fotografen anheuern und führte mit einer Anzahl von Profis Interviews durch. Alle drückten ihre Begeisterung und Bereitwilligkeit aus, mich zu begleiten, doch während der Vorbereitungszeit wurde mir klar, daß es um mehr ging als bloß um einen Fotografen. Ich hatte jemand nötig, der in heiklen oder sogar gefährlichen Situationen ruhig Blut bewahrte, der keine Angst hatte, Örtlichkeiten zu betreten, wo Israelis im allgemeinen nichts zu suchen haben. Und noch viel wichtiger: Ich brauchte einen Menschen, der mir Mut machen und mich anspornen konnte, wenn ich mir je unschlüssig würde.

Der einzige aus meinem Bekanntenkreis, der all diesen Anforderungen genügte, war Yisrael Cohen. Er kannte mich seit langem, wußte über meine Schwächen Bescheid und war von meinen respektablen journalistischen Referenzen nicht sonderlich beeindruckt. Wir hatten miteinander in der Armee Dienst geleistet, später oft zusammen gearbeitet und gemeinsame Reisen unternommen.

Yisrael wuchs in einer der ruppigsten Gegenden Jerusalems auf. Als ich noch auf dem Dach meines Elternhauses Tauben züchtete, hing er schon in den Bars herum, und während ich süße Träume vom hübschesten Mädchen meiner Klasse spann, verkehrte er bereits mit jungen ausländischen Touristinnen, die gekommen waren, um sich die Heilige Stadt anzusehen. Nach Beendigung seiner Wehrpflicht studierte er Fotografie. Heute führt er sein eigenes Studio in Tel Aviv und unterrichtet an einer Schule für Fotografie. Mit seinen eigenen Worten: »Meine Lebensgeschichte hat viel mit Willenskraft zu tun. Wäre es nach meiner Herkunft gegangen, hätte ich eigentlich als Kellner oder Schlosser enden müssen.«

Eine Erinnerung – und zwar keine für mich besonders schmeichelhafte – bewog mich speziell dazu, das Projekt Yisrael anzutragen. 1979 waren wir in einem alten, zerbeulten Auto durch die Vereinigten Staaten gereist. Irgendwo auf den staubigen Straßen von Alabama ärgerte er sich dermaßen über mich, daß er den Wagen mitten im Niemandsland anhielt und mir zitternd vor Wut auszusteigen befahl. Zu guter Letzt ließ er sich beschwichtigen; er beruhigte sich wieder etwas, und wir blieben zusammen. Ich war mir gewiß, daß jemand, der es fertigbrachte, mir derart Angst einzujagen, mich ohne Zweifel auch vor anderen Leuten und vor mir selbst schützen konnte.

Eine der bedeutendsten arabischen Führerpersönlichkeiten in den besetzten Gebieten, Feisal el-Husseini, der kürzlich neun Monate in administrativem Gewahrsam zubrachte, hörte mir geduldig zu, als ich ihm von meinem Vorhaben berichtete. Er hielt mir das Risiko vor Augen, das ich einging: Falls die Araber, mit denen ich in Berührung kam, mich verdächtigten, ein israelischer

Geheimagent zu sein und für den Schin Bet zu arbeiten (den israelischen Geheimdienst, jetzt als Schabak bekannt), schwebte ich in Lebensgefahr.

Schließlich gab er mir einen Brief mit, in welchem er darum bat, man möge mir alle nur erdenkliche Unterstützung gewähren, damit ich meine journalistische Mission ohne Einschränkung ausführen könne. Feisal el-Husseini, Sohn eines berühmten Palästinenserführers und Nationalhelden, der 1948 während des Kriegs in einer bekannten Schlacht auf der Straße nach Jerusalem getötet worden war, ist eine der wichtigsten Figuren, welche die politische Linie der PLO unterstützen. Angesichts seiner unangefochtenen Anerkennung unter der Bevölkerung in den besetzten Gebieten diente mir dieser Brief als eine Art Versicherungspolice. Wenn ich in der Klemme war, konnte er mir das Leben retten – falls ich noch Zeit fand, ihn vorzuzeigen. Es war sehr großzügig von Feisal, mir diesen Brief ohne Zögern auszustellen, denn aus seiner Sicht bestand letztendlich stets das Risiko, daß ich log und sein Schreiben dazu verwenden würde, um gegen das Volk von Palästina zu spionieren. Für sein Vertrauen bin ich ihm sehr dankbar.

Kolosseum

*E*s war Sonntagmorgen, als ich zum erstenmal in die Jefetstraße in Jaffa kam, die Gegend, die als »Sklavenmarkt« bekannt ist. Ich hatte ein graues T-Shirt, zerschlissene kurze Jeans und Sandalen an. Ich nahm meinen Platz unter den anderen ein und wartete. Ein Blick auf meine Umgebung zeigte etwas über vierzig Männer, die herumstanden oder auf den Eisengeländern saßen, welche den Gehsteig säumten. Nebst diesen Männern, die an jenem Tag noch keine Arbeit gefunden hatten, gab es auch ein paar Taxifahrer, deren Wagen Nummernschilder mit dem hebräischen Buchstaben *Ayin* trugen, ein Kennzeichen, daß sie von Gaza kamen.

Ebenfalls anwesend waren zwei Juden um die fünfzig. Sie steckten in ausgebeulten Militäruniformen und schleppten unhandliche tschechische Gewehre mit sich herum, welche wahrscheinlich aus dem Zweiten Weltkrieg stammten oder noch älter waren. Die beiden Soldaten waren recht freundlich und hielten gelegentlich an, um mit dem einen oder anderen der Araber auf hebräisch ein Schwätzchen zu halten. Sie waren Mitglieder des Zivilschutzes: israelische Reservisten, die auf den Straßen der größeren Städte postiert werden, Polizeidienste verrichten und insbesondere die Augen nach Arabern offenhalten, welche aus den besetzten Gebieten nach Israel kommen.

Es herrschte heftige Konkurrenz. Jeder zusätzliche Anwärter auf Arbeit im Kreis verminderte die Chancen der übrigen, einen Job zu kriegen. Ich war nicht nur ein Neuankömmling, sondern kam auch nicht wie die meisten aus dem Gazastreifen. An meinem ersten Tag sprach ich denn auch fast nichts mit den anderen und begnügte mich damit, bloß einen Gruß auszutauschen. *»Asalamu aleikum«*, sagte ich brav, und die traditionelle Antwort *»Aleikum asalam«* folgte auf dem Fuß. Im allgemeinen wurde nicht viel gesprochen. Wir waren viel zu sehr damit beschäftigt, Ausschau zu halten, und ließen unsere Augen von Seite zu Seite huschen, um die sich nähernden Wagen zu beobachten. Vielleicht saß ein jüdischer Boß darin, der auf dem »Sklavenmarkt« Arbeiter holen kam.

Am zweiten Tag wurde ich schon ein wenig kühner und fragte einen etwa vierzigjährigen Mann in abgegriffener Arbeitskluft, wo er herkomme.

»Lager Dschebalja in Gaza. Und du?«

»Ich bin auch ein Sohn aus den Lagern. Aus Balata.«

»Die Söhne aus den Lagern seien gesegnet«, erwiderte der Mann.

Sein Name war Abdallah. Er hatte keine feste Arbeit und nahm sich daher jeden Morgen in Gaza ein Taxi, um sein Glück in Tel Aviv zu versuchen. Bekam er keinen Job, suchte er um die Mittagszeit ein zweites Taxi, das ihn nach Hause ins Flüchtlingslager zurückbrachte.

Gerade als Abdallah mich ein paar Kollegen vorstellte, wurden wir durch die Ankunft eines dunkelblauen Dienstwagens der Polizei unterbrochen, der diskret in einem engen Gäßchen schräg gegenüber parkte. Hundert argwöhnische Augen klebten an dem Fahrzeug. Ein großer Polizist trat heraus, kam zu uns herüber und ging ohne ein Wort von einem zum anderen, um die Personalausweise einzusammeln. Die Männer reagierten mit einer automatischen Gebärde, die für ihre Erfahrung sprach: Sie führten eine Hand zur oberen linken Brusttasche, zogen eine orangefarbene Plastikkarte hervor und händigten sie dem Polizisten aus.

»Verdammt! Warum zum Kuckuck muß der gerade jetzt auftauchen?« dachte ich nervös. Unvermeidlich kam die Reihe an mich. *»Hawija!«* (arabisch für Identitätskarte) forderte der Polizist mit ausdrucksloser Miene. Nun stand ich vor einem Dilemma.

In meiner linken Tasche steckte meine israelische ID, in der rechten die jordanische. Wenn ich den jordanischen Ausweis vorzeigte und der Polizist sein Geschäft verstand, würde er mich verhaften und zum Verhör abführen, sobald er die ID-Nummer geprüft hatte. Bekamen andererseits die arabischen Arbeiter die blaue israelische Identitätskarte zu Gesicht, konnte meine Tarnung sofort auffliegen.

»*Hawija!*« Der Polizist erinnerte mich ungeduldig daran, daß mir nicht viel Zeit zum Überlegen blieb. Ich überreichte ihm hastig meinen israelischen Ausweis. Ganz offensichtlich hatte ich mehr Angst vor der Polizei als vor meinen Arbeitskollegen.

Nachdem der Polizist von allen anwesenden Männern die ID eingezogen hatte, kehrte er damit zum Wagen zurück. Während er sich mit einem Kollegen die Namen und Nummern notierte, saßen wir da und warteten. Ich hoffte, daß ihnen entgehen möge, was für ein seltsamer Vogel ich war, und tatsächlich reagierten sie nicht darauf. Entweder hatten die Nummernfolgen wegen der schieren Anzahl der Dokumente, die täglich überprüft werden mußten, ihre Bedeutung verloren, oder die Beamten wollten einfach eine ruhige Kugel schieben und nicht noch vor Schichtende eine komplizierte Prozedur in Gang setzen. Wie dem auch sei, nach etwa einer halben Stunde schob sich eine khakiärmelige Hand aus dem Wagenfenster. Einer der Arbeiter ging hinüber, nahm die Papiere in Empfang und begann Namen auszurufen, um die Ausweise ihren Eigentümern zurückzuerstatten. In dem Augenblick, als ich die blaue Karte sah, grabschte ich sie mir und steckte sie schnell weg. Niemand schien bemerkt zu haben, daß etwas nicht stimmte.

Ein weiterer Tag ohne Arbeit verging und dann noch einer. Der Mittag des fünften Tags war gekommen, und ich hatte die Hoffnung schon aufgegeben. Ich fragte Abdallah, ob er einen Ort wisse, wo ich die Nacht in Tel Aviv verbringen könne.

»Wieso mußt du unter Juden schlafen? Du kriegst bloß Scherereien mit der Polizei. Wenn sie dich schnappen, wirst du verprügelt, kommst ins Gefängnis und kriegst zweitausend Schekel Buße aufgebrummt«, sagte er.

Ich erklärte ihm, es sei schwierig, ein Taxi von Tel Aviv nach Nablus zu erwischen, und außerdem hätte ich auch nicht genug Geld. Eine billige Herberge, wo »unsere Brüder« zu wohnen pflegten, sei die bessere Lösung für mich. Abdallah war sehr entgegenkommend und fragte herum. Die allgemeine Empfehlung lautete, ich solle mich an Abu Rajab wenden. Jemand zeigte ihn mir – ein gutgekleideter älterer Mann, der etwas abseits in der Gesellschaft der Taxifahrer saß.

Als ich zu Abu Rajab hinübergehen wollte, rollte ein weißer Subaru in unser Blickfeld. Diesmal war ich auf Draht. Zusammen mit den anderen glücklosen Männern, die noch immer keinen Job gekriegt hatten, startete ich einen wilden Angriff auf den Wagen. Wir schoben einander beiseite, während wir nach Kräften versuchten, irgendeinen hervorstehenden Gegenstand zu packen – einen Kotflügel, einen Scheibenwischer oder einen Türgriff. Auf diese Weise wurden wir mehrere Meter auf der Straße mitgeschleppt. Schließlich hielt der Fahrer an und rief durchs Fenster auf hebräisch: »Ich suche Arbeiter für ein Restaurant. Es besteht die Möglichkeit, an Ort und Stelle zu schlafen.«

Wir stürmten den Wagen, und plötzlich fand ich mich auf dem Rücksitz wieder, eingeklemmt zwischen zwei verschwitzten Kerlen aus Gaza. Trotz dieser Unannehmlichkeit war ich höchst erleichtert, den Asphaltgehsteig mit einem Polstersitz japanischer Machart getauscht zu haben. Abdallah saß vorne auf dem Beifahrersitz und verhandelte mit einem etwa fünfunddreißigjährigen Juden in schwarzer Lederjacke um unseren Lohn. Er bot fünfzehn Schekel (etwa zehn Dollar) pro Tag für Küchenarbeit, die jeden Tag um Mittag beginnen und bis vier Uhr morgens dauern sollte. Es gab so viel zu essen, wie wir wollten, und einen Raum, wo wir schlafen konnten. Die Bezahlung, die der Jude anbot, war im Verhältnis zu den vielen Arbeitsstunden selbst für »Sklavenmarkt«-Verhältnisse absurd niedrig, und Abdallah stritt sich mit ihm deswegen herum. Der langwierige Handel paßte dem Juden offenbar nicht in den Kram. »Du da! Raus aus dem Wagen! Verpiß dich!« befahl er Abdallah. Als dieser nach dem Grund fragte, erhielt er schroff zur Antwort: »Weil ich deine

Visage nicht mag!« Darauf murmelte Abdallah eine Verwün-
schung und stieg aus.

Wir drei auf dem Rücksitz waren uns einig, daß der Mann, mit
dem wir feilschten, sogar für einen Juden einen üblen Charakter
habe, daher machten wir Anstalten, wieder auszusteigen. Doch
gerade als ich einen Fuß auf die Straße setzte, wandte sich Abdallah an mich. »Fathi, du hast doch einen Platz zum Schlafen gesucht. Geh besser mit ihm, wenigstens für diese Nacht. Ganz
gleich, wieviel du kriegst, auf alle Fälle ist dein dringendstes Problem damit gelöst.« Auf diese Weise war ich von der Verpflich-
tung entbunden, Solidarität mit meinen Arbeitskollegen beweisen zu müssen; ich schlüpfte auf den Vordersitz des Wagens
neben den Juden. Er musterte mich von oben bis unten. Im Gegensatz zu den Männern von Gaza, die berühmt für ihre finsteren
Blicke sind, mit denen sie alle Juden begrüßen, senkte ich meinen
Blick. Meine demütige Gebärde hinterließ zweifelsohne einen guten Eindruck auf den Mann, und er machte mir sogleich ein Angebot, das auf den ersten Blick günstig schien: »Willst du auf Mo-
natsbasis arbeiten? Du kriegst fünfhundert Schekel im Monat.
Woher kommst du?«

Ich überhörte sein Angebot und bezog mich nur auf seine
zweite Frage, als sei sie das einzige, was ich verstanden hätte. In
gebrochenem Hebräisch antwortete ich: »Ich von Nablus, Lager
Balata.«

»Wie heißt du?« fragte er.

»Mein Name ist Fathi. Fathi Awad«, erwiderte ich auf arabisch.

Der Mann ließ den Wagen an und wandte sich beim Wegfah-
ren zu den anderen Arbeitern um. Sein Gesicht verzerrte sich zu
einer haßerfüllten Grimasse. »Die Arbeiter von Gaza sind ein
Haufen stinkender Hunde! Doch du scheinst ein anständiger
Kerl zu sein. Könntest du mir noch ein paar Arbeiter von deinem
Ort beschaffen?« Ich tat so, als ob ich sein Hebräisch nicht verstehen würde, und erst als er sich gewissenhaft in einem Kauder-
welsch aus halb Hebräisch, halb Pidgin-Arabisch erklärt hatte,
machte ich eine Faust und drückte sie an mein Ohr, als hielte ich

einen Telefonhörer in der Hand. »Abend, dann ich sprechen mit Freunde suchen Arbeit«, sagte ich.

Der Jude hielt seinen Wagen beim Hintereingang eines großen Industriegebäudes in der Ben-Zvi-Straße in Tel Aviv an. Im zweiten Stockwerk befanden sich die Festsäle des »Kolosseums« (Name geändert), wo ich arbeiten sollte. Hier wurden Hochzeiten, Empfänge und ähnliches abgehalten. Wir betraten den großen Saal, der soeben sauber geschrubbt worden war. Die Stühle standen alle noch auf den Tischen. »Mosche« (wie sich der Mann in der schwarzen Lederjacke vorstellte) drängte mich nach hinten in die Küche. Die Angestellten schienen mich alle anzuglotzen, denn ich war der einzige Araber unter ihnen. Sie waren russische Immigranten: Männer mit vom tagelangen Stehen über dampfenden Kochtöpfen geröteten Gesichtern und Frauen aus Georgien, die Köpfe mit Kopftüchern bedeckt, die Haut ihrer Hände rissig von zu vielem Geschirrspülen.

Mosche wies auf einen älteren Mann von etwa sechzig Jahren. »Das ist ›Schmuel‹, mein Vater. Du tust, was er dir befiehlt, hörst du!« Der Alte machte mir Zeichen, ihm zu folgen. Er ging zu einem der riesigen Kochtöpfe, die über dem Feuer brodelten, füllte eine Schale mit heißer Suppe und gab ein paar Stücke billiges, fettes Fleisch hinzu, das er sich von einem der Köche holte. Dann setzte er die Schale auf ein Plastiktablett und reichte sie mir, zusammen mit einem ganzen Laib Challah und einer Flasche Orangensaft. Der Dampf der Suppe stieg mir in die Nase und erinnerte mich daran, daß ich heute noch gar nichts gegessen hatte. Wieder im Saal, nahm ich zwei Stühle von einem der Tische, und Schmuel und ich setzten uns mitten in einen Wald aus Stühlen, die ihre Beine in die Luft streckten.

Schmuel maß mich mit starrem Blick. »Fathi«, sagte er, »du kannst hier essen, soviel du magst. Einfach essen, arbeiten, essen, arbeiten... Du brauchst gar nicht hinauszugehen, sonst kriegst du bloß Scherereien mit der Polizei.« Ich nickte ausdruckslos, tunkte einen Bissen Challah in die Suppe und kostete beim Kauen das süße, warme Brot aus.

Meine erste Aufgabe bestand darin, sämtliche Stühle von den Tischen zu nehmen und den Saal für die Hochzeit herzurichten, die am Abend dort stattfinden sollte. Gegen die Hunderte mit braunem Kunstleder bezogenen Stühle stand ich auf verlorenem Posten. Ich konnte spüren, wie die Augen des Alten Löcher in meinen Rücken bohrten, von welchem der Schweiß in meine Shorts und die Unterwäsche zu rinnen begann. Nachdem ich zwei Stunden lang Stühle aufgehoben und abgestellt hatte, erschien mir der Saal viel größer, als er in Wirklichkeit war. Ein weiterer Angestellter, ein Jude, wurde mir zugeteilt, um mir bei der Arbeit zu helfen.

Als ich den letzten Stuhl vom Tisch hatte, spürte ich, wie sich eine Hand auf meine Schulter legte. Der Goldzahn in Schmuels Mund glitzerte, während er mir lächelnd bedeutete, ihm in die Küche zu folgen, wo jetzt Hochbetrieb herrschte. Er hatte sich eine eigenartige Zeichensprache ersonnen, um sich mit mir zu verständigen. Wir gingen zur Geschirrspülecke, wo zwei große Chromstahlbecken auf mich warteten, in welchen sich riesige Kochtöpfe und schmutzige Pfannen hochtürmten. Er goß eine stark riechende Flüssigseife in einen Plastikbehälter, verdünnte sie mit etwas Leitungswasser und machte mit seiner Hand eine Kreisbewegung, genau wie der alte Mann im Film *The Karate Kid*, der dem Jungen erklärt, wie man einen Wagen wäscht. Mitten in seiner Gebärde sagte der alte Kauz: »Schnell! Schnell!«, und ich begann zu schrubben.

Während ich rieb und scheuerte, schickten die Köche in einem horrenden Tempo einen nicht enden wollenden Strom von schmutzigen Töpfen und Pfannen in meine Richtung, so daß ich kaum mithalten konnte. Einer der Köche, ein großer Russe, schlenkerte ein großes, saftiges Stück Fleisch, kam zu mir herüber und reichte es mir. Diese noble Geste machte mir allerdings wenig Eindruck, denn der durchtriebene Schurke wollte bloß, daß ich noch schneller arbeitete und die Töpfe, die er benötigte, zuerst drannahm.

Während ich schuftete, floß das Wasser in der offenen Kloake unter dem Spülbecken über. Ich warf Schmuel, der wie ein Wachhund gleich hinter mir stand, einen fragenden Blick zu. Er wies auf den Abfluß am Ende der Wasserrinne. Es mußte also sein. Ich kniete mich in den Unrat, schöpfte das fettige Zeugs und die Pellen heraus, die den Ablauf verstopften, und warf sie in die Mülltonne. Meine Füße in ihren billigen Sandalen waren klebrig und glitschig von der Mixtur aus Seife, Dreck und Fett.

Nach acht Stunden pausenloser Arbeit konnte ich kaum noch stehen. Schließlich beendeten die Köche ihr Tagwerk und unterzogen die Küche einer oberflächlichen Reinigung. Währenddessen genoß ich eine kurze Atempause. Wirklich nur sehr kurz, denn da tauchte auch schon Schmuel auf und winkte wie der Teufel mit einem Finger. Ich folgte ihm, bis er einen großen Kühlraum für die Vorräte öffnete und schnell zurücktrat, um einer Welle eiskalter Luft auszuweichen, die durch die offene Tür herausströmte. Er machte mir Zeichen, hineinzugehen und ein paar Kästen Bier zu holen. Ich war von der Arbeit in der heißen Küche schweißbedeckt und brachte mich ernsthaft in Gefahr, mir eine Lungenentzündung zu holen, wenn ich diesen Kühlschrank betrat. Der alte Schuft war sich des Risikos genau bewußt, deshalb hielt er sich selbst in sicherer Entfernung und bezeichnete mir von weitem, was ich für ihn heraustragen sollte.

Nach und nach trafen die Hochzeitsgäste ein. Die jüdischen Kellner, angetan mit weißen Hemden und billigen Frackschleifen, huschten zwischen Küche und Saal hin und zurück und trugen mit Speisen beladene Tabletts auf. Meine Hauptaufgabe war jetzt, ihnen das Essen und die Getränke zum Servieren bereitzustellen. Die Küchentüren wurden geschlossen, und Schmuel vergewisserte sich, daß den Gästen der Anblick eines schmutzigen arabischen Arbeiters erspart blieb. Nach kurzer Zeit fuhr mich einer der Kellner, ein etwa zwanzigjähriger Jüngling, scharf an: »Achmed, bring mir noch zwei Kästen Bier, aber dalli!« Achmed und Mohammed sind gebräuchliche arabische Namen, und häufig sprechen Juden, die sich nicht die Mühe nehmen, die Namen ihrer Helfer kennenzulernen, sie mit einem dieser beiden Vornamen an. Nun mochten zwar der Hochzeitssaal oder sogar das ganze Land im Besitz von Juden sein, doch mein Name gehörte

mir, und ich war unter keinen Umständen gewillt, ihn mir weg-
nehmen zu lassen. Schwach vor Müdigkeit und zitternd vor Wut
wegen dieser Beleidigung vergaß ich meine Stellung als Niedrig-
ster aller Arbeiter und packte den Kellner bei seinem gestärkten
Kragen. Ich brachte sein Gesicht nahe an meins und zischte auf
arabisch: »Ich bin nicht Achmed! Ich bin Fathi!« Der Bursche
erbleichte und änderte sein Benehmen schlagartig: »Schon gut,
schon gut! Also, Fathi, könntest du mir bitte zwei Kästen Bier
holen?«

Ein durchschnittlicher arabischer Arbeiter hätte es nie gewagt,
sich so zu benehmen, wie ich es an jenem Abend dem jungen
jüdischen Kellner gegenüber getan hatte. Mein fast gewalttätiger
Ausbruch, der den Jungen verängstigt und zu einer Entschuldigung bewogen hatte, war jedoch nichts anderes als die Folge der
fortwährenden Demütigungen, die ich erlitten hatte. Ich war es
einfach nicht gewohnt, jemandes Sklave zu sein.

Einige wenige Male machte Schmuel eine Ausnahme von der
eisernen Regel, daß ich die Küche nicht verlassen durfte: Wenn
die Mülltonne geleert werden mußte, durfte ich jeweils den Müllwagen durch den Korridor schieben, der zum Saal führte. Die
Hochzeitsgäste gingen in ihren besten Staat gekleidet lächelnd an
mir vorbei und trugen ihre farbig eingepackten Geschenke zu den
Neuvermählten. Es war erniedrigend und frustrierend für mich
zu wissen, daß diese selbstgefälligen, wohlgenährten Menschen
meine Gegenwart nur duldeten, weil ich zum Gegenwert eines
lausigen Schekels pro Stunde die Schmutzarbeit verrichtete.
Einer der Gäste, der zufällig meinen Weg kreuzte, fragte mich, wo
hier die Herrentoilette sei. Ich machte eine unbestimmte Gebärde
und antwortete auf arabisch: »Ich spreche nicht hebräisch.«

Nach einer Weile erschienen zwei arabische Jugendliche, um
mir zu helfen. Während wir schufteten, schlossen wir kurz Bekanntschaft. Sie hießen Hamdi und Thair und kamen beide aus
dem Gazastreifen. Tagsüber arbeiteten sie in einer Konditorei,
die Mosche gehörte, dem Mann, der mich hierhergebracht hatte.
Abends beschäftigte er sie für ein paar zusätzliche Schekel im
Hochzeitssaal. Später tauchte noch ein dritter Jugendlicher na-

mens Jaber auf und wurde mir als Hilfskraft bei meiner gegenwärtigen Aufgabe als Lastenschlepper zugeteilt, um Waren her-
umzutragen und den Vorratsraum aufzufüllen. Da er ganz passa-
bel hebräisch sprach, ließ Schmuel ihn seine Anweisungen für
mich übersetzen. Ich redete wenig und arbeitete hart, sehr zur
Befriedigung des Alten.

Um ein Uhr früh war ich völlig ausgepumpt. Doch mit Hilfe von
Jabers Übersetzungskünsten oder eines Fingers, den er mir in
den Rücken bohrte und der danach auf einen Kasten wies, welcher weggeräumt werden mußte, fuhr Schmuel unbarmherzig
fort, mir Arbeit zuzuweisen, als wäre ich eine Maschine. Meine
Armmuskeln und mein Rücken schmerzten höllisch. Ich bat deshalb Jaber, Schmuel mitzuteilen, ich sei müde und wolle endlich
schlafen gehen. Ich wußte, daß kein anderer Arbeiter je bereit
gewesen wäre, an einem Ort wie diesem für so wenig Lohn zu
arbeiten, und blieb bei meiner Forderung. Als Schmuel zur Antwort gab: »Versuche doch Fathi zu bewegen, noch etwa eine
Stunde weiterzuarbeiten«, forderte ich Jaber auf, diesem jüdischen Hundesohn auszurichten, wenn noch immer so viel Arbeit
übrig sei, könne er meinetwegen seine Schwester dafür einspannen. Jaber modifizierte meine Botschaft allerdings ein wenig:
»Der Mann ist müde und will sehr gern schlafen, dafür er wird
morgen länger arbeiten.« Er nutzte die Gelegenheit und ließ
Schmuel wissen, daß er ebenfalls Schlaf brauchte, weil er morgen
früh Windbeutel machen müsse. Schmuel versuchte auch ihn zur
Weiterarbeit zu überreden, doch schließlich händigte er ihm einen
Schlüssel an einem Schnürsenkel aus, und wir verließen die Küche.

Am Ende des Korridors war eine Metalltüre, die Jaber mit dem
Schlüssel aufschloß. Der Türrahmen wurde von ein paar Rund-
eisen gehalten, welche in die Wand eingetrieben und verschweißt
worden waren. Eine gähnende Lücke über der Tür schien zu be-
sagen, daß es auf der anderen Seite nichts Nennenswertes zu
stehlen gab. Sobald das Licht im Raum anging, sauste eine große
Ratte aus einer der Ecken hervor und verschwand in einer Spalte
zwischen dem Fußboden und den nackten Betonwänden. Aus

Metallregalen war unsorgfältig eine dreilagige Schlafkoje zusammengebaut worden, und auf dem Fußboden waren nochmals drei Matratzen ausgebreitet, die fast den ganzen Raum einnahmen.

»Hamdi, Thair und ich schlafen hier, ya Fathi«, sagte Jaber und deutete mit der Schüchternheit eines Jugendlichen, der sich ein wenig schämt, sich bessere Bedingungen als sein Vorarbeiter ausgehandelt zu haben, auf die Schlafkojen. Der Junge schien bereits an ein Leben voll Arbeit und Mühsal gewöhnt. »Wenn es Allahs Wille ist, gehe ich morgen nach Hause, und Sie können auf dem Bett schlafen«, setzte er hinzu, als hätte er meine Gedanken gelesen.

Ich stellte den Plastikeinkaufskorb auf eine der Matratzen, wühlte in meinen wenigen Habseligkeiten herum, fischte ein Handtuch heraus und ging mich waschen. Das Personal vom »Kolosseum« benutzte dieselben Toiletten, die den Gästen zur Verfügung standen. Unter diesen Umständen war es völlig aussichtslos, auch nur einen Bruchteil der Schmutzschicht zu entfernen, die während des Tages an mir klebengeblieben war. Eine Dusche zu nehmen stand außer Frage. Um der Hygiene wenigstens minimal Genüge zu tun, schlüpfte ich aus meinen Sandalen und wusch mir im Waschbecken mit Seife die Füße. Meine Zehennägel starrten vor Schmutz, und keine Seife der Welt brachte die Schwärze zum Verschwinden. »Araberfüße«, dachte ich. Ich erhaschte im Spiegel einen Blick von mir, und dabei wurde mir bewußt, daß ich zum erstenmal seit Arbeitsantritt einen Augenblick Zeit für mich allein hatte. Ich versuchte, mir über meine Situation klar zu werden. Es fiel mir schwer zu akzeptieren, daß Hamdi, Thair und Jaber in ihren Kojen behaglich und tief schlafen sollten, während ich auf dem Fußboden pennen mußte. Ich wurde nachdenklich. 1976 hatte ich als Offizier der israelischen Armee in Ramallah, einer arabischen Stadt in der Nähe von Jerusalem, Wehrdienst geleistet. In jenen Tagen pflegte ich Jugendliche wie Hamdi, Thair und Jaber jeweils mit einem Fußtritt und einem heftigen Schlag auf den Kopf hinten in meinen Jeep zu befördern. Heute konnten sie Rache üben, wenn auch nur im kleinen und ohne sich dessen gewahr zu sein – richtige Kojen für sie, der Fußboden für mich.

Kurz nachdem ich zurückgekehrt war und mich eben mit einer schmutzigen Wolldecke zuzudecken versuchte, kamen Hamdi und Thair herein. Hamdi spendierte mir eine Weintraube und eine Flasche Saft, die er von der Küche mitgebracht hatte. »*Tfadal*, ya Fathi«, sagte er und streckte sie mir hin; »*schukran, amo*«, dankte ich ihm. Schweigend pflückte ich die einzelnen Beeren ab.

Die Stunde der Wahrheit war gekommen: Erstmals gab ich mich in Gesellschaft von Arabern als Araber aus. Die Situation war alles andere als gemütlich. Wir befanden uns in einem abgeschlossenen Raum. Die Hochzeit war schon seit einiger Zeit vorüber, und es war niemand in der Nähe, der mir hätte helfen können, wenn meine Tarnung aufflog. Wegen der weitverbreiteten Praxis des Schin Bet, Informanten unter die Araber einzuschleusen, die aus den besetzten Gebieten kommen, leben diese in ständiger Angst. Ausdrücke wie *amil, jasus, chain, bischtril* (Agent, Spion, Verräter, Kollaborateur) sind häufig zu hören. Jeder der Kollaboration mit den israelischen Behörden Verdächtigte muß damit rechnen, erstochen oder mit einem zusammengerollten Tuch, das als improvisiertes Seil dient, erwürgt zu werden.

Ich beschloß, so passiv wie möglich zu bleiben und meine Unterhaltung auf knappe Antworten zu beschränken. Ein einziges unnötiges Wort von meiner Seite oder ein Fehler in der Aussprache, und keiner meiner Zimmergenossen hätte mir geglaubt, daß ich bloß ein Buch schreiben wollte.

Die drei Jungen lagen in ihren Kojen. Hamdi schwelgte in einer ausführlichen Beschreibung eines Mädchens, das er in Gaza getroffen hatte. »Ich habe ihr ins Gesicht geschaut und gleich gemerkt, daß sie keine von uns war. Die war völlig schamlos. In Raffah halten wir uns noch an die islamischen Vorschriften. Früher einmal sind sie auch in Dschebalja streng befolgt worden, aber jetzt ist es dort immer schlimmer geworden.« Dann ließ er sich von seiner Begeisterung forttragen und erzählte uns von dem Zimmer, das er sich im Heim seiner Eltern in Raffah herrichtete. »Jeder von uns hat ein Zimmer von drei mal drei [Metern], aber meins mißt vier mal vier, und alles ist nagelneu. Es hat sogar eine Eßnische aus Formica drin, und die Küchengeräte sind auch neu.«

Die Kälte vom Fußboden drang leicht durch die dünne Matratze, auf der ich lag. Während Hamdis Monolog fiel mir ein, daß ich eigentlich nachmessen sollte, wie dick sie war. Ich streckte einen Finger aus und hielt ihn mit der Kuppe gegen den Fußboden an den Matratzenrand. Sie reichte bis zu einem Drittel am Finger hoch, maß also etwa zwei Zentimeter. Sogar im Gefängnis dürften die Matratzen dicker sein!

Jaber wandte sich an mich und fragte: »Wie sind denn eure Mädchen drüben in Nablus? Man sagt, ihr seid schon langsam wie die Juden geworden.«

Jetzt war es soweit. Ich war aufgefordert, mich am Gespräch zu beteiligen, und es gab keinen Weg zurück. Ich mußte mir etwas einfallen lassen. Trotz meiner Müdigkeit waren alle meine Sinne hellwach. Gesprächsfetzen fuhren mir durch den Kopf. Ich beschloß, für den Moment nicht auf die Mädchen in Nablus einzugehen. Wenn ich schon arabisch sprechen mußte, dann über ein Gebiet, in dem ich besser bewandert war. »Hat die Polizei hier je eine Razzia gemacht? Wissen sie Bescheid über diesen Raum?«

Thair, der bis jetzt geschwiegen hatte, stützte sich auf seine Ellbogen hoch und bewies, wie wenig er von der Politik der israelischen Militärbehörden wußte. »Was? Euch von Nablus ist es auch verboten, hier zu schlafen?«

»Natürlich ist es verboten«, antwortete ich. »Letzte Woche haben sie einen Vetter von mir geschnappt, der mit anderen zusammen in einer Herberge in Ramleh gewohnt hat.«

»Nun ja, die Polizei kennt diesen Platz«, sagte Thair. »Sie sind vor zwei Wochen hiergewesen. In jener Nacht habe ich hier mit einem Freund aus Raffah geschlafen. Sie haben uns zusammengeschlagen und ins Gefängnis gesteckt, und wir haben achthundert Schekel Buße und eine Gefängnisstrafe auf Bewährung gekriegt.«

Die drei Jugendlichen waren nervös geworden. Sie zeigten bei der bloßen Erwähnung der Polizei deutlich Angst und erschienen mir jetzt noch jünger als vorher, während wir zusammen gearbeitet hatten. Ermutigt von meinem Erfolg, wagte ich mich einen Schritt weiter vor: »Die Mädchen in Nablus sind wirklich freier, aber bei uns in Balata ist es anders. Wir halten uns noch streng an die Tradition.«

»Gesegnet seien die Söhne aus den Flüchtlingslagern, die von jeher unter den Händen der Zionisten gelitten haben«, entgegnete Thair, in welchem die bloße Erwähnung der Flüchtlingslager offenbar einen Funken nationalistischer Glut entzündet hatte.

Während ich die Fragen der Jungen beantwortete, ließ ich ein wenig über meinen »Hintergrund« verlauten und überprüfte gleichzeitig meine Tarngeschichte, um sicherzugehen, daß sie glaubwürdig genug war. »Ich bin Mechaniker, aber ich habe auch ein paar Kurse an der Bir-Zeit-Universität genommen. In Nablus habe ich in einer Autowerkstatt gearbeitet, meistens an Peugeots und Mercedes. Manchmal schicke ich auch Zeitungsartikel an die *Al Fajr*.« Zum Glück waren die Jugendlichen aus Gaza nicht auf der Höhe, was im Westjordanland vor sich ging, und so konnte ich ihnen in aller Ruhe erzählen, was wir in Balata alles erdulden mußten.

Kurz nachdem das Licht ausgemacht worden war, sagte Thair: »Ya Fathi, ich hoffe, irgendeinmal wird der Tag kommen, wo wir mit diesen Juden abrechnen können.«

Ein Schauer fuhr mir das Rückgrat hoch, und ich zog die Decke eng über mich. Diese Worte klangen bedrohlich in meinen Ohren, gerade weil sie in so trockenem und nüchternem Tonfall ausgesprochen worden waren. Der Tag, auf den Thair anspielte, war sozusagen mein Ende. Ich faßte mich und entgegnete: »*Allahu maa asabirin* [Allah hilft den Geduldigen]. Keine Sorge, dieser Tag wird einmal kommen.« Und mit dieser Bemerkung fielen wir in einen tiefen Schlaf.

Nach ein paar Tagen Arbeit im »Kolosseum« war ich in einer traurigen Verfassung. »Ich muß aus dem Haus, um ein paar Freunde zu treffen«, teilte ich Schmuel mit, doch der alte Mann konnte mich nicht verstehen, und Jaber war nicht da, um mir beim Übersetzen zu helfen.

Schmuel rief Mosche zu sich. »Was hast du dort draußen zu suchen? Die Polizei wird dich höchstens verhaften, und dann lassen sie dich nicht an die Arbeit zurück. Heute ist eine große Hochzeit, und wir stehen hier schwer unter Druck«, erklärte mir Mosche sichtlich ungehalten in seinem gebrochenen Arabisch.

»Ich habe Freunde aus meinem Lager, die nicht weit von hier arbeiten, und ich will sie besuchen gehen«, antwortete ich mit aller Entschiedenheit, die ich aufbringen konnte.

»Das kannst du tun, wenn du wieder zu Hause bist. Hier brauchst du keine Freunde zu besuchen und in Schwierigkeiten zu geraten. Besser, du arbeitest weiter. Wenn es dieses Wochenende keine Arbeit gibt, kannst du dir frei nehmen.«

Erst nach einer langen Auseinandersetzung und nachdem ich Mosche versprochen hatte, daß ich versuchen wollte, unter meinen Freunden eine billige Arbeitskraft für ihn zu finden, gewährte er mir eine halbe Stunde Ausgang. »Aber keine Minute länger! Und ich werde dir diese halbe Stunde vom Lohn abziehen, komm also nachher nicht und beklage dich darüber.«

Ich packte meinen Korb und nahm den Aufzug die zwei Stockwerke zur Straße hinunter. Autos flitzten vorbei. Die Ladengeschäfte hatten geöffnet, die Straße summte geschäftig – ich hatte beinahe vergessen, wie es draußen in der Welt zuging. Seit meiner Ankunft in dem Industriegebäude an der Ben-Zvi-Straße hatte ich tagelang keinen Fuß aus dem »Kolosseum« rausgesetzt. Ich stöberte in meinen Taschen herum. Gott sei Dank waren meine Marken noch dort. Jetzt mußte ich nur noch ihr Gegenstück finden: eine Telefonzelle, die funktionierte. Ich schlenderte durch die umliegenden Straßen, die meistenteils mit Autoreparaturwerkstätten gesäumt waren.

Ich erkannte ein großes, eingezäuntes Gebäude von abstoßendem Äußeren wieder, das leicht vom Gehsteig zurückversetzt lag. Es war das Abu-Kabir-Untersuchungsgefängnis. Wenige hundert Meter weiter kam ich am Gerichtsmedizinischen Institut vorbei. Ich konnte fühlen, wie mir meine jordanische Identitätskarte beinahe ein Loch in die obere rechte Brusttasche brannte. Ihr einstiger Besitzer war hier zu Besuch gewesen, wenn auch nicht als Lebender – sein vorletzter Aufenthaltsort in dieser Welt. Hier war sein Körper von einem Skalpell aufgeschlitzt worden, worauf man die Kugeln, die ihn getötet hatten, herauszog. Ich ließ meiner Phantasie freien Lauf und verlor mich in eine pathetische Vorstellung: wie man die Schnitte grob vernähte, so daß sich die Stiche deutlich auf dem Leichnam abzeichneten; wie die Familie des Mannes seine sterbliche Hülle auf einen Lieferwagen zerrte, um sie in einem Dorf irgendwo in den unfruchtbaren Hügeln von Judäa zur Ruhe zu betten; wie die Trauernden nach alter islamischer Sitte Palmwedel hochhielten und wie in ihrer Brust Haß aufwallte und sich mit der gespannten Traurigkeit vermischte.

Ich konnte keine Telefonzelle finden. Zwanzig Minuten waren bereits verstrichen, seit ich das »Kolosseum« verlassen hatte, und wenn mein Plan gelingen sollte, mußte ich unbedingt rechtzeitig zurück sein. Dann erspähte ich auf der Theke eines Imbißlokals ein Telefon und trat ein. Die Kunden starrten mich mit sichtlichem Unbehagen an, besonders meinen Korb, als wäre eine Bombe darin, die jeden Augenblick die Decke über ihren Köpfen einstürzen lassen könnte.

Wie aus dem Nichts tauchte plötzlich ein dicker Mann auf, pflanzte sich breitbeinig vor mir auf und kehrte den Chef heraus. »Hier gibt es keine Arbeit«, sagte er auf arabisch, ohne daß ich ihn danach gefragt hätte.

»Ich möchte gern telefonieren, wenn es möglich ist«, sagte ich.

»Das Telefon funktioniert nicht. Und jetzt troll dich!« befahl der fette Mann und setzte unserer Unterhaltung ein abruptes Ende.

Die Kunden schienen dieses kleine Intermezzo sehr zu genießen und freuten sich an meiner Abfuhr. Als ich mich abwandte, konnte ich hinter meinem Rücken ihr höhnisches Lächeln spüren. »Die machen sich aber wirklich. Jetzt können sie schon mit einem Telefon umgehen«, hörte ich jemand kommentieren. Ich umklammerte die Henkel meines Plastikkorbs fester.

Im nächsten Restaurant bestellte ich eine Flasche Saft und ein

Stück Kuchen und bat erst nachher, das Telefon benutzen zu dürfen. Gott sei Dank war Yisrael Cohen, mein Fotograf, zu Hause. Ich bedeckte die Sprechmuschel mit meiner Hand, während ich hastig in den Hörer sprach. »Komm heute nachmittag ins ›Kolosseum‹. Das ist so eine Art Hochzeitssaal.« Ich versuchte Yisrael in Kürze zu erklären, was mir in den letzten Tagen alles widerfahren war. Er notierte sich die Adresse und versprach, vorbeizukommen.

Wenige Stunden nach meinem kleinen Ausflug hörte ich eine Männerstimme verkünden: »Ich möchte euer Fotograf werden. Ich komme jede Hochzeit fotografieren, und der Laden kriegt zehn Prozent Kommission auf meinen Gesamteinnahmen.« Die Stimme erfüllte mich mit neuer Energie, aber auch mit Angst. Mir war nicht gestattet, die Küche zu verlassen, und ich fürchtete schon, daß Yisrael mich nicht sehen würde. Abgesehen von dem einen Telefongespräch hatten wir in den letzten Tagen keinen Kontakt gehabt, und womöglich dachte er, eine falsche Adresse notiert zu haben, und würde wieder gehen. In meiner lähmenden Müdigkeit und nach all den erlittenen Demütigungen konnte ich nicht mehr die Kraft aufbringen, das »Kolosseum« auf eigene Faust zu verlassen. Ich fühlte mich so elend, daß mir schien, als sei es nur Yisrael noch möglich, mich hier herauszubringen – ansonsten müßte ich für immer hierbleiben und weiterarbeiten.

Mein dringender Wunsch, daß dieser Alptraum endlich ein Ende nehme, ließ mich – zumindest aus der Perspektive eines unterwürfigen arabischen Arbeiters – mutig zur Tat schreiten. Ohne daß mich der alte Mann dazu aufgefordert hätte, rollte ich einen Handwagen mit leeren Biergebinden in den Korridor hinaus. Schmuel zeigte sich hocherfreut über meine Initiative und schlurfte mir nach. Und da, im Korridor draußen, da stand er – mein Retter! Als Yisrael mich erblickte, gefror ihm das Lächeln auf dem Gesicht. Er faßte sich jedoch sogleich und drückte hastig den Auslöser seines Fotoapparates, um Schmuel und mich auf den Film zu bannen.

»Wenn Sie schon ein Hochzeitsfotograf sein wollen, warum haben Sie denn diesen Araber da fotografiert?« fragte der Alte arg-

wöhnisch. Ich hielt ängstlich den Atem an, aber Yisrael war nicht
aus der Ruhe zu bringen. »Ach, ein Araber mehr oder weniger
spielt wirklich keine Rolle. Ich bringe Ihnen die Aufnahme später
vorbei. Sie werden zufrieden sein«, sagte er. Nachdem ich den
Müll geleert hatte, kehrte Schmuel in die Küche zurück, und so
fand ich Zeit, Yisrael zu bitten, am nächsten Tag um vier Uhr früh
hierherzukommen und mich abzuholen.

Yisrael ging weg. Ich aber blieb zurück, voller Neid auf den
privilegierten Status, der es ihm erlaubte, sich in einen Wagen zu
setzen, den Motor anzulassen und zu einem warmen Zuhause und
einer Ehefrau zu fahren. Ich bekam gerade noch einen Teil des
Gesprächs zwischen Schmuel und Mosche mit. Sie hegten nicht
den geringsten Verdacht, daß der Fotograf, der hier aufgetaucht
war, mit ihrem Araber in Verbindung stand, sondern befürchteten viel eher, er könnte ein Geheimagent der Steuerbehörden
sein.

Die Gewißheit, daß Yisrael am Morgen zurückkehren und mir
wenigstens einen oder zwei Tage lang wieder zu meiner wahren
Identität verhelfen würde, erleichterte mich ungemein. Während
der verbleibenden Arbeitsstunden erging ich mich in allerlei ab-
fälligen Bemerkungen über meine Arbeitgeber und über die Juden im allgemeinen. Wann immer Schmuel oder Mosche mir
etwas auftrugen, forderte ich Jaber auf, ihnen mit subversiven
Sprüchen wie »Die palästinensische Revolution kriegt euch schon
noch, ihr zionistischen Zuhälter« zu antworten, was zur Folge
hatte, daß Jaber mich ganz ehrfürchtig ansah. Er mußte seine
ganze Virtuosität aufbieten, um mein bombastisches Schwadro-
nieren auf eine Weise zu übersetzen, die die Ohren unserer Brötchengeber nicht allzusehr beleidigte.

Mein letzter Arbeitstag im »Kolosseum« ging relativ rasch vorüber. Ich hatte mich bereits an die schwere Arbeit und den damit
verbundenen Schmutz gewöhnt. Der üble Geruch, den mein Körper ausdünstete, störte mich nicht im geringsten – er machte
höchstens denen zu schaffen, die neben mir stehen mußten. Am
Ende des Tages bat ich Mosche, mir meinen Lohn, den ich bisher
verdient hatte, auszuzahlen. »Ein Freund von mir geht ins Lager

zurück. Er kommt morgen hier vorbei und bringt das Geld meiner Familie«, erklärte ich. Mosche grunzte und gab mir mit lässiger Geste zehn Schekel. »Den Rest kriegst du später, damit du nicht plötzlich auf dumme Gedanken kommst und uns abhaust.«

In jener Nacht verwickelte ich meine Gefährten in unserem muffigen Zimmer in ein politisches Gespräch. Der Erfolg dieses letzten Tages hatte mir neuen Mut gemacht. Fathi Awad nahm bereits mehr Platz in meinem Wesen ein als Yoram Binur. Wenn ich richtig verstanden hatte, sympathisierten die drei Jungen mit Linksorganisationen wie der Volksfront für die Befreiung Palästinas unter der Führung von George Habasch. Thair und Jaber hatten es bereits geschafft, eine gewisse Zeit in Gaza im Gefängnis abzusitzen – Jaber unter Anklage, Steine auf ein israelisches Fahrzeug geschleudert zu haben, Thair unter dem Verdacht, er habe einen Molotowcocktail geworfen. Ich fragte sie über die Verhältnisse im Gefängnis und über die Verhöre aus, denen man sie unterzogen hatte.

»Ach, das ist gar nichts«, meinte Thair. »Sie haben mir ein paar Stunden lang einen Sack über den Kopf gestülpt und mich dann ein wenig verprügelt und mir Fragen gestellt. Ich habe rein gar nichts zugegeben.«

»Und hast du ihn wirklich geworfen?« fragte ich.

Seine Antwort war ausweichend. »Was spielt das schon für eine Rolle? Hauptsache, ich habe nichts zugegeben.«

Ich berichtete ihnen auch von den Schikanen, denen wir in Balata ausgesetzt waren: von den Sperrstunden, den Hausdurchsuchungen, die von der Armee mitten in der Nacht durchgeführt wurden, und von den Freunden, die ohne Gerichtsurteil verhaftet worden waren – eine Maßnahme, die als »administrative Verwahrung« gang und gäbe war.

»Wir haben geglaubt, die Juden würden im Westjordanland weniger Schwierigkeiten machen, aber anscheinend ist es dort genauso schlimm wie bei uns«, sagte Thair. »Man sollte sie alle ausrotten!«

Da sich unser Gespräch nun einmal in diese Richtung entwikkelt hatte, machte ich mir die Gelegenheit zunutze und begann so abstrakt wie nur möglich Spekulationen anzustellen, ob sich an unserem Arbeitsplatz nicht eine »Aktion« durchführen ließe. In meiner Phantasie versuchte ich einen harmlosen Sabotageakt auszuspinnen, zum Beispiel die Vorräte ungenießbar zu machen. Die drei unterbrachen mich nicht, aber am Ende meinten Jaber und Thair, daß unser Boß Mosche für einen Juden eigentlich gar nicht so schlimm sei. »Nur mit dem Geld mußt du gut aufpassen bei ihm. Er versucht immer, etwas vom Lohn abzuzwacken, doch davon abgesehen ist er ganz anständig.« Ich konnte mir beim besten Willen nicht erklären, was sie an diesem verdammten Ausbeuter anständig finden konnten.

Nachdem wir die Lichter gelöscht und uns unter unseren zerschlissenen Decken zusammengerollt hatten, fragte mich Thair, ob ich einen gewissen Hassan Abd el-Salim kenne. Ich entgegnete, daß mir kein Hassan dieses Nachnamens bekannt sei, sprach dabei jedoch den Namen Hassan mit einem nichtgutturalen *H* aus – ein Fehler, der keinem Araber je unterlaufen würde. Thair fuhr in seiner Koje hoch, warf mir einen Blick zu, der mir das Blut in den Adern gefrieren ließ, und korrigierte meine Aussprache. Ich tat so, als hätte ich ihn nicht gehört, doch meine Nerven waren zum Zerreißen gespannt. Daß er mich verbesserte, war das erste Anzeichen eines wachsenden Argwohns. Es war vorauszusehen, daß sie mir von jetzt an so lange auf den Zahn fühlen und mich aushorchen würden, bis ich mich im Netz ihrer Fragen verfing. Zwar machte die Gewißheit, daß Yisrael bald anrücken und mich hier herausholen würde, die Dinge etwas leichter, dennoch wagte ich nicht, meine Augen zu schließen, bis mir das regelmäßige Auf und Ab des Atems meiner Gefährten anzeigte, daß sie tief schliefen.

Das nächste, was ich wahrnahm, war jemand, der mich mit den Füßen sanft in die Rippen trat. »Los jetzt, komm schon, steh auf!« hörte ich. Ich sprang von meiner Matratze auf den Fußboden, bereit, meine Haut so teuer wie möglich zu verkaufen. Yisrael war da. Er lächelte und hielt sich die Nase zu. »Du stinkst ja wie ein richtiger Araber«, bemerkte er auf seine typische leichtfertige

Art. Hamdi, Thair und Jaber waren schon bei ihrer täglichen Arbeit in der Konditorei. Bevor er mich weckte, hatte Yisrael noch schnell einen Schnappschuß von mir und dem Raum gemacht.

»Schnell, bring mich weg von hier«, bettelte ich.

»Wozu die Eile? Bleib doch noch ein, zwei Tage«, antwortete er grinsend und hielt mich auf Armeslänge Abstand, um meinem Geruch zu entgehen. Ich sammelte hastig meine dürftigen Habseligkeiten ein, dann hasteten wir durch den Korridor, hinunter auf die Straße, hinein in den geparkten Wagen und weg, hin zu Yisraels Haus in einem der zivilisierteren Wohnviertel von Tel Aviv.

Ich nahm eine heiße Dusche und rieb meinen schmerzenden Körper mit einer harten Bürste von oben bis unten ab, bis meine Haut in einem leuchtenden Rot erglühte. Als nächstes gelüstete mich nach einer Tasse Kaffee. Yisrael bestürmte mich. Er konnte kaum abwarten, alles zu erfahren, was geschehen war, doch vorläufig überhörte ich seine Bitten und trat auf die Straße hinaus. Das Wetter war sehr angenehm. Nachdem ich den arabischen Straßenkehrer mit einem Kopfnicken begrüßt hatte, ging ich hinüber zu meinem geparkten Wagen. Auf der Schutzhülle fand ich eine Wochenration Vogelkot. Ich schüttelte sie wie wild, faltete sie zusammen und verstaute sie im Kofferraum. Als ich aufs Gaspedal trat, ruckte der Wagen vorwärts, und ich unternahm eine kleine Stadtrundfahrt. Vom Führersitz aus erschien mir Tel Aviv tröstlich vertraut. Das Fahren, Schalten, Beschleunigen und Bremsen gewährte mir ein Gefühl der Überlegenheit, und langsam gewann ich mein Selbstvertrauen und die Gewißheit zurück, daß ich letztendlich wieder ich selbst war.

Binchu

Wie alle Kinder in meinem Alter verbrachte ich den Sechstage-
krieg im Schutzraum. Im Erdgeschoß meines Elternhauses in Jerusalem verbarrikadierten wir den Eingang mit Sandsäcken, und
meine Mutter hatte für Vorräte gesorgt, unter anderem Dosen-
fleisch, Pakete mit Matze und sehr viele Gläser hausgemachter
Marmelade. Die Belagerung Jerusalems von 1948 war meinen
Eltern und wohl der ganzen älteren Generation der Jerusalemi-
ten noch bestens in Erinnerung.

Ich erinnere mich nur noch vage an jene Tage, die wir im
Schutzraum verbrachten – bloß daß ein paar Explosionen von
sehr nahe ertönten, als die jordanische Artillerie einige Volltreffer auf Nachbarhäuser verzeichnete. Ein Telefonanruf, den wir
auf dem Höhepunkt der Kampfhandlungen erhielten, war besonders aufregend. Er kam von meinem Bruder, der in der ersten
Schlacht um die Kontrolle von Ostjerusalem mitkämpfte und uns
aus dem Hauptquartier der Uno anrief, welches die israelischen
Streitkräfte von der Jordanischen Legion erobert hatten. (Das
Uno-Personal hatte das luxuriöse Gebäude, das einst als Resi-
denz des britischen Hochkommissars diente, evakuiert.)

Verteidigungsminister Mosche Dayans erste Amtshandlung
nach Beendigung des Kriegs bestand darin, der jüdischen Öffentlichkeit den Zugang zur Klagemauer zu ermöglichen. Meine
Klassenkameraden, die die Mauer besuchten, berichteten bei ihrer Rückkehr von den starken Emotionen, die sie an dieser gehei-

ligten Stätte empfunden hatten. Ein paar Tage später ging ich mir die Mauer selbst ansehen. Die Altstadt war noch immer hermetisch abgeriegelt, und zuweilen ließ sich der Lärm von Gewehrfeuer vernehmen. Für uns Zivilisten führte der einzige Zugang zu der Stätte auf einem Umweg an einem Teil der Mauern der Altstadt entlang. Bewaffnete Soldaten waren an der Strecke postiert, um die Sicherheit der Besucher zu gewährleisten. Ich schloß mich der Prozession an, die sich in einer Staubwolke auf dem schmutzigen Wegstück vorwärtswand, das in aller Eile von den Baggern des Militärs freigelegt worden war.

Schließlich fand ich mich doch noch vor der Klagemauer – dem höchsten Symbol für die Sehnsucht des jüdischen Volkes nach Zion. Gewiß, die Steinquader waren eindrucksvoll, riesig und uralt, doch ich fühlte nichts, was der Erregung und Begeisterung der Menge um mich herum nahegekommen wäre. Es war eine Mauer – und was für eine! –, aber für mich war es nicht mehr als eben eine Mauer. Dann erinnerte ich mich an die Erzählungen meiner Klassenkameraden, die bereits hier gewesen waren, an die Berichte über die vielen Tränen, die sie vergossen hatten. Ich konnte es mir nicht leisten, ohne eine ähnliche Empfindung in meine Klasse zurückzukehren, daher kniff ich mich in einem fort, bis der Schmerz stark genug war, um mir ein paar Tränen in die Augen zu treiben. Ich schloß daraus, daß ich mit meinen dreizehn Jahren schlicht unfähig war, die Bedeutsamkeit dieser Gelegenheit voll zu würdigen. Die schmerzhaften Kneifer, die ich mir zufügte, waren kein Ausdruck von Skepsis, sondern vielmehr eine mir selbst auferlegte Strafe für die Empfindungslosigkeit, die ich mir im Kontrast zu dem allgemeinen Jubel der Menge zuschrieb.

Als kleiner Junge war mein bester Freund der alte Gärtner, der hie und da den Garten meiner Eltern besorgte. Er war ein ziemlich schrulliger Mann von etwa achtzig Jahren, der auf den seltsamen Namen »Alter Tobenhaus« hörte. Der alte Tobenhaus hatte einen Maschendrahtkäfig in seinem Hof, wo er sich gewöhnlich mehrere Taubenpaare hielt. Gelegentlich, wenn einige der Täubchen herangereift waren, lud er mich mit großem Zeremoniell zu sich ein, und zusammen suchten wir dann den alten jemenitischen Schlachter auf, der unten an der Straße wohnte. Während das Blut der Grünschnäbel im Hinterhof des Jemeniten auf den Sand tröpfelte, leckte sich Tobenhaus bereits die Lippen und schilderte mir in allen Farben die Wunder der Taubensuppe, die ihm seine Frau am Abend zubereiten würde.

Die Tauben des Alten faszinierten mich so sehr, daß ich nach einiger Zeit einen Handel mit ihm abschloß. Eines Nachmittags nutzte ich die Abwesenheit meiner Mutter aus, brachte Tobenhaus fünf Avocadopflanzen, die sie gezogen hatte, und tauschte sie gegen ein junges Taubenpärchen ein, dem somit das Schlachtmesser erspart blieb.

Kurz nachdem die geteilte Stadt wiedervereinigt war, nahm mich Tobenhaus auf einen Besuch in die Altstadt Jerusalems mit. Wir gingen zu einem alten Freund von ihm, den er aus den Tagen vor 1948 kannte, also noch vor der Gründung des Staates Israel. Dieser Freund war ein muslimischer Araber und wohnte in der Koptenstraße im Christenviertel. Zu meiner Überraschung führten er und Tobenhaus, die etwa im gleichen Alter waren, ihr Gespräch auf jiddisch, in einer Sprache, von der ich kein Wort verstehe. Daher schloß ich mich dem Sohn des Freundes, Ischak, an. Wenn ich mich recht erinnere, war er von Beruf Sattler. Während die beiden alten Männer ein Schwätzchen hielten, zeigte er mir ein großes Taubengehege, das er im zweiten Stock über seinem Laden hatte. Es endete damit, daß ich ein Zuchtpärchen seiner Rasse erstand. Meine Bekanntschaft mit Ischak öffnete mir bei anderen Taubenzüchtern in der Altstadt Tür und Tor, und innerhalb weniger Monate ging ich dort in mehreren Haushalten ein und aus.

Bald schon machte der kleine Holzverschlag auf dem Dach meines Elternhauses einem großen, ausgeklügelten Taubenschlag Platz. Die zunehmenden geschäftlichen Transaktionen, in die ich mich verwickelte, wurden durch meinen Verdienst als Babysitter finanziert, doch wann immer mir daran gelegen war, ein besonders seltenes oder kostbares Vogelpaar zu erwerben, zögerte ich nicht, meine Finger in die Jackentasche meines Vaters zu stecken, wo seine Brieftasche unbehütet auf mich wartete.

Jung und unerfahren, wie ich war, erlitt ich natürlich immer wieder Rückschläge. Einmal muß mich ein seltsamer Wahn befallen haben, denn ich versprach Issa Schahin, einem arabischen Gaststättenbesitzer aus Ostjerusalem, ihm alle meine Tauben zu verkaufen. Schon einen Augenblick später bereute ich den Handel und zankte mich mehrere Stunden lang mit Schahin wegen der Höhe des Schadenersatzes herum, den ich leisten mußte, weil ich den Handel platzen ließ. Mein Widersacher war ein gewiefter Händler. Schließlich einigten wir uns darauf, daß er ein Pärchen reinrassiger ägyptischer Tauben behielt, die ich kurz zuvor wegen ihrer schönen und intensiven braunen Farbe gekauft hatte.

Da war auch ein Jude aus Irak namens Aryeh Zehavi, ein Angestellter im lokalen Postbüro, der stets gut gekleidet herumstolzierte und an den Fingern viele Goldringe trug. Aryeh Zehavi übervorteilte mich nach Strich und Faden. Jedesmal wenn mir ein seltenes Taubenpärchen in die Hände fiel, kaufte er es mir für einen Pappenstiel ab, wobei er allerlei falsche Begründungen ins Feld führte. Wenn er seinerseits gewöhnliche Taubenarten besaß, die mir noch nicht bekannt waren, drehte er sie mir jeweils zu Phantasiepreisen an. Ich erinnere mich besonders gut an ein Paar Damaskustauben, die ich schon lange Zeit gefüttert hatte, ohne um ihren Wert zu wissen. Da sie gut für ihren Nachwuchs sorgten, zerbrach ich manchmal sogar ihre Eier, um ihnen andere (und, wie ich meinte, kostbarere) zum Ausbrüten unterzuschieben. Aryeh Zehavi kaufte mir dieses Pärchen für eine unbedeutende Summe ab. Am nächsten Tag erzählte er mir mit geheuchelter Aufregung, ein arabischer Züchter sei bei ihm zu Besuch gewesen und habe ihm erzählt, sie seien sehr wertvoll. Diese Tauben, im Arabischen *mawardi* (blumig) geheißen, erwiesen sich als das einzige Paar ihrer Art im ganzen Land. Alles, was ich diesem Gauner zu verdanken hatte, war sein arabischer Name Fathi. Seine Eltern hatten ihn so gerufen, als er noch im Irak lebte. Ich eignete ihn mir schon als Junge an, weil ich es müde wurde, meinen eigenen Namen von meinen arabischen Bekannten immer falsch ausgesprochen zu hören.

Wenige Monate vor Ausbruch des Sechstagekriegs begann ich bei Yehuda Alafi, dem Besitzer einer Reitschule, Reitstunden zu nehmen. Während des Kriegs mußte er Reservedienst leisten. Zusammen mit einigen anderen seiner Schüler schaute ich nach seinen Pferden. Als er zurückkehrte, wurde unsere Beziehung enger. Yehuda Alafi sprach fließend arabisch, und er war es, der mich die Sprache von Grund auf lehrte. Meist begleitete ich ihn auf die Viehmärkte im Westjordanland, wenn er Pferde kaufen oder verkaufen wollte. Dabei konnte ich Studien treiben über die Art und Weise, wie er mit den arabischen Händlern Verhandlungen führte. Wenn ich ein bestimmtes Wort nicht verstand, ruhte ich nicht eher, bis er mir seine Bedeutung erklärt hatte. Einmal erstand Yehuda einen unruhigen, stämmigen Hengst. Er band ihn kurzerhand an meinem kleinen Citroën fest und ließ ihn auf dem Parkplatz zurück. Dann gingen wir in eines der winzigen Restaurants, die noch immer gegenüber den Mauern der Altstadt ihr Leben fristen, um den Markttag mit unserem obligaten Teller Humus zu beschließen. Als wir heraustraten, waren weder Pferd noch Auto in Sicht. Wie wir entdeckten, war es dem Gaul gelungen, den Wagen eine kleine Strecke zu einer öffentlichen Anlage zu zerren, die mehr Gras zu bieten hatte als der Parkplatz.

Meine schlechten Noten an der versnobten High-School, in die mich meine Eltern schickten, hielten mich nicht davon ab, mich meinem »Pferde- und Taubenhandel« zu widmen, wie mein Vater es abfällig bezeichnete. Den größten Teil meiner Zeit verbrachte ich in den Reitställen und bei meinen Tauben auf dem Dach. Schließlich entschied die Schulleitung, daß ich die neunte Klasse wiederholen müsse. Dieser harte Entscheid führte jedoch bloß dazu, mich der Schule und dem gesellschaftlichen Umgang noch mehr zu entfremden. Ich saß die langen, öden Schultage ab und freute mich auf den Moment, wo ich wieder nach meinen Tauben schauen oder an Yehuda Alafis Schule Reitstunden geben konnte (wofür er mich im Gegenzug gratis ausreiten ließ).

Als ich ein Jahr verspätet endlich in die zehnte Klasse kam, entschied ich mich für die Wahlfächer Arabisch und Nahoststudien. Der Arabischunterricht war todlangweilig, denn ich wußte bereits alles. Der Lehrer war streng, schalt mich oft aus und gab mir schlechte Noten.

Ein Jahr vor Abschluß der High-School verkaufte ich alle meine Tauben an einen arabischen Freund und kaufte mir vom Erlös einen Ford. Genüßlich parkte ich ihn neben dem Wagen meines Lehrers vor dem Schuleingang.

Nach fünf statt der üblichen vier Jahre hatte ich mit Hilfe verschiedener Privatlehrer, denen ich das Leben nicht gerade leichtmachte, die High-School beendet und bestand erfolgreich meine Immatrikulationsprüfung. Im August 1973 wurde ich zum Wehrdienst eingezogen und landete in einem Militärstützpunkt in der Nähe von Tel Aviv, wo die frischgebackenen Rekruten empfangen und eingeteilt wurden. Wie den meisten meiner Klassenkameraden, die an der High-School ihre Nahoststudien abgeschlossen hatten, wurde mir vom Rekrutierungsoffizier kurz angebunden mitgeteilt: »Sie kommen zum Nachrichtendienst.« Ich war enttäuscht, denn ich wollte einer Kampftruppe beitreten, doch dann erinnerte ich mich an frühere Gespräche im Freundeskreis, wonach der Geheimdienst nicht intervenieren konnte, sofern ich mich freiwillig zum Gefechtseinsatz meldete.

Ich ging zum Büro der Haruv-Patrouille hinüber, einer Aufklärungseinheit, die zu jener Zeit für die Sicherheit der jordanischen Grenze verantwortlich war. Zuerst unterzog man mich einer Reihe von Tests, unter anderem auch einem kräftezehrenden Lauf zur Begleitung von lautstarkem Gebrüll seitens der Einheitsinstrukteure für körperliche Ertüchtigung, dann wurde ich mit ein paar anderen Rekruten zu den Lagerräumen abkommandiert. Dort kriegten wir Armeeuniformen, dazu braune Marschstiefel (die als prestigeträchtiger als die gewöhnlichen schwarzen galten) und einen »Fallschirmjäger-Waffenrock«, dessen Schnitt angeblich die männliche Statur betonen soll. Danach brachte man uns in ein Grundausbildungslager irgendwo im Westjordanland, das die israelische Armee in seiner Gesamtheit von den jordanischen Streitkräften übernommen hatte. Was waren wir doch für Glückspilze, einer solchen Eliteeinheit anzugehören!

Doch leider entsprach die Armee überhaupt nicht meinen Erwartungen. Schon meine erste Nacht in dem isolierten Ausbildungslager verbrachte ich lautlos weinend in meinem Schlafsack. Am zweiten Tag wurden wir instruiert, uns in Reih und Glied vor unserer Kaserne aufzustellen und vorher »viel Wasser zu trinken«. Wir beeilten uns, dem Befehl nachzukommen, und es dauerte nicht lange, bis ein riesiger Kerl in Khakihose und weißem T-Shirt erschien: Feldwebel Ekhaus, der Schrecken der Militärbasis. Er schärfte uns ein, wie wichtig es sei, vor dem Exerzieren tüchtig zu trinken, um der Dehydration vorzubeugen, darauf ging er dazu über, uns die Bedeutsamkeit der Entwicklung körperlicher Widerstandskraft zu erläutern. Seine Lektion beendete er mit einem Schrei: *»Rechtsum – marsch!!!«* Die nächste Stunde ließ er uns einen steilen Berghang gleich neben dem Lager hinauf- und hinunterrennen. An den folgenden Tagen genügte es schon, daß uns einer der Instrukteure befahl, viel Wasser zu trinken und draußen zu warten, um mich in eine Todesangst zu versetzen, die in keinem Verhältnis zum tatsächlichen körperlichen Streß stand, den das Training mit sich brachte.

Meine Begegnung mit den mir widerwärtigen militärischen Gegebenheiten entwickelte sich ziemlich traumatisch. Die ungeheure Anspannung, der wir mit Absicht ausgesetzt wurden, verwandelte mich in ein nervöses Wrack. Bereits die kleinste Abweichung von dem genauen Zeitplan, den wir einzuhalten hatten, mündete in zusätzliche »körperliche Ertüchtigung« und in Entzug von ein paar Stunden Schlaf. Die Strategie, die Zügel immer straffer anzuziehen, war in meinem Fall besonders wirksam, da ich selbst der leisesten Drohung große Bedeutung beimaß. So kam es, daß der Spitzname »Binchu« (abgeleitet von meinem Familiennamen Binur), den mir die anderen Soldaten gegeben hatten, häufig durch einen nicht gerade schmeichelhaften Zusatz ergänzt wurde – »Schussel-Binchu«.

Schon einen Monat nachdem ich mich so mutig freiwillig zum Gefechtseinsatz gemeldet hatte, hätte ich alles getan, um diesem isolierten Lager mit seiner schrecklichen Grundausbildung zu entfliehen. Während einer unserer »Sitzungen« mit dem Prachtsfeldwebel Ekhaus hörte ich einfach auf, weiterzurennen, so daß mich meine Kameraden den Rest des Weges mitschleppen mußten. Sie nahmen es nicht sehr gnädig auf und verwünschten mich unverblümt für die zusätzliche Anstrengung, die ich ihnen bescherte. Unter denen, die mir widerwillig unter die Arme griffen, war auch Yisrael Cohen. Er stach als erstklassiger Soldat heraus und wurde folgerichtig mit der außergewöhnlichen Ehre bedacht, das schwerste Maschinengewehr im Zug tragen zu dürfen. Von der Grundausbildung an ließ mich Yisrael meiner lausigen soldatischen Leistungen wegen seine tiefste Verachtung spüren. (Natürlich ist vom selben Yisrael die Rede, der mich als mein Fotograf bei meinem Tarnprojekt begleitete. Dabei konnte ich endlich eine alte Rechnung begleichen: Als wir das Flüchtlingslager Dschebalja bei Gaza, ein für ihn feindliches und unvertrautes Territorium, betraten, sah ich, wie er es mit der Angst zu tun bekam.)

Nach der Rückkehr von dem katastrophalen Trainingslauf bat ich um eine ärztliche Untersuchung. Ich behauptete, ich hätte Rükkenschmerzen. Ich bin mir bis heute nicht sicher, ob wirklich ein echtes körperliches Gebrechen hinter meinen Beschwerden stand – sicher ist einzig, daß es mir nicht half, diesem Militärstützpunkt zu entkommen. Mein Kompaniekommandeur und der mir direkt vorgesetzte Offizier schienen jedoch einzusehen, daß mein Zusammenbruch die Folge von emotionalem Streß war, und führten mehrere Unterredungen mit mir. Schließlich erhielt ich den schimpflichen Auftrag, die Kasernen zu bewachen, während die anderen Rekruten draußen ihre Routineübungen absolvierten.

Eines Freitags warteten die Busse auf dem Parkfeld auf uns. Es war einer jener seltenen Freitage, an denen wir zum Wochenende nach Hause gehen durften. Die Nacht zuvor hatten wir nicht geschlafen. Während der Grundausbildung ist es allgemein üblich, daß ein Urlaub mit einer endlosen Serie von Aufgaben »verdient« werden muß, die von Inspektionen punkto Wartung und Sauberkeit unserer Waffen und Unterkünfte bis zu erschöpfenden Durchhalteübungen während der Nacht reichten.

Ich kletterte mit dem Rest des Zugs in den Bus und ließ mich auf einen Sitz fallen. Plötzlich kam jemand vom Hauptquartier herangerannt. In Windeseile verbreitete sich das Gerücht: »Es gibt Alarm. Der Urlaub ist gestrichen.« Ich war seit sechs Wochen nicht mehr daheim gewesen, und diese schlechte Nachricht war mehr, als ich ertragen konnte. Ich mußte gegen die Tränen der Enttäuschung ankämpfen, die mir in die Augen schossen. Während wir unsere Tornister, die meist schmutzige Wäsche für unsere Mütter zum Waschen enthielten, wieder ausluden, drehte der Busfahrer das Radio an. Ein trübsinniger Ansager ließ keinen Zweifel mehr offen: Der Krieg war ausgebrochen.

In jener Nacht sahen wir zu, wie unsere Instrukteure – diese allmächtigen Halbgötter, die uns auf Trab halten und die ganze Nacht herumrennen lassen konnten – in voller Kampfmontur auf dem Exerziergelände standen. Der Kompaniekommandeur überprüfte sorgfältig ihre Ausrüstung, um sicherzugehen, daß alles in Ordnung war. Sie zogen in den Krieg. Uns jedoch erachtete man noch nicht als kampftauglich. Unter der Aufsicht einiger zurückgebliebener Stabsmitglieder beschäftigte man uns damit, Munition für die Front auf Lastwagen zu laden. Das Herumschleppen von Munitionskisten berechtigte mich übrigens später, den Spezialorden zu tragen, der all denen verliehen wurde, die am Yom-Kippur-Krieg teilgenommen hatten.

Nach dem Krieg entschied man in der Armeeführung, meine Aufklärungseinheit aufzulösen. Einige von uns wurden zur Sabotagetruppe der Fallschirmjäger versetzt, einer sehr renommierten Einheit, die in weit höherem Ansehen stand als unsere frühere. Die Atmosphäre war weniger formell, und die starre Disziplin während der Grundschulung machte einer besseren Behandlung seitens unserer Kommandeure Platz. Meinen soldatischen Leistungen kam dies entsprechend zugute. Ich gewöhnte mich bald an die militärischen Spielregeln und überwand meine übermäßigen Ängste. Auch meine körperliche Ausdauer nahm zu – ich machte sogar täglich aus eigenem Antrieb einen Fünfzehnkilometerlauf. In den Augen der anderen veränderte sich jedoch nicht viel an meinem Bild, und noch oft nannte man mich »Schussel-Binchu«.

Eines Tages wurden ein paar von uns für einen Spezialauftrag in Ramallah ausgewählt, einer arabischen Stadt in der Nähe von Jerusalem, die für ihre prächtigen Gartenrestaurants berühmt ist. Damals zogen diese ausgezeichneten Gaststätten viele Israelis an, und während sie sich die Bäuche vollschlugen, machten sich einheimische Jugendliche einen Sport daraus, Wagen mit israelischen Kennzeichen anzuzünden. Es scheint sich dabei um einen organisierten Widerstandsakt gegen die israelische Besetzung gehandelt zu haben, daher wurde meine Schwadron aufgeboten, die Anstifter möglichst auf frischer Tat zu ertappen. Wir erhielten zwei Mercedes-Benz mit arabischen Nummernschildern, kleine Berettapistolen, die zwar nicht sehr zielgenau waren, dafür aber den Vorteil hatten, daß sie sich leicht verbergen ließen, sowie Instruktionen, in den Straßen von Ramallah auf der Suche nach Saboteuren herumzukreuzen.

Ich wurde keinem der Wagen zugeteilt, sondern gegenüber vom »Naum«, einem der schönen Gartenrestaurants, postiert. Während ich dort auf einem Steinmäuerchen saß, trat die Besitzerin des Nachbarhauses hinzu und fragte mich, was ich hier zu suchen hätte. Ich antwortete auf arabisch, ich sei bloß ein Student auf Urlaub. Mein allererstes Verstellungsmanöver hatte nur bedingt Erfolg. Die argwöhnische Matrone nahm mir meine Tarngeschichte nicht ab und rief die Polizei an. Ich wurde unter Anklage der Landstreicherei auf die lokale Polizeistation verfrachtet, und die Militärverwaltung mußte einen Offizier herüberschicken, um mich loszueisen.

In den Augen der Soldaten, die in Ramallah ihren regulären Dienst leisteten, mußten wir Außenseiter wie eine mysteriöse Elitetruppe wirken. Wenn wir abends zu unserem Stützpunkt zurückkehrten, traten die Wachen am Tor zu unseren Wagen und platzten fast vor Neugier. Eine von ihnen deutete einmal auf den Kofferraum und fragte mit einem Grinsen: »Na, heute ein paar Araberköpfe mitgebracht?« Doch wir waren wohl zu auffällig vorgegangen (oder vielleicht waren die Brandstifter ihres Spielchens einfach überdrüssig geworden), denn auf unserem gloriosen Feldzug ging uns nicht ein einziger der Feuerteufel ins Netz.

Meine Arabischkenntnisse wurden oft zweckentfremdet. Im Laufe unserer Ausbildung verbrachten wir einen Monat in einer Anlage für körperliche Fitneß am Mittelmeer, wo wir uns voll auf Bereiche wie subversive Kriegführung und Nahkampf konzentrierten. Einer unserer Instrukteure war ein blonder, muskelbepackter Judo-Champion namens Gabi Resnik. Gabi bestrafte jeden, der seine Lektionen störte, indem er dem Sünder einen flinken Tritt ans Ohr verpaßte. Als wir einmal zum Strand hinunterfuhren, um zu lernen, wie man in voller Fahrt von einem Jeep abspringt und gleichzeitig das Feuer eröffnet, erspähte unser Judo-Champion zwei arabische Fischer, die im seichten Wasser ihre Netze ausbreiteten. In der Vorfreude auf eine goldene Gelegenheit, seine Fertigkeiten und zugleich die potentiellen Vorteile des Nahkampfs zu demonstrieren, lenkte Resnik den Jeep auf sie zu und versprach: »Wartet mal ab, was jetzt passiert!« Unser Kommandeur, der mit von der Partie war, ließ ihn anhalten und befahl: »Binur, gehen Sie hinüber, und sagen Sie ihnen, sie sollen sich verkrümeln.« Ich näherte mich den beiden Fischern, rief sie aus dem Wasser zu mir und sagte ihnen, daß hier demnächst ein geheimes Armeemanöver stattfinde. Der verantwortliche Leiter sei ein blutdürstiger Killer, und sie würden wohl besser so schnell wie möglich von diesem Uferstück verschwinden. Dann kehrte ich zu der Gruppe zurück, die mit Interesse zuschaute, wie zwei arabische Fischer aus Furcht vor einer Konfrontation mit israelischen Fallschirmjägern panikartig die Flucht ergriffen. Resnik war etwas verstimmt über meine Intervention und fragte mich: »Was hast du ihnen erzählt, daß sie so schnell weggelaufen sind?«

»Ich habe gesagt, dies sei Militärsperrgebiet«, antwortete ich lakonisch.

»Na ja, so geht's wohl auch«, meinte der Champion traurig und enttäuscht, daß ihm eine so leichte Beute aus den Fingern geschlüpft war. Er jagte den Jeep auf Hochtouren und begann, einen nach dem anderen von uns in den Sand hinauszuwerfen.

Was während meines Wehrdienstes dem Krieg am nächsten kam, war die Zeit, die meine Einheit oben auf den Golanhöhen gegen die Syrer verbrachte. Wir wurden am Unabhängigkeitstag 1974 dorthin transportiert, und ich erinnere mich noch genau daran, wie wir auf dem Weg nach dem Golan durchs Zentrum von Tiberias fuhren. Aus dem Bus beobachtete ich, wie sich die fröhliche Menge in den Straßen drängte, bewaffnet mit den traditionellen Plastikhämmern, die so schön quietschen, wann immer sie auf etwas auftreffen – meist auf den Kopf eines arglosen Passanten. Die festliche Karnevalstimmung färbte nicht auf mich ab. Ich wußte, daß wir zu einem Krisenherd fuhren. Auf den Golanhöhen war ein Zermürbungskrieg in vollem Gang; syrische Granaten regneten auf israelische Stellungen nieder, und die allgemeine Lage war kritisch. Uns war nicht nur der Heimurlaub für die Feierlichkeiten gesperrt worden, wir mußten an irgendeine lausige Front, und wer zum Henker konnte schon wissen, wann sich die nächste Möglichkeit für einen Urlaub ergeben würde.

Während unserer ersten Wochen im Golan wurden wir Nacht für Nacht eingesetzt. Wir mußten im Hinterhalt liegen und versuchen, die syrischen Kommandoeinheiten abzufangen, welche unser Territorium infiltrierten, um israelische Panzer zu sabotieren. Bald wurden wir jedoch ins Brigadehauptquartier versetzt, das in einem verlassenen Araberdorf lokalisiert war. Die elenden Dorfhütten waren ausgestorben und schienen in aller Eile verlassen worden zu sein. In einigen Häusern fand ich Töpfe, die noch auf dem Primuskocher standen und mit vergammeltem Essen gefüllt und mit Spinnweben überzogen waren. Aus einem Haus nahm ich einen Koran mit, der dort auf dem Boden lag und den die Plünderer, die vor mir dagewesen waren, offensichtlich übersehen hatten. Nur ein paar ältere Leute hatten es nicht geschafft zu fliehen, bevor die israelischen Streitkräfte anrückten, und waren im Dorf zurückgeblieben. Sie hielten sich durch Tauschhandel mit den Armeeköchen über Wasser – gegen ein Büschel Nanablätter (ein Kraut mit Minzegeschmack) bekamen sie Sardinen und andere relativ weiche Eßwaren, welche man auch ohne Zähne verdrücken konnte. Ein paar Monate zuvor war ich zum Sanitäter ausgebildet worden und versah jetzt in dieser Eigenschaft meinen Dienst. Der Arzneimittelschrank stand unter meiner Obhut; ich nutzte die günstige Gelegenheit, um einem der alten Männer, dessen Gesicht fast vollständig von einer unbehandelten schweren Hautinfektion zerfressen war, Erste Hilfe zukommen zu lassen.

Der Ort erinnerte mich immer mehr an Geschichten über verlassene Araberdörfer während des Kriegs von 1948. Auf einem meiner Streifzüge traf ich eine alte, vielleicht siebzigjährige Frau, die laut jammernd in den von Militärfahrzeugen gesäumten Gäßchen herumirrte. Ich konnte sie ein wenig beruhigen und den Grund für ihr Elend herausfinden. Sie behauptete, zwei Soldaten hätten ihren Esel gestohlen, das einzige Lebewesen im ganzen Dorf, das ihr geblieben sei. Ich war noch naiv genug, mich zu entrüsten und – noch schlimmer – die Frau zu begleiten, um eine Anzeige zu erstatten und eine gründliche Klärung des Diebstahls zu fordern. Es versteht sich von selbst, daß der Hauptfeldwebel der Brigade, dem ich den Fall vortrug, sich nicht sehr beeindruckt zeigte. Ich erhielt auf typisch militärische Art eine Rüge (»Ein Esel schaut für den anderen«) und wurde aufgefordert, die Finger von dieser Sache zu lassen.

Während mir diese Worte noch im Kopf herumschwirrten, tat ich mein Bestes, um die Frau zu beschwichtigen. Letztendlich gab ich ihr mit freundlicher Genehmigung der israelischen Streitkräfte zwei Aspirin und schickte sie weg. Während ich auf eigene Faust etwas über das Schicksal des Esels herauszufinden versuchte, knüpfte ich Beziehungen zur nichtkämpfenden Truppe an, zu den Fahrern, den Köchen und den Verantwortlichen für Nachschub und Verpflegung, auf die die Kampftruppen im allgemeinen eher abschätzig hinabblickten.

Obwohl ich von ihnen auch nichts über den Verbleib des Esels erfahren konnte, kam mir eine andere Geschichte zu Ohren, die weit scheußlicher war als der Diebstahl. Einer der Köche erzählte mir, bei ihrer Ankunft, lange bevor wir anrückten, hätten einige seiner Kameraden zwei Mädchen gefangen, die im Dorf herumstreunten. Sie schlossen die beiden Mädchen in einem der verlassenen Gebäude ein und mißbrauchten sie sexuell. »Von Zeit zu Zeit durften sie sich mit Feldflaschen waschen«, berichtete er mir, »und die Soldaten hatten sehr viel Spaß mit ihnen.«

Bis dahin hätte ich nie für möglich gehalten, daß Angehörige der israelischen Streitkräfte zu so etwas fähig wären. Schon wieder war ein kleiner naiver Glaube in die Brüche gegangen. Aus meinen Erfahrungen mit der Frau und ihrem Esel hatte ich jedoch gelernt, wohin es führt, wenn man die Rechte der Mitmenschen verteidigen will, und zog es diesmal vor, das Gehörte für mich zu behalten.

Nachdem ich die Grundausbildung beendet hatte, beschloß ich, mich zum Offizier ausbilden zu lassen, und wurde in einen Offizierskursus aufgenommen. Sobald ich dort anrückte, stach ich einem forschen jungen Offizier ins Auge, der sich von meiner Erscheinung und der Tatsache, daß ich von einer der Elitekampftruppen der Armee kam, sehr beeindruckt zeigte. Er unternahm alles, um sicherzustellen, daß ich als Offiziersanwärter seinem Zug zugeteilt wurde, und bedachte mich während des Einschreibens mit besonderen Aufmerksamkeiten. Als die Prozedur zu Ende war, ließ er mich wissen, ich solle der Dienstkadett seines Zugs werden, was nichts anderes hieß, als unter Aufsicht alle Pflichten des Zugführers übernehmen zu müssen, um allfällige Führungsqualitäten unter Beweis zu stellen.

Die Verantwortung, die mir übertragen wurde, schaffte einiges an Verwirrung. Im Gegensatz zu vielen anderen Offiziersschülern hatte ich noch nie das Kommando über andere Soldaten geführt, und mir fehlte jegliche Führungserfahrung. Wenn ich den Offizierskadetten meines Zugs etwas bekanntgeben mußte, hallten meine Rufe ohne nennenswerte Resultate durch das Gebäude wider.

Einmal wurde ich mit einem Sack voll Kompasse betraut, die zu Navigationszwecken verwendet werden sollten. Der geschätzte Wert der Dinger belief sich auf mehrere hundert Dollar, und ich, der alte »Schussel-Binchu«, verlor sie. Ich verlor buchstäblich »die Orientierung«. Meine Vorgesetzten erwogen, mich wegen Pflichtversäumnisses vor ein Kriegsgericht zu stellen. Ich war wieder einmal außer mir vor Sorge. Etwa eine Woche später fand ich die Kompasse in einer Ecke unter meinem Bett, wo sie offensichtlich die ganze Zeit über gelegen hatten.

In diesem Kursus war ich von Anfang bis Ende ein Versager. Der Offizier, der auf mich gesetzt hatte, war wütend. Es fiel ihm schwer, sich damit abzufinden, daß er sich ein solches Fehlurteil geleistet hatte. Statt dessen entwickelte er mir gegenüber eine extreme Feindseligkeit, was verständlich war, zieht man meine mangelhaften Leistungen als Dienstkadett in Betracht.

Als der Kurs zu Ende ging, wurde ich zu einer Unterredung mit dem Kommandeur zitiert. Was eine solche Vorladung zu bedeuten hatte, lag klar auf der Hand. Ich trat ein, stand stramm und salutierte schneidig vor dem Oberstleutnant. Sogleich hub mein leidgeprüfter Instrukteur zu einer Tirade von Beschwerden und Klagen über mich an. Dann war die Reihe an mir, mich zu verteidigen. Ich wurde gefragt, ob ich irgendeinen Grund vorbringen könne, weshalb ich nicht aus dem Kurs ausgeschlossen werden sollte. Ich antwortete: »Es wäre doch eine Schande, die ganze Zeit, die ich als Kadett zugebracht habe, zu verschwenden. Die Armee profitiert sicher mehr von ihrer Investition, wenn ich zum Offizier ernannt werde ... Man braucht mich ja nicht gleich der besten Einheit zuzuteilen.« Dem höheren Offizier schienen meine Argumente einzuleuchten, und er gestattete mir, den Kursus zu beenden, was ich denn auch tat, allerdings mit der schlechtesten Qualifikation.

Nach einem kurzen Urlaub wurde ich als Offizier in einem Ausbildungszentrum stationiert, das etwa fünf Kilometer außerhalb von Ramallah und eine Viertelstunde Fahrt von Jerusalem entfernt lag. In diesem Lager bildete die Armee Rekruten aus, die nicht dazu vorgesehen waren, einer Kampftruppe anzugehören, sondern Fahrer, Köche oder Techniker zu werden. Viele kamen aus unterprivilegierten sozialen Verhältnissen. Man erwartete von ihnen keine Demonstration eines hohen kämpferischen Leistungsniveaus. Andere waren früher dienstuntauglich erklärt worden, doch nach dem Yom-Kippur-Krieg verfolgte die Armee eine neue Politik und berief Hunderte von Zivilisten, die vorher aus den verschiedensten Gründen vom Wehrdienst freigestellt gewesen waren, zum Aktivdienst ein. Der Computer überprüfte die Namen der Männer, die beim Erreichen des achtzehnten Lebensjahrs nicht eingezogen worden waren, und wer damals nur ein relativ geringfügiges Problem gehabt hatte, wurde nun aufgeboten. In den vergangenen Jahren hatten sich jedoch einige dieser »leichten« Probleme zu knallharten entwickelt. Ein Mann, den man verschont hatte, weil er Haschisch rauchte, trat nun als Junkie an; ein anderer, den man in seiner Jugendzeit wegen Bagatelldiebstählen verurteilt hatte, kreuzte jetzt in einem riesigen Amerikanerwagen auf und verbreitete eine bedrohliche Atmosphäre von Gewalttätigkeit um sich. Die Elementarausbildung in diesem Lager war wirklich äußerst elementar. Die Rekruten kamen und gingen alle zwei Monate, was jede echte Beziehung zwischen Stab und Soldaten verunmöglichte. Es versteht sich von selbst, daß der Armee wenig daran lag, unbedingt ihre allerbesten Offiziere als Ausbilder in dieses Lager zu schicken.

Ich trat dort als junger, energischer Offizier an, der an den Ausbildungsstandard einer Kampfeinheit gewöhnt war, und war fest entschlossen, diesen Standard bei der Ausbildung der Rekruten, die jetzt unter meinem Befehl standen, strikt anzuwenden. Ich stürzte mich mit Leib und Seele auf diese Aufgabe. Das erstemal, als einer meiner Soldaten es versäumte, strammzustehen, als ich vorbeiging, ließ ich ihn in Handschellen ins Kittchen stecken. Heute ist mir klar, daß der Mann ein Fixer war, der sich soeben seinen täglichen Schuß gesetzt hatte. Ein anderer Rekrut verkündete mitten in einer Feldübung, er gehe jetzt nach Hause, worauf ich ihn ins Gesicht schlug und an den Mittelpfosten des Versammlungszelts knüpfte. Als er fortfuhr, mich zu verwünschen und zu bedrohen, verfeuerte ich mein Magazin in den Sand zwischen seinen Beinen. In einem anderen Fall, als die Männer aus Protest gegen die lausige Qualität des Essens einen Streik durchführten, stürzte ich mich auf den Rädelsführer und verabreichte ihm eine gehörige Tracht Prügel.

Kein Wunder, daß mir die Ernsthaftigkeit, mit der ich mich

meiner neuen Verantwortung widmete, eine Welle formeller Beschwerden einbrachte. Bei mehr als einer Gelegenheit hielt es der Lagerkommandant für nötig, mich zu decken, wenn Vertreter des verantwortlichen Kommissars zur Ermittlung soldatischer Beschwerden eintrafen, um den Anschuldigungen nachzugehen, ich mißhandle die Rekruten.

Dieses Ausbildungszentrum war völlig verschieden von allem, was ich in der Armee bisher gewohnt gewesen war. Die Offiziere aßen in einer eigenen Messe und wohnten in separaten Quartieren abseits von den Instrukteuren ohne Offiziersrang. Zum erstenmal konnte ich unter den höheren Rängen Korruption aus nächster Nähe mitverfolgen. Nach einer Weile hatte ich den Dreh raus und übertrug den Hauptteil meiner Verpflichtungen meinem Zugsfeldwebel, einem gerissenen Kerl, der für diesen Job bestens geeignet war. Er schlug sich oft Nägel in seine Schuhsohlen und marschierte darauf absichtlich in der Nacht in metallisch klingendem Stechschritt an den Feldbetten der Rekruten vorbei.

Die Nähe des Lagers zu Jerusalem machte mir das Leben leicht. Ich verbrachte so viel Zeit, wie ich nur konnte, in meinem eigenen trauten Heim. Mit dem Offiziersgehalt, das ich jetzt erhielt, erstand ich mir ein altes BMW-Motorrad, das die Reisezeit zwischen der Offizierskaserne und meinem Zimmer in Jerusalem beträchtlich verkürzte.

Die Militärregierung im Westjordanland hat eine administrative Funktion, doch wo immer nötig erhält sie natürlich Unterstützung von anderen Armee-Einheiten. In solchen Fällen werden die zugezogenen Soldaten von der Verwaltung »annektiert« und stehen innerhalb der Stadtgrenzen unter dem Befehl des Militärgouverneurs der betreffenden Zone. Damals, als ich in dem Ausbildungszentrum stationiert war, wurde unsere Kompanie bei zwei Gelegenheiten ins nahegelegene Ramallah geschickt. Das erstemal wurde uns befohlen, in der Stadt zu patrouillieren und polizeiliche Routinearbeiten zu erledigen. Ich verbrachte eine Woche als zugeteilter Offizier mit der Leitung einiger Patrouillen und Beobachtungsposten und machte mich mit den verschiedenen

Stadtteilen vertraut. Das zweitemal, als wir in Ramallah eingesetzt wurden, erhielten wir den Befehl, Demonstrationen niederzuschlagen und ein Ausgehverbot über die Stadt zu verhängen, die sich zu einer Brutstätte des Widerstands gegen die israelische Besetzung entwickelt hatte. (Ramallah spielt auch heute noch, im aktuellen Kontext der Intifada, der palästinensischen Erhebung im Westjordanland und im Gazastreifen, eine wichtige Rolle im Widerstand gegen die Besetzung.) Die Behörden in Ramallah beschlossen, scharf gegen die lokale Bevölkerung vorzugehen und den Unruhen – im Besatzerjargon »Störung der öffentlichen Ordnung« genannt – ein Ende zu setzen.

Wie ernst es der Verwaltung mit ihren Absichten war, zeigte sich darin, daß wir mit Schlagstöcken ausgerüstet wurden. Die Soldaten erhielten einfache, verlängerte Knüppel, während ich als Offizier einen kurzen aus schwarzem, gelacktem Mahagoniholz bekam. Am Rand seines Griffs war eine kurze Lederschlaufe, die ums Handgelenk gewickelt wurde, so daß das Opfer keine Gelegenheit fand, sich zwischen zwei Schlägen mit dem legalen Besitztum der israelischen Streitkräfte auf und davon zu machen.

Der stellvertretende Gouverneur von Ramallah, ein Major von gedrungener Statur und mit lauter Stimme, sprach zufällig fließend arabisch. Er fuhr in einem Kommandofahrzeug in der Stadt herum und verkündete durch einen Lautsprecher, daß »von heute an in der Stadt eine totale und absolute Ausgangssperre« herrsche. »Jede Übertretung wird streng bestraft«, fügte er unnötigerweise hinzu. Wir erhielten Instruktionen, die Sperrstunde kompromißlos durchzusetzen. »Sie werden jeden Einwohner, der außer Haus ist, verhaften und den Verwaltungsbehörden vorführen. Sobald die Ausgangssperre in Kraft tritt, feuern Sie auf Räder und Fenster von geparkten Wagen und schießen Löcher in die Wassertanks auf den Dächern.« Der Schießbefehl, der die Zivilbevölkerung terrorisieren sollte, war natürlich auf Offiziere beschränkt – gewöhnlichen Soldaten war es untersagt, aus eigenem Antrieb in der Gegend herumzuballern.

Am Abend erhielt ich Gesellschaft: Der Kommandant unseres

Ausbildungslagers in Person wünschte sich meine Operations-strategie von nahem zu besehen. Wir drehten zusammen die Runden. Als wir den Platz im Zentrum von Ramallah erreichten, hielt der höhere Offizier unseren Jeep an, zog seine brandneue Maschinenpistole hervor und schoß eine Salve ab, so daß die Straßenlampen in tausend Stücke zersplitterten. Dieser Schuß löste eine nächtelange Orgie militärischer Machtdemonstration aus, an welcher ich willig teilnahm.

Die Ausgangssperre in Ramallah dauerte mehrere Tage. Währenddessen hatte ich alle Hände voll zu tun, um meinen Männern ihre Posten zuzuweisen und sie überall in der Stadt zu verteilen. Ich selbst fuhr in einem Jeep herum und patrouillierte zwischen den Stellungen hin und her. Dabei begleitete mich jeweils ein Soldat, ein gewalttätiger Mann namens Malachi, der aus Tel Aviv stammte. Er war damals etwa fünfunddreißig und ein richtiger Schlägertyp mit einem schwarzen Gürtel in Karate.

Zwei Tage nach unserer Ankunft in Ramallah kreuzte ich durch ein wohlhabendes Stadtviertel, dessen Einwohner die meiste Zeit müßig in den Höfen oder auf den Balkonen herumsaßen, da es ihnen verboten war, das Haus zu verlassen. Vor dem Eingang zu einem der Häuser stand ein etwa fünfzehnjähriger Junge. Vielleicht hatte er es satt, sich innerhalb der Grenzen des Grundstücks aufzuhalten, oder er wollte in der Nähe eine Besorgung machen. Mein Jeep kam mit kreischenden Bremsen zum Stehen. »Komm hierher!« befahl ich. Die Eltern des Jungen saßen im Garten ihrer Villa, doch jetzt witterten sie Gefahr und näherten sich dem Tor. Ich hatte jedoch keineswegs die Absicht, den jungen Gesetzesbrecher laufenzulassen, und gedachte meine Instruktionen buchstabengetreu auszuführen. Ich packte meinen Schlagstock und erwartete, daß der Junge zum Jeep herüberkommen würde. Statt dessen wurde er ganz bleich und blickte abwechselnd auf mich und auf seine Eltern, als flehe er sie stumm um Hilfe an. Sein Vater diskutierte mit mir durch die Metallgitterstäbe des Tores. Aus Angst vor der Ausgangssperre wagte er es nicht, auf die Straße zu treten. Ich stieg aus dem Jeep, ohne auf die Rufe der Familie zu achten, ihr Sohn sei »bloß für einen Augenblick hinausgegangen«, und ließ meinen Schlagstock kräftig auf seine Schultern hinuntersausen. Der Junge begann hysterisch zu schreien. Ich packte ihn am Kragen und schmiß ihn vor dem Kotflügel des Jeeps zu Boden. »So, jetzt renn mal los, du Hund«, befahl ich ihm auf arabisch.

Malachi, der brutale Soldat, den ich meinem Jeep zugeteilt hatte, betrachtete sich die ganze Szene mit Interesse und kommentierte bloß trocken: »Sie greifen ganz schön hart durch, Sir.«

Mehrere Hiebe und ein paar Ohrfeigen später lieferte ich den Jungen im Verwaltungsgebäude ab. Soviel ich weiß, wurde er dort mehrere Stunden festgehalten, vorschriftsgemäß registriert und dann freigelassen. Dank meines erfolgreichen Fangs vermehrte sich der israelische Staatsschatz, denn der Vater des Jungen erhielt wegen Verletzung der Ausgangssperre eine saftige Buße.

Nachdem ich den verängstigten Jungen im Verwaltungsgebäude zurückgelassen hatte, fuhr ich in Begleitung von Malachi eine weitere Runde. Diesmal stießen wir auf einen Lastwagen, der durch die stillen Straßen fuhr. Sein Kennzeichen verriet, daß er aus Jericho kam. Ich überholte und blockierte ihm mit einem scharfen Einschlag des Steuers nach rechts den Weg. Der Lastwagen hielt an. Wie ein Dobermanntrainer, der den schärfsten Hund seines Rudels von der Leine läßt, befahl ich Malachi: »Schau mal nach, warum der Kerl die Sperre verletzt.« Er verpaßte dem überraschten Fahrer ein paar fürchterliche Schläge und lud ihn dann in unseren Jeep. Bevor ich zur Verwaltung zurückkehrte, fuhr ich mehrere Meter zurück, bis ich das hintere Ende des Lasters erreicht hatte, und feuerte auf seine Reifen.

Mein Vorgehen bildete keineswegs die Ausnahme. Verdächtige, die man zum Verhör auf die Polizeiwache brachte, mußten in einem schmalen Durchgang zwischen einem der Gebäude und der Umgrenzungsmauer stehend warten. Zwei schwergewichtige Polizisten schlenderten die enge Passage entlang und schlugen mit bloßen Fäusten oder mit Drahtkabeln zu. Eine Weile bevor wir in Ramallah ankamen, hatten Mitglieder der Grenzpolizei, die im Gegensatz zur Armee permanent in den Städten im Westjordanland und im Gazastreifen stationiert sind, einen Demonstranten zu Tode geknüppelt.

Das Gefühl grenzenloser Macht, das ich in jenen Tagen empfand, äußerte sich auch auf humanere Art und Weise. Da es in meiner Macht lag, über das Schicksal anderer Menschen zu entscheiden, zögerte ich nicht, an die Tür eines mir bekannten arabischen Schlossers zu klopfen und ihn zu fragen, ob er etwas nötig habe. Eine Frau, die ich beim Verletzen der Ausgangssperre ertappte, konnte mich überzeugen, daß sie Arznei für ihren kranken Mann beschaffen mußte. Ich nahm sie in meinem Jeep zum Haus des Arztes mit und fuhr sie wieder zurück, damit die anderen Soldaten sie nicht belästigten. Ob man brutale Gewalt ausübt oder jemand eine Gefälligkeit erweist, verschafft dieselbe Empfindung – ein Gefühl der Macht, die man über andere Menschen hat.

Mein Einsatz machte sich bezahlt. Ich erhielt eine Empfehlung, als Richter am Militärgericht in Ramallah zu walten. Die Militärgerichte in den besetzten Gebieten setzen sich aus einem Gerichtspräsidenten mit juristischem Hintergrund und zwei gewöhnlichen Armeeoffizieren zusammen, die von Zeit zu Zeit rotieren. Urteile werden per Mehrheitsbeschluß gefällt, bei Meinungsverschiedenheiten können also die Offiziere den Gerichtspräsidenten überstimmen.

Ein Fall, über den wir befinden mußten, illustriert sehr schön, wie die Gerechtigkeit unter der Besetzung gehandhabt wird. Ein Bauer war angeklagt, einer Gruppe Terroristen geholfen zu haben. Sie wollten innerhalb der israelischen Grenzen aktiv werden, und er hatte ihnen Verpflegung und Wasser gegeben. In seiner ersten Aussage verneinte der Angeklagte die Anschuldigungen; in einer zweiten jedoch, die ebenfalls vor Gericht verlesen wurde, »erinnerte« er sich plötzlich an sämtliche Einzelheiten und gab alles zu. Wir alle – Richter, Militärstaatsanwalt und Verteidiger – wußten nur zu gut, mit welchen Mitteln das Geständnis erpreßt worden war, doch dieses Thema kam nie zur Sprache. Später zogen wir uns ins Gerichtsbüro zurück, wo der Präsident mich und den anderen jungen Offizier bezüglich der relevanten Erwägungen für die Urteilsbemessung aufklärte. Wir kamen zum Schluß, das Verbrechen sei relativ geringfügig, wußten aber, daß der Angeklagte bereits mehrere Monate im Gefängnis verbracht hatte. »Wenn wir ihn sogleich laufenlassen, könnte das den Eindruck erwecken, wir würden die Sicherheitskräfte wegen der verlängerten Haftperiode kritisieren«, erklärte uns der Richter, »darum lassen wir ihn lieber noch einen Monat sitzen – das ist ja nicht so schlimm –, und dann wird er freigelassen.« Wir überschlugen rasch, wieviel Zeit er schon im Gefängnis verbracht hatte, gaben noch einen Monat dazu und verkündeten dem Mann sein Urteil.

Was immer mir noch an Blauäugigkeit übriggeblieben war, verflog vollends gegen Ende meiner Dienstzeit. Ich war bei einer Gruppe von Infanterieoffizieren mit guten Arabischkenntnissen, die zur Teilnahme an einer von der Armee soeben ins Leben gerufenen Geheimoperation gesandt wurden. Wir erhielten den Befehl, als Teil eines erweiterten Programms zur Unterstützung der Maroniten aus Libanon südlibanesische Milizsoldaten im Gebrauch von Waffen und Kampfmethoden auszubilden. In jener Zeit zirkulierten häufig Gerüchte über israelische Geheimagenten, denen zufolge Leute eliminiert würden, die gegen die israelische Verstrickung in Libanon opponierten. Dazu kam, daß sich unsere Schützlinge, die Milizsoldaten, mit ihrer Teilnahme an Massakern an der Muslimbevölkerung brüsteten, vor allem an der berühmten Schlacht von Tel Al Zaatar, wo die christlichen Milizen mit israelischer Unterstützung nach einer sehr langen Belagerung die palästinensischen Verteidiger des Flüchtlingslagers besiegt hatten. Einer der mir zugeteilten libanesischen Soldaten, ein etwa siebzehnjähriger Junge, brachte mir das Gruseln bei, als er mir eines Abends schilderte, wie er eine Palästinenserin und ein paar von ihren Kindern von einem Balkon im fünften Stock hinunterbefördert hatte – nicht über die Treppe.

Berichte von Folter, Mord, Vergewaltigung und Plünderung, die von den christlichen Phalangisten an der palästinensischen Bevölkerung verübt wurden, waren an der Tagesordnung und den israelischen Geheimdienstoffizieren, die die Phalangisten beaufsichtigten, mit Sicherheit bekannt. Jahre später, als Ariel Scharon, Rafael Eytan und andere vom für die Massaker in den Flüchtlingslagern Sabra und Schatila zuständigen Untersuchungsausschuß verhört wurden, behaupteten sie, sie hätten nicht einmal ahnen können, daß die christlichen Phalangisten zu solchen Scheußlichkeiten fähig waren. Angesichts solch eklatanter Lügen konnte ich nur lachen.

Während der Zeit, die ich in Ramallah und später bei der Ausbildung der libanesischen Milizen verbrachte, verbesserte sich mein Arabisch beträchtlich, besonders, was den Militärjargon betraf. Nachdem ich meine dreieinhalb Jahre Wehrdienst – die übliche Zeitspanne für einen Offizier – beendet hatte, studierte ich an der Hebräischen Universität in Jerusalem arabische Sprache und Literatur. Schon nach einem Jahr gab ich es auf. Die Kurse ödeten mich an, denn die Professoren betrachteten das Arabische bloß als Studienobjekt und nicht als eine lebendige Sprache. Eine Kollegin, die mit dem Magister abgeschlossen hatte, war in dieser Hinsicht typisch: Sie konnte zwar alte, über zweitausendjährige ägyptische Papyrusrollen entziffern, brachte es aber nicht fertig, in einem arabischen Restaurant eine Tasse Kaffee zu bestellen.

Wie jeder Veteran hatte ich im Laufe meiner Dienstzeit etliche militärische Ausrüstungsgegenstände zusammengetragen. Ich hatte mich nie darum bemüht, sie der Armee zurückzugeben. Unter den verschiedenen Accessoires nahm der schwarze Mahagoniknüppel einen Ehrenplatz ein. Er sah schmuck aus, wie er da an der Wand in meinem Zimmer hing, zuerst in der Offizierskaserne, später in Jerusalem. Als ich eines Tages aus einem schönen Haus in Abu Tor, dem einzigen gemischten arabisch-jüdischen Wohnviertel in Jerusalem, wieder auszog, lud ich den Schlagstock zusammen mit weiteren persönlichen Besitztümern in meinen Wagen und ließ ihn eine Weile unbeaufsichtigt. Als ich zurückkehrte, war der Knüppel weg. Mit Sicherheit hatte ihn ein arabischer Nachbar gestohlen – ein seltsamer Akt ausgleichender Gerechtigkeit.

Abu Naim

*D*as Araberviertel von Jaffa war einst eine wohlhabende Gemeinde, wo es sich komfortabel leben ließ. Viele seiner Bewohner waren jedoch im Gefolge der Besetzung durch die israelischen Streitkräfte während des Kriegs von 1948 geflohen, so daß sich Jaffas arabische Einwohnerschaft beträchtlich verringert hatte. Zu den paar hundert Familien, die geblieben waren, gesellten sich bald Evakuierte aus anderen arabischen Bevölkerungszentren. Die Regierung Israels hatte kein Interesse an einer über das ganze Land verstreuten feindlichen arabischen Bevölkerung und konzentrierte sie daher an mehreren zentralen Örtlichkeiten, unter anderem auch in Jaffa.

Heute möchten die städtischen Behörden von Tel Aviv (dem Jaffa zugeschlagen wurde) die lokale arabische Bevölkerung am liebsten erneut umsiedeln, denn das arabische Viertel liegt direkt am Meer, und die Investoren liebäugeln mit dem hervorragenden Potential der Grundstücke. Den Bewohnern ist es verboten, ihre Heime zu renovieren, und jedes leerstehende Haus wird von den städtischen Bulldozern niedergewalzt. Die noch bewohnten Häuser stehen zwischen dem Schutt und den Trümmern der niedergerissenen Gebäude. Sie bieten einen trostlosen Anblick und verstärken den allgemeinen Eindruck des Elends, das hier vorherrscht. Gegen Westen wurde ein zum Meer abfallender Hang von der Stadtverwaltung in eine riesige Müllhalde verwandelt. Ein widerlicher Gestank und eine dicke Wolke Schmeißfliegen legen sich jeden Abend über die Häuser und bilden einen zusätzlichen Anreiz für die Ansässigen, diese Wohngegend zu verlassen.

Wenn einmal der Tag der Stadtplaner gekommen ist, wird die Müllhalde, die inzwischen bis zum Meer vordringt, zweifellos mit eleganten Villen überbaut werden. Der Boden wird exklusiv für Luxusbauten vorgesehen sein, und die Israelische Landverwaltung, eine Regierungsbehörde, wird ihn ausschließlich an »Armeeveteranen« verpachten – eine scheinbar neutrale Bezeichnung, die in Israel jedoch einen klaren Trennstrich zwischen Juden und Araber zieht.

Mittlerweile ist diese Gegend, die einst als blühendes Handelszentrum galt, vorwiegend als Brutstätte für Kriminalität und illegalen Drogenhandel bekannt. Die einzigen Fremden, die dieses Gebiet aufsuchen, sind israelische Drogenkonsumenten und Arbeiter aus den besetzten Gebieten, die in irgendeiner billigen Unterkunft logieren.

*

Von Abu »Naims« (Name geändert) Penne erfuhr ich zuerst von Makram Huri Mahul, einem Journalisten, der in Jaffa aufgewachsen ist und die Stadt gut kennt. Makram stammt aus einer der christlichen Araberfamilien, die nach 1948 in Jaffa geblieben sind. Wir trafen uns, ehe ich mein Tarnprojekt begann, damit er mich ins Bild setzen konnte, was in der Umgegend von Tel Aviv los war. Wie so viele andere äußerte auch er sich skeptisch über meine Erfolgsaussichten. Bevor wir uns verabschiedeten, fuhren wir mit meinem Auto an Abu Naims Haus vorbei. Makram zeigte es mir. »Hier gibt es viele solche Stinkbuden wie diese. Ich glaube nicht, daß du es schaffst, da hineinzukommen«, meinte er damals. Später, als ich auf dem »Sklavenmarkt« an der Yefetstraße stand, hörte ich erneut von diesem Ort. Abu Naims Penne schien mir genau der richtige Einstieg, um mich in relativ kurzer Zeit unter die arabischen Arbeiter in Tel Aviv zu mischen.

Yisrael hielt seinen Autobianchi an der Peripherie des Viertels an. »Binchu, geh rüber zu diesem Abu Naim, und sieh dich um. Wenn es riskant aussieht, so sag ihm, du würdest morgen nochmals vorbeischauen, und komm sofort zurück zum Wagen. Ich werde dich im Auge behalten. Wenn du nach zwanzig Minuten nicht wieder rausgekommen bist, fahre ich weg und bin in drei Stunden wieder mit dem Wagen zurück. Sollte ich von drinnen irgendwelchen Lärm hören, komme ich hinein. Und morgen sehen wir uns so oder so hier in Jaffa.«

Als wir aus dem Wagen stiegen, versuchten wir, den neugierigen Blicken zu entgehen, die von einem arabischen Kaffeehaus über die Straße in unsere Richtung flogen. Es war eines jener Lokale, wo die Stammgäste draußen auf dem Gehsteig sitzen, starken Kaffee schlürfen und ihre Nargileh rauchen.

»Verdammt! Ich kann es immer noch kaum glauben, daß das hier Tel Aviv sein soll!« stieß Yisrael hervor. »Sieht aus wie eine Araberstadt.« Ich packte meinen orangefarbenen Plastikkorb fester, vergewisserte mich, daß der Keffijeh und die arabische Zeitung obenauf lagen, wo sie jedem Passanten ins Auge springen mußten, und begann durch die dunklen, dreckigen Straßen zu gehen.

Es war etwa sieben Uhr abends, genau die Zeit also, zu der ein angeheuerter Arbeiter von der Arbeit zurückkehrte. Die Menschen saßen vor ihren Häusern, um der stickigen Hochsommerhitze zu entfliehen. Die Feuchtigkeit in Verbindung mit jahrelanger Vernachlässigung hatte ihre Spuren an den geräumigen mediterranen Wohnhäusern hinterlassen – sie zerbröckelten allmählich.

Aus den Augenwinkeln konnte ich sehen, wie Yisrael von weitem meinen Bewegungen folgte, und seine Rückendeckung gab mir ein willkommenes Gefühl der Sicherheit. Es schien mir abwegig, fast unwirklich, daß ich die Nacht nicht auf dem Sofa in seinem Wohnzimmer zubringen würde, wo Teresa, sein Hund, neben mir auf dem Fußboden läge. Ich kam zu einem kleinen Lebensmittelgeschäft an einer Straßenecke und beschloß, mich dort zu informieren, wo genau Abu Naims Haus lag, denn ich konnte mich nicht mehr recht erinnern. Ladenbesitzer wissen ja bekanntlich über alles Bescheid, was in ihrer Nachbarschaft vorgeht.

Der Laden war eher bescheiden und gemahnte an die Lebensmittelgeschäfte im Jerusalem der sechziger Jahre. Die Regale enthielten Fischkonserven und Hummus in kleinen Blechdosen, was zusammen mit einem halben Laib Schwarzbrot für einen Arbeiter eine Mahlzeit ergibt. In dem kleinen Eisschrank, dessen Deckplatte dem Besitzer als Ladentisch diente, gab es einige einfache Milchprodukte. Dahinter standen weitere Regale mit einem unordentlichen Sortiment von Zigarettenpäckchen, kleinen Tüten mit Süßigkeiten und Konserven.

Zwei Kunden waren damit beschäftigt, die Preise von Büchsenthunfisch aus Europa zu vergleichen. Der billigste kam aus Portugal. Der Ladenbesitzer schnitt ihnen einen Laib Brot in zwei gleiche Hälften. Während sie über die Fischpreise debattierten, kniff einer der beiden seine Brothälfte zusammen, um herauszufinden, wie frisch sein heutiges Abendessen sein würde. Ein dritter Kunde überflog die Auslagen mit gelangweilter Miene und kämmte dabei sein wirres, fettiges Haar zurück.

»*Asalamu aleikum ya jamaa*«, sagte ich, ohne meinen Gruß an irgendwen zu richten. »Weiß vielleicht jemand, wo ich Abu Naim finden kann?«

Keiner der Kunden schenkte mir Beachtung. Der Ladeninhaber, ein runzliger, etwa sechzigjähriger Mann, kam langsam hinter dem Ladentisch hervor, nahm mich beim Arm und steuerte mich sachte zum Eingang.

»Dort unten, nach dem blauen Tor, ist eine Eisentür. Gehen Sie dort durch in den Hof und dann gleich scharf rechts, wo die Unterkünfte der Arbeiter liegen. Seine Söhne spielen verrückt, wenn jemand irrtümlicherweise das Haus betritt.«

Die Angaben des Ladenbesitzers waren zutreffend. Hinter der Eisentür ließ sich eine ehemalige Villa erblicken, ein großes, zweistöckiges Haus mit Balkonen, die an allen Seiten herausschauten. Einst war es offensichtlich ein eleganter Wohnsitz gewesen, doch heute lagen die Dinge anders. Beide Seiten des gepflasterten

Wegs, der zu dem Haus führte, waren mit ausrangierten Kühlschränken, Kochherden und alten Bettgestellen übersät. Rechts war eine weitere Eisentür; dahinter ging es drei Tritte hinunter, und vor mir lag etwas, was ursprünglich wohl als Stall oder Viehverschlag vorgesehen gewesen war. Ich trat ein und fand mich in einem winzigen Flur wieder, der sich in drei große Räume verzweigte. Die Zimmer standen voll mit Betten. Sie waren wie in einer Militärkaserne beinahe ohne Zwischenraum nebeneinandergestellt.

In einem der Zimmer saß ganz allein ein Mann an einem kleinen, wackeligen Tisch mit einer schmuddeligen, rissigen Furnierplatte. Er aß Salat aus einer Aluminiumschüssel. Von Zeit zu Zeit riß er sich ein großes Stück Kruste von einem Laib Brot ab, tunkte es in die Salatsoße und stopfte es sich in den Mund, so daß er kaum noch kauen konnte.

»*Marhaba*«, begrüßte er mich mit freundlicher Stimme.

»*Marhabtein*«, erwiderte ich seinen Gruß. »Irgendwelche Betten frei?«

»Die Männer sind noch nicht da. Die meisten Betten sind frei, aber nehmen Sie doch das dort.« Er wies auf eines der Betten. »Es steht am nächsten beim Fenster und auch am nächsten bei mir, so können wir ein bißchen miteinander plaudern.«

Nachdem ich meinen Korb aufs Bett gestellt hatte, setzte ich mich zu dem Mann an den Tisch. Ich erfuhr, daß er Abed hieß. »*Tfadal*«, sagte er, bot mir einen Klumpen Brot an und schob die Salatschüssel zu mir hinüber. Eine Zeitlang aßen wir schweigend. Da ich einige Tage kein Wort Arabisch gesprochen hatte und mich etwas unsicher fühlte, zog ich es vor, nicht allzu gesprächig zu sein, und vertiefte mich statt dessen in einen Artikel in der Wochenzeitung *Al Biader Al Siasi*, die ich mitgebracht hatte. »Wer hier vor Ihnen steht«, brach Abed mit verziert-geblümter Sprache das Schweigen, »wer hier vor Ihnen steht, mein Herr, hat schon jede erdenkliche Lasterhöhle besucht. Ich habe auch mit Haschisch und Heroin gehandelt. Ich habe gestohlen, ich habe gelogen, und ich habe, Gott möge mir helfen, sogar mit einer Jüdin zusammengelebt.«

Abed war um die dreißig. Seine Stimme war tief, und seine Augen hatten den abgestumpften Ausdruck eines Mannes, der schon alles gesehen hat, der weiß, daß alles, was ihm jetzt noch widerfahren mag, nichts weiter als die Wiederholung einer Show sein wird, deren Handlung er längst kennt.

»Und jetzt?« fragte ich ihn.

»Jetzt, Allah sei gelobt, jetzt wandle ich auf dem Pfad der Rechtschaffenheit. Ich habe das Licht erblickt. Keine Jüdinnen mehr, keine Schwierigkeiten mehr.« Und Abed fuhr fort, mir seine Lebensgeschichte zu erzählen – wie er wie viele andere muslimische Dorfjugendliche in Israel die wahre Religion entdeckt hatte. Er stammte aus dem Dorf Ara, das innerhalb der Grenzen Israels liegt. An einem gewissen Punkt seines turbulenten Lebens hatte er begonnen, sich regelmäßig mit dem Dorfscheich zu treffen, und dank der Überredungskraft dieses Scheichs und seiner eigenen tiefen Verzweiflung allmählich angefangen, die Moschee zu besuchen und das islamische Gesetz zu beachten. Er erzählte mir eine Menge über seine Bekehrung, wobei er seine Worte mit Koranstellen ausschmückte. Ich ließ meinesteils durchblicken, daß meine Sympathien eher bei der revolutionären palästinensischen Linken lagen, die letztlich eine indifferente Haltung in bezug auf die Religion einnahm. Darauf erklärte mir Abed, daß er gelegentlich in Tel Aviv als Gärtner arbeite, doch er meinte: »Diese Stadt ist durch und durch verdorben. Ich versuche, mich so wenig wie möglich hier aufzuhalten. Auf dem Land ist es viel besser, da ist es ruhig, und man kann jeden Tag in die Moschee gehen.«

Im Laufe unseres Gesprächs kam eine Gruppe Männer herein, die einen äußerst erbärmlichen Anblick boten: die Straßenkehrer von Tel Aviv. Es waren Männer jeden Alters. Die meisten kamen aus Dschebalja, ein paar wenige aus anderen Orten im Gazastreifen. Sie begnügten sich mit einem kurzen »Guten Abend« und verschwanden stracks in einem der Räume, um sich schlafen zu legen.

»Arme Teufel«, nickte Abed ihnen nach. »Das, was die verdienen, reicht nicht einmal für den Lebensunterhalt. Sie haben noch

Glück, daß sie hier eine Abmachung getroffen haben und nur drei Schekel pro Nacht bezahlen.« Im Gegensatz zu den Arbeitern aus den besetzten Gebieten war Abeds nächtlicher Aufenthalt in Tel Aviv völlig legal. Er zog Abu Naims unappetitliche Unterkunft bloß wegen des günstigen Preises allen anderen vor.

Es war annähernd neun Uhr abends geworden. Abed und ich saßen noch immer an dem Tischchen. Die dicke Schmutzschicht, die sich im Laufe der Jahre gebildet hatte, war jetzt mit Salatresten, Zigarettenstummeln und Brosamen übersät. Auf einmal schlurfte Abu Naim, ein großer, dicker Mann in einer grauen Gallabija und billigen Plastiksandalen, ins Zimmer. Er wechselte zuerst ein paar Worte mit Abed, der ihn respektvoll mit »Hadsch« anredete. Diese Ehrenbezeichnung wird nur Muslimen verliehen, welche die Pilgerfahrt nach Mekka unternommen haben, und bezeugt ihren Glauben und ihre Frömmigkeit.

Nach seinem Schwätzchen mit Abed wandte sich Abu Naim zu mir. »Schläfst du heute nacht hier?«

»Ja«, gab ich zur Antwort.

»Das macht fünf Schekel, und du mußt im voraus bezahlen. Wo arbeitest du?«

Ich entsann mich, daß Abed mir gesagt hatte, der Preis betrage nur drei Schekel pro Nacht. Vermutlich rührte die Diskrepanz daher, daß ich noch kein regulärer Kunde war, und so beschloß ich, vorläufig den Mund zu halten. »Ich habe noch keine Arbeit. Ich bin erst heute von Balata gekommen.«

Mit fordernder Beharrlichkeit wurde mir eine Hand entgegengehalten. Abu Naims fünf Wurstfinger waren eilfertig ausgestreckt, so daß ich auf seinem nach oben gekehrten Handteller deutlich die Linien erkennen konnte, die angeblich seine verschiedenen Charakterzüge abbildeten. Meiner Meinung nach mußte die hervorstechendste Linie auf Abu Othmans Hand eindeutig jene für Habsucht sein.

»Fünf Schekel«, verlangte er. Ich fischte einen Zehnschekelschein aus meiner Tasche und reichte ihn hinüber. »Bitte, ya Hadsch, das ist auch gleich für morgen.« Mit unverhohlenem Entzücken wurde er eine Weile befingert, dann verschwand er irgendwo in den zahllosen Falten seiner Gallabija. »Du bist ein guter Kerl, bezahlst im voraus. Also, macht das Licht aus, damit die Nachbarn nicht wütend werden und die Polizei rufen. Du hast keine Erlaubnis, dich hier aufzuhalten. Du kannst von Glück reden, daß ich mich der Obdachlosen erbarme und sie nicht in der Gosse schlafen lasse.« Darauf schwang sich Abu Naim zu einem Lob seiner eigenen Tugenden hoch und offenbarte uns seine geheimsten Überzeugungen: wie die Absteige, die er zum Wohl des armen Arbeiters zur Verfügung stellte, ihm nichts als schwere Verluste, Scherereien mit den Behörden und Streit mit seinen Kindern einbringe, wie dies aber zweifelsohne dereinst die Waagschalen zu seinen Gunsten neigen würde, wenn seine Zeit gekommen war und seine guten und schlechten Taten in der Gegenwart Allahs, des Allmächtigen, aufgewogen wurden.

An der Eisentüre draußen war ein lautes Klopfen zu vernehmen. »Polizei!« war der erste Gedanke, der mir durch den Kopf schoß. Abu Naim, der bereits am Weggehen war, öffnete das Tor. »*Wein aladala, ya sidi? Wein aladala wawein inti?* [Wo ist noch Gerechtigkeit, mein Herr? Wo ist Gerechtigkeit, und wo stecken Sie?]« rief jemand laut, und ein untersetzter, stämmiger Mann mit recht vulgären Gesichtszügen und rötlichem Haar schritt ins Zimmer. Er trug eine blaue Turnhose, die seine behaarten Beine zeigte, und ein kurzärmeliges weißes Hemd. Der einzige Knopf an seinem Hemd, der zugeknöpft war, verbarg ein kleines Bäuchlein. Aus der lockigen Haarmatte auf seiner Brust glitzerte ein Goldmedaillon an einer massiven Goldkette. Er hielt inne und musterte uns mit einem glücklichen Lächeln, das ein paar weitere Extrakarat Gold offenbarte.

»Ich bin Achmed Abu Halil, aber alle nennen mich bloß Abu el-As [Vater der Pracht]. Die wissen bereits von meinem Zimmer in Schapira, darum bin ich heute hier bei euch und die kommenden Nächte vielleicht auch noch.« Ich streckte ihm meine Hand zum Gruß entgegen. Abu el-As zog die seine von ihrem Aufenthaltsort hervor (wo sie energisch an seinen Geschlechtsteilen kratzte), um meine zu schütteln. Dann setzte er sich zu uns und zündete sich eine Time an, die erste Zigarette einer langen Kette, die erst abbrechen sollte, als ihn der Schlaf übermannte. Am nächsten Morgen wurde sie weitergeführt, noch bevor er seine nackten Füße (die dringend einer Pediküre bedurft hätten) auf den Fußboden gesetzt hatte, der mit Zigarettenkippen von der Nacht zuvor bedeckt war.

Abu el-As sah für seine dreiunddreißig Jahre zu alt aus. Er hatte die letzten zwölf Jahre in Tel Aviv gelebt und würzte seine Unterhaltungen gern mit hebräischen Ausdrücken. Während eines kurzen Dialogs, den er mit Abed auf hebräisch führte, wurde augenfällig, daß er mit seinem Akzent gerade noch als israelischer Jude nahöstlicher Herkunft durchgehen konnte. Hätte er sich unter entsprechenden Umständen als solcher ausgegeben, wäre wohl kein Moment lang Argwohn in mir aufgestiegen.

Ich fragte ihn, wer »die« seien, die von seinem Zimmer in Schapira, einer Wohngegend im Süden Tel Avivs, wüßten, und aus welchen Gründen er es für nötig hielt, hierherzukommen und uns bei Abu Othman Gesellschaft zu leisten. Sobald ich ihn an sein Zimmer erinnerte, leuchtete sein Gesicht auf, und statt meine Frage zu beantworten, setzte er zu einer ekstatischen Schilderung an.

»Bei Allah, Freunde! Was ist dort in diesem Zimmer in Schapira nicht alles zu finden? Ein Bett, aber was für eins – rie-sen-groß! Es ist eine wahre Freude, seinen Schwanz daran zu reiben. Ich schwöre, selbst dieser Schweinehund Begin hat nichts dergleichen zum Schlafen. [Natürlich auf Menachem Begin bezogen, den ehemaligen Premierminister von Israel, was schon damals ein Anachronismus war.] Und eine Dusche! Du drehst einfach den Wasserhahn auf, und schon kommt heißes Wasser heraus. Wenn du dich duschst, ist es brandheiß, wie 'ne geile Möse von einem jungen Mädchen. Und nach dem Duschen«, fuhr Abu el-As fort, während Abed, dem neugeborenen Muslim, fast die Augen aus dem Kopf kullerten, »spritze ich etwas Rosenwasser hierhin und hier und hier« – Abu el-As deutet auf seine Leistengegend und die Achselhöhlen –, »damit die Jüdinnen beim Duft meiner Eier verrückt werden.«

Ich mußte meine Frage wiederholen. »Was hast du gemeint, wer sind ›die‹?«

»Die Nachbarn und die Polente. Eines Abends sind ein paar Freunde bei mir gewesen, und wir hatten eine Party. Wir haben ein bißchen getrunken und etwas Lärm gemacht. Drum haben sich die Nachbarn aufgeregt. Vielleicht haben sie sich geärgert, weil ich sie nicht eingeladen habe, aber weißt du, wir hatten da ein bißchen Kef [Haschisch], und ich konnte ja nicht gut die ganze Welt dort haben. Also haben sie mich angezeigt, ich hätte keine Genehmigung. Jetzt wird die Polizei wahrscheinlich jede Nacht vorbeikommen und mich suchen. Drum schlafe ich erst mal eine Weile hier, bis sie es müde werden und Gras über die Sache gewachsen ist.«

*

Wie ich wußte, bezog sich Abu el-As auf die Zulassung, die es ihm erlaubte, sich nach Mitternacht innerhalb der Grenzen Israels aufzuhalten. Die Einwohner der besetzten Gebiete konnten bei der Militärregierung eine solche Genehmigung beantragen. Wenn der Gesuchsteller keinen Eintrag als »Sicherheitsrisiko« aufwies, der Schin Bet nicht Einspruch erhob und sein jüdischer Arbeitgeber sich zu seinen Gunsten aussprach, wurde dem Antrag entsprochen. Weil sich aber Abu el-As seine Brötchen damit verdiente, von den Fischern aus Jaffa ein paar Kisten mit Fisch zu kaufen und sie auf dem Freiluftmarkt Carmel in Tel Aviv zu verkaufen, oder gelegentlich als Maler arbeitete, hatte er nicht die geringste Chance, eine solche Genehmigung zu erhalten. Wie für Tausende anderer Araber war es für ihn illegal, über Nacht in Israel zu bleiben. Der Polizei und den für die Sicherheit Israels zuständigen Behörden waren diese Verstöße zwar bekannt, man kümmerte sich jedoch nicht groß darum, daß die entsprechenden Vorschriften streng eingehalten wurden. Jede großangelegte Aktion gegen die Arbeiter, die in Israel übernachteten, hätte die israelischen Arbeitgeber aufgebracht. Sie bildeten eine starke Interessengruppe, mit deren Reaktionen man rechnen mußte; zudem hätte die Polizei an Hunderten von Örtlichkeiten im gan-

zen Land Razzien durchführen müssen – in den Städten und am
Stadtrand, in Restaurants, Obstplantagen, überall. Der Auf-
wand an Zeit, Geld und Mannschaft hätte sich kaum gelohnt. So
wie die Dinge standen, begnügte man sich damit, »selektive Razzien« durchzuführen, um die Lage unter Kontrolle zu behalten.
Zuweilen wurden solche Razzien auf Initiative eines einzelnen ge-
langweilten Polizisten unternommen, der ein bißchen Rabatz
suchte, um sich die langen Nachtstunden zu vertreiben.

*

Nach den paar wenigen Tagen Pause hatte mich jetzt die Rück-
verwandlung in meine ausgeliehene Identität und die damit ver-
bundene Anspannung müde gemacht. »Morgen muß ich Arbeit
finden«, sagte ich. »Wenn es erlaubt ist, gehe ich mich jetzt waschen und dann schlafen.« Abed erklärte mir den Weg zum Badezimmer: zuerst in den Hof hinaus, dann hinten an der Rückseite des Zimmers gleich links.

Als ich ins Badezimmer eintrat, stand ich unter einer nackten
Glühbirne, die von der Decke herabbaumelte. Ich schaute mich
um. Überall schwärmten Kakerlaken von phantastischer Größe
herum, wie ich sie noch nie zuvor gesehen hatte. Einige von ihnen
verschwanden lautlos in ein Versteck, während andere sich offenbar ihrer Übermacht gewahr waren und zu meinen Füßen
herumhuschten. Der Raum war mittelgroß und hatte hinten zwei
schmale Boxen. In einer von ihnen ragte in etwa Mannshöhe das
rostige Ende eines Rohrs heraus – die Dusche. Ein weiterer Ver-
schlag mit einer Holztür, die altersschwach an einer Angel hing,
bildete die Toilette. Und was für eine! Die Schüssel war randvoll
mit ekligem, übelriechendem Kot angefüllt, der jeden Augenblick
auf den zersprungenen Zementboden überzuschwappen drohte.
Daneben stand eine große Blechdose, wie sie für eingelegte Gur-
ken verwendet werden, aus welcher man zum Spülen Wasser in
die Toilette gießen mußte. Der widerliche Anblick und der uner-
trägliche Gestank machten deutlich, daß es lange her war, seit
sich jemand die Mühe gemacht hatte.

Mein dringendes Bedürfnis verflog, als hätte es nie existiert.

Ich wusch mir bloß die Hände und hob eine zerbrochene Spiegel-
scherbe auf, die irgendwo herumlag, um hineinzuschauen, während ich meine Kontaktlinsen herausnahm. Doch vorerst mußte
ich mich vergewissern, daß niemand den Raum betrat, denn
Kontaktlinsen sind unter Palästinensern in Israel rar. Um auf
Nummer Sicher zu gehen, hatte ich mir extra die arabische Bezeichnung, *ksas ain* (Glasauge), eingeprägt und mir für den Fall,
daß irgendwer Fragen stellen sollte, eine Geschichte zurechtge-
legt, wie mir ein Arzt in Ramallah wegen meiner schwachen Augen die Linsen verschrieben habe. An jenem Abend war ich jedoch darauf bedacht, daß niemand die optischen Kinkerlitzchen
bemerkte.

Wieder zurück, sah ich Abu el-As bereits auf seinem Bett ausgestreckt mit Abed plaudern, der sich ein Tuch mit den Initialen
der israelischen Streitkräfte um den Hals geschlungen hatte und
darauf wartete, bis er an der Reihe war, das Badezimmer zu benutzen.

»Hast du einen *muschut*?« fragte Abed und wandte sich an
mich.

»Was?« Ich wollte mich nicht festlegen und tat so, als hätte ich
ihn nicht verstanden.

»*Muschut, muschut*«, wiederholte Abed seine Frage.

»Verdammt noch mal!« dachte ich. »Was zum Kuckuck ist ein
muschut?«

Abed blieb vor mir stehen, während Abu el-As mir einen
schrägen Blick von seinem Bett zuwarf. In meinem Kopf jagten
sich die Gedanken in Blitzesschnelle. Abed brauchte etwas, und
ich verstand nicht, was es war. Wenn ich ihm sagte, ich hätte
nichts dergleichen, und er später einen *muschut* in meinem Besitz
fand, saß ich in der Patsche. Andererseits konnte ich auch nicht
sagen, ich hätte einen, da ich ja nicht wußte, was es war. In meiner
Notlage tat ich das Beste, was ich tun konnte: Ich gab ein langge-
zogenes Murmeln von mir, eine Art »hmmmm«, das weder ja
noch nein besagte, und zuckte mit den Schultern. Dann wandte
ich mich ab und schlenderte gemächlich zu meinem Bett hinüber.

»Manche mögen es eben nicht, wenn jemand ihren *muschut*

braucht«, sagte Abu el-As zu Abed. »Da, nimm meinen.« Er
reichte ihm einen kleinen, schwarzen Kamm.

»Zum Henker, ich und mein Arabisch!« dachte ich wütend. In
der Zeit, die ich als Reporter für das Ressort Westjordanland verbracht hatte, hatte sich zwar mein Wortschatz in Bereichen wie
Politik, Bürgerrechte und Gesetzeskunde erweitert, doch gerade
bei den einfachsten Alltagswörtern klaffte eine kleine, aber
manchmal peinliche Lücke in meinen Arabischkenntnissen.

»Ich bin nicht so einer, dem das etwas ausmacht«, entgegnete
ich hastig. »Ich habe bloß keinen *muschut* bei mir.«

Am nächsten Morgen traf ich mich mit Yisrael in einem Kaffeehaus in Jaffa, das in angemessener Entfernung von der Absteige
lag. Als zusätzliche Sicherheitsvorkehrung setzten wir uns in
einen Alkoven im Inneren des Cafés.

»Ehrlich gesagt, Binchu«, meinte Yisrael, während er sich Kaffee und ein mit Sesam bestreutes *burekas*, ein luftiges, mit salzi-
gem Käse gefülltes Gebäck, bestellte, »ich hätte nie gedacht, daß
du den Mumm hast, über Nacht an diesem Ort zu schlafen.«

Solcherart von Yisrael in meinem Wagemut bestärkt, machte
ich mich auf Arbeitssuche. Wie in der Nacht zuvor folgte er mir in
einigem Abstand.

»Ich arbeite Mechaniker in Werkstatt das flickt Peugeot in Nablus« – so stellte ich mich auf Pidgin-Hebräisch bei mehreren Ge-
schäftsinhabern in der Salamestraße vor, die Jaffa mit dem südlichen Tel Aviv verbindet und von kleinen Werkstätten und Auto-
reparaturbetrieben gesäumt ist.

Die ewig gleiche Antwort, die ich zu hören bekam, lautete:
»Kein Bedarf!« Tatsächlich waren in jeder Autowerkstatt bereits
eine Anzahl arabischer Arbeiter in verschiedenen Stellungen um
die Wagen gruppiert, die repariert und mit Öl und Schmierfett
versehen werden mußten. Ich begrüßte meine Arbeitskollegen
jeweils mit einem Nicken, bevor ich zum nächsten potentiellen
Brötchengeber weiterging. Doch meine Suche war vergeblich – es
war zum Verzweifeln!

Ich wollte schon aufgeben und zurückgehen, um mich in Yisraels Gesellschaft bis zum Abend zu entspannen, wo ich wieder zu Abu Naim zurückkehren mußte, doch genau in diesem Augenblick rief mich der Besitzer einer Werkstatt für Autoelektrik in sein Büro hinüber. »Yosi Levi« (Name geändert) war ein Machotyp von etwa fünfunddreißig Jahren. Eine Goldkette, die auf seiner Brust hing, ließ ihn wie die israelische Version von Abu el-As erscheinen. Er saß hinter einem Tisch, schlürfte eine Tasse Kaffee und streichelte die Nylonbespannung eines teuren Tennisschlägers, als wollte er damit sagen: Wenn dieser Arbeitstag nur schon vorüber wäre, damit ich endlich den Laden hier schließen und eine Partie Tennis spielen gehen könnte.

»Kannst du Fußböden scheuern und Kaffee machen?« fragte er.

»Ja, Herr, aber ich sehr gute Mechaniker, repariere alle Maschinen und bringe in Ordnung.«

»Du wirst jeden Morgen Punkt acht hier sein bis fünf Uhr nachmittags, und du kriegst zehn Schekel.«

Um nicht den leisesten Verdacht zu erwecken, versuchte ich um den Lohn zu feilschen, der nicht einmal zum Lebensunterhalt reichte, geschweige denn, um eine Familie zu ernähren. »Araber gibt's hier wie Sand am Meer, und alle suchen Arbeit. Ich sehe keinen Grund, warum ich dir mehr als nötig zahlen sollte«, stellte Yosi ohne die geringste Spur Böswilligkeit schlüssig fest.

So begann ich mit der Arbeit. Eine Zeitlang bereitete ich bloß Kaffee zu oder fegte den Betonfußboden. Es gab nur noch einen festangestellten Arbeiter dort, einen dunklen arabischen Jungen aus Jaffa, der vom Chef Daga gerufen wurde. Ich fand nie heraus, was ihn zu diesem Namen inspirierte, den ich weder zuvor noch nachher je vernommen hatte.

Eines Tages nützte ich Yosis Abwesenheit aus, um auf die Schnelle ein paar Reparaturen auszuführen, bei denen Schweißen erforderlich war. Daga, dem die Verantwortung auferlegt war, in der Abwesenheit des Besitzers den Laden zu führen, zeigte sich von meiner Arbeit sehr beeindruckt und rapportierte später pflichteifrig: »Der neue Arbeiter versteht sein Fach.«

Innerhalb weniger Tage übertrug mir Yosi zusätzlich zu meinen

Putz- und Kaffeepflichten kleine Routinearbeiten. Dabei ging es vor allem darum, Keilriemen auszuwechseln oder neue Zündkerzen oder Alternatoren einzusetzen. Bei gewissen Wagentypen bringt das mit sich, daß man unter den Motor kriechen muß und eine großzügige Portion Schmiere und Schmutz abkriegt.

Ich hatte schon immer gewußt, daß ein Reparaturbetrieb wie der von Yosi Levi einen recht respektablen Profit abwerfen konnte, doch jetzt entdeckte ich, daß er eine wahre Goldgrube war. Einmal brachte eine Frau ihren alten Volvo zu uns und behauptete: »Der Motor stottert.« In einer halben Stunde hatte ich die Anschlüsse gesäubert, die Zündkerzen ersetzt und die Zündung eingestellt. Yosi stellte der Frau eine Rechnung von hundert Schekel aus – in einer halben Stunde hatte ich also meinen Lohn für zehn Tage verdient.

Da Yosi gut zu mir war – selbst wenn ich absichtlich einige Schnitzer machte, wurde er nie wütend –, begann ich bald mitzuspielen und gab ihm den Kunden gegenüber Schützenhilfe. Mein Identitätsgefühl war zu jener Zeit derart labil, daß ich mir ohne weiteres erlaubte, diese Haltung mit dem Argument »Diesen Juden soll man ruhig zeigen, was sie wert sind« vor mir selber zu rechtfertigen. Eines Tages beispielsweise rief mich Yosi in sein Büro, nachdem ich am Wagen eines offenbar gutbetuchten Kunden eine Reparatur ausgeführt hatte. »Fathi«, fragte er mich, »was genau hast du mit dem Wagen dieses Gentleman alles gemacht?«

»Ich habe die Zündung eingestellt, die Kerzen ausgewechselt und die Sicherungen ersetzt und abgestimmt. Und ich hatte meine liebe Mühe, sie zu justieren, bei Allah!«

Yosi und ich wußten beide, daß Sicherungen nicht »justiert« werden können. Es kostet ein, zwei Minuten, sie einzusetzen, und damit hat es sich auch schon. Ich guckte dem Kunden über die Schulter, wechselte einen verständnisinnigen Blick mit meinem Boß und bemerkte, daß er ihm für den Posten »Sicherungen justieren« eine ansehnliche Summe berechnet hatte.

Mit Daga wechselte ich kaum ein Wort. Dieser fleißige Jüngling war unter Juden aufgewachsen und lebte mit ihnen, so daß die

Unterschiede zwischen uns erwartungsgemäß praktisch unüber-
windbar waren. Er respektierte mich jedoch, weil ich älter war
oder weil ich als ein Sohn der Lager für ihn das Leiden und die
Armut des palästinensischen Volkes verkörpern mochte. Nachdem ich mein professionelles Know-how demonstriert hatte,
wuchs seine Achtung noch mehr. Während der Mittagspause
holte er jeweils Tomaten und frisches Brot aus seiner Tasche und
bot mir davon an, und wenn er zum nahegelegenen Kiosk hinüberging, um sich ein alkoholfreies Getränk zu kaufen (was ich
mir mit meinem mageren Lohn nicht leisten konnte), kaufte er
auch für mich eins.

Daga fuhr einen großen, grauen Jeep. Es war offensichtlich,
daß der Wagen einem Mechaniker gehörte, denn jedes Teil war
renoviert und jeder Fingerbreit blitzblank. Wenn Daga am Ende
eines Werktags den Motor anließ, schnurrte er so ruhig, daß man
gleich wußte, daß er kürzlich überholt worden war.

Dieser Sechs-Zylinder-Jeep war dasselbe Modell, das die Polizei und besonders die Geheimdiensteinheiten benutzten, welche
oft als Zivilfahrzeuge getarnte Wagen verwenden. Eines Tages
neckte ich Daga: »Dein Jeep da sieht genauso aus wie die Jeeps
des *muhabarat* [Schin Bet] in Balata. Wie hast du es bloß geschafft, von denen einen Jeep zu kriegen? Arbeitest du etwa für
sie?« Ich wußte natürlich genau, daß der Wagen an einer der Ver-
steigerungen von Armeeüberschußmaterial gekauft und von seinem neuen Besitzer instand gesetzt worden war. Meine provoka-
tive Frage bewirkte, daß Dagas Gesicht dunkel anlief und das
Lächeln darauf verschwand. »Du bist wohl verrückt«, stieß er
hervor. »Diesen Jeep habe ich gekauft.« Von dem Tag an hielt er
Distanz zu mir und pochte vermehrt auf seinen Status, um zu betonen, daß er zwar unter Yosi, aber immer noch über mir stand.

Die Kunden versuchten sich bei Yosi und Daga anzubiedern.
Aus schierer Verzweiflung rissen sie Witze und erkundigten sich
nach ihrem Befinden, um mit einer annehmbaren Rechnung
wegzukommen. Yosi lachte mit, doch wenn es an der Zeit war, die
Reparaturkosten zu begleichen, lachte er allein weiter, während
die Kunden beim Anblick des geschuldeten Betrags ziemlich me-

lancholisch wurden. Ich hoffte, daß irgend jemand auch mit mir einmal ein Gespräch anknüpfen würde. Eines Tages war meine Chance gekommen. Ich lag unter einem schmucken Peugeot und ersetzte einen Alternator. Der Schweiß tropfte mir in die Augen und brannte wie Säure.

»Wie heißt du, mein Junge?« hörte ich eine angenehme Stimme fragen. Der Besitzer des Peugeots war vorzeitig zurückgekehrt, um seinen Wagen abzuholen.

»Fathi, mein Herr, Fathi aus dem Flüchtlingslager Balata.«

Ich streckte meinen Kopf zwischen dem Motor und dem Betonfußboden hervor und grinste. Er war ein respektabel aussehender Mann und trotz des heißen Wetters in einen grauen Anzug mit dazu passender Krawatte gekleidet. Er schenkte mir einen unverbindlichen Blick und warnte mich: »Sei bloß vorsichtig, wenn du ihn auseinandernimmst, mein Junge. Und gib acht, daß du dabei den Wagen nicht schmutzig machst.«

Mitten an einem nicht besonders geschäftigen Werktag sagte Yosi: »Komm, Fathi, nimm deine Sachen und komm mit.« Ich stieg in seinen kleinen Subaru-Lieferwagen, und wir begannen in südliche Richtung zu fahren. Ich wußte nicht, wohin es ging, aber eine Autofahrt bildete eine willkommene Abwechslung im täglichen Einerlei. Ich hatte Vertrauen in Yosi und war unbesorgt. Es war eine ziemlich intime Angelegenheit, in einem Auto neben meinem Arbeitgeber zu sitzen – so ganz anders als die gewohnte Situation in der Werkstätte.

»Eines Tages werde ich deine Familie in Balata besuchen kommen. Ich weiß mehr oder weniger, wo es liegt, denn ich bin einmal dortgewesen, als ich in der Armee Reservedienst geleistet habe.«

»Wirklich, Mister Yosi, für Sie nicht gut, kommen zu uns. Unsere junge Leute vielleicht werden wütend, und vielleicht werfen Sie Stein an Kopf.« In Wahrheit bestand zu jener Zeit keine ernstliche Gefahr, wenn ein Jude ein Flüchtlingslager besuchte, vorausgesetzt, er trat nicht feindselig auf (was beispielsweise für einen bewaffneten Siedler gegolten hätte). Doch ich genoß es, ihn ein wenig zu provozieren.

»Wie? Steht es so schlimm bei euch?« Mein Boß war ganz entsetzt.

»Ja, wirklich, unsere Leute mögen keine Juden.«
Yosi wurde ein wenig bleich und ganz still. Ich schwoll an vor Stolz. »Hier in Tel Aviv bin ich zwar bloß ein lausiger Arbeiter und er der allmächtige Boß«, dachte ich, »doch was ihn betrifft, ist Balata unabhängiges Territorium. Seine Überlegenheit ist auch auf diesen Ort beschränkt – dort hätte er Angst vor mir.«

Wir hielten vor einem Rohbau in einem hübschen Vorort an. »Das ist das Haus, das ich baue. Weil es heute in der Werkstatt nicht viel Arbeit gibt, kannst du dem Elektriker helfen, der hier die Kabel verlegt. Und wenn ihr fertig seid, kannst du direkt heimgehen.«

»Okay«, antwortete ich. Das erstemal, seit ich für ihn arbeitete, kam er auf den Gedanken, mich zu fragen: »Wo wohnst du denn? Gehst jeden Tag zurück nach Nablus, hmm?«

Ich beschrieb ihm Abu Naims Penne nicht näher, sondern sagte bloß: »Ich schlafe in etwas wie Herberge. Jede Nacht fünf Schekel.«

Nissim, der Elektriker, empfing mich mit einem breiten Lächeln. Er sprach arabisch, und so konnte ich endlich mit meinem Pidgin-Hebräisch aufhören, das mir langsam auf den Wecker ging. Wir arbeiteten zu zweit allein im Innern des Villenrohbaus. Ich meißelte Rillen in die Wände, und er verlegte elektrische Kabel hinein. Von Zeit zu Zeit legten wir eine Pause ein, wobei wir uns meist kurz unterhielten.

»Woher kommst du?« fragte mich Nissim auf arabisch.

Ich gab meine übliche Geschichte zum besten: Nablus, Balata, die Arbeit...

»Oh, ich habe eine Menge Freunde in Nablus«, sagte er.

»Wer denn?« fragte ich neugierig.

»Du erwartest doch nicht, daß ich alle ihre Namen behalten habe! Was weiß ich? Araber. Die dort wohnen.«

Ich murmelte etwas Unverständliches, hob den Eisenmeißel auf und begann wieder kleine Rillen in die rohen Betonwände zu hämmern.

Der Mangel an einigermaßen annehmbaren sanitären Einrichtungen bei Abu Naim, wo ich meine Nächte auf einem harten Bett verbrachte, hinterließ seine Spuren an mir. Es war noch nicht einmal möglich, mich richtig zu rasieren. Wie die meisten angeheuerten Arbeiter, denen ich begegnete, hatte ich keine Ersatzkleider, daher war es kein Wunder, daß mein Äußeres zusehends ungepflegter wirkte. Trotzdem mochte mich Yosi, mein Boß, gut leiden, wahrscheinlich wegen des netten Profits, den die Werkstatt mit Hilfe meiner billigen Arbeitskraft jeden Tag abwarf.

»Fathi, mach mir eine Tasse Kaffee!« tönte es laut aus Yosis Büro und riß mich aus meinen Gedanken.

Ich suchte Yosis persönliches Glas heraus. Nur Yosi trank aus diesem Glas, und wehe, jemand hätte gewagt, es auch nur zu berühren, außer um ihm seinen Kaffee zu bringen. Während ich den Kaffee aufgoß, hörte ich dem großen Radio zu, das auf der Fensterbrüstung des Büros neben dem Ausguß und der Heizplatte stand. Das Radio unterhielt uns normalerweise während der Arbeitsstunden, doch jetzt gerade spielte keine Musik. In einer Nachrichtensendung wurde erwähnt, daß sich heute der Tag der Massaker von 1982 in den Flüchtlingslagern von Sabra und Schatila in Libanon jährte. Im ganzen Westjordanland hatte es Unruhen gegeben, und in Deheische war ein Jugendlicher von Soldaten angeschossen und verwundet worden. Ein leiser Schauer kroch mir den Rücken hoch. Der Anblick von Soldaten, die in Formation durch ein Flüchtlingslager vorrückten und mit einer großen Zurschaustellung von Brutalität Jugendliche verhafteten, war mir nur allzu vertraut. Ich goß kochendes Wasser in zwei Gläser, eins für den Boß und eins für einen Besucher, der bei ihm saß. »Bitte, Mister Yosi«, sagte ich und setzte den dampfenden Kaffee vor ihn hin.

Yosi, der offensichtlich auf seinen Gast Eindruck machen wollte, wandte sich an mich. »Sag mal, wie heißt du schon wieder? Fathi... Also Fathi, wieso änderst du deinen Namen nicht um, damit man ihn leichter behalten kann? Vielleicht in Rafi oder Danny?«

Ich war stinkwütend. Nicht genug, daß mir der Mann einen

Hungerlohn bezahlte und sein Volk mir sogar das Recht verweigerte, nach Freiheit und Unabhängigkeit zu streben – er hatte auch noch die Dreistigkeit, mir vorzuschlagen, meinen Namen zu ändern. Das Wenige, was mir geblieben war, sollte ich aufgeben, nur um mir den völlig widersinnigen Anschein eines Juden zu geben.

»Wirklich, Mister Yosi, jeder sehen, ich bin Araber, und wie ich kann die Leute betrügen? Und ich bin kein Araber, der wechselt sein Name für die Juden. Ich bin geboren als Fathi, und ich sterbe als Fathi.«

Yosis Gast warf mir einen finsteren Blick zu. »Dieser Kerl ist ein Nationalist. Besser, wenn Sie ihn loswerden«, sagte er vorwurfsvoll zu Yosi, als wäre meine Verweigerung, mir einen neuen Namen zuzulegen, nur um es den Juden leichter zu machen, bereits ein gravierender subversiver Akt und eine gefährliche Äußerung palästinensischen Nationalgefühls, die ihn selbst im Herzen von Israel bedrohen konnte.

Yosi musterte mich nachdenklich. Er mochte ungern eine Hilfskraft verlieren, die sich schon eingearbeitet hatte. »Ach was, der hat eh nur seine Schrauben und Muttern im Kopf«, erwiderte er und entschied so das Schicksal zu meinen Gunsten.

Während der Zeit, wo ich bei Abu Naim hauste, stieß eine Gruppe Jugendlicher aus Rafia im Gazastreifen zu Abed, Abu el-As und mir ins Zimmer. Sie arbeiteten alle auf dem Carmel-Markt in Tel Aviv. Auch Halil, ein arabischer Beduine aus der Gegend von Damon in der Nähe von Haifa, der als Koch in einem der Restaurants von Tel Aviv arbeitete, kam zu uns. Jeden Abend kehrte die Bande aus Rafia von ihrer täglichen Arbeit auf dem Markt mit einem Sack voll Gemüse zurück, den sie von dem Großhändler erhalten hatten, bei welchem sie aushalfen. Majdi, der Anführer der Gruppe, sandte jeweils einen der Jüngeren, meist einen Sechzehnjährigen namens Yassin, ins Lebensmittelgeschäft um die Ecke, um Brot und eine Dose Hummus oder Fischkonserven zu kaufen. In der Zwischenzeit nahm Majdi eine Dusche, und wenn er wieder auftauchte, trug er eine Turnhose und ein weißes Leibchen, das seine sehnigen, bronzefarbenen Muskeln betonte. Dann setzte er sich an den vergammelten Tisch und widmete sich der Aufgabe, das Gemüse zu einem feinen Salat zu schneiden.

Zwischen den Arbeitern von Rafia und Abed und Halil, den beiden israelischen Arabern, entspann sich ein freundschaftliches Verhältnis. Das einzige Mal, als ein Streit ausbrach, war bei der Ankunft eines glühenden Anhängers der PFLP vom Lager Nuseirat im Gazastreifen. Dieser Mann wollte uns seinen Namen nicht nennen. Als man sich beschnuppert hatte, ging in unserem Raum eine lebhafte Debatte über die Juden los. Fast alle Anwesenden waren sich einig: »Die Juden sind ein übles Pack und verstehen nur nackte Gewalt.« (Diese Verallgemeinerungen und fixen Ansichten, die über die Juden als Kollektiv geäußert wurden, erinnerten mich stark an die Freitagabendgespräche im Wohnzimmer einiger meiner jüdischen Bekannten, wo das Gesprächsthema »die Araber« lautete.) Der Neuankömmling von Nuseirat war der einzige, der darauf bestand, daß es auch Juden gebe – jene nämlich, die die Idee eines demokratischen Säkularstaates in Palästina befürworten –, mit denen es möglich und notwendig sei, einen Dialog aufrechtzuerhalten.

Das Gespräch mündete in eine Auseinandersetzung über ein arabisches Mitglied der Knesset, Israels Parlament. Muhammad Watad war Abgeordneter der Vereinigten Arbeiterpartei, einer zionistischen Partei der politischen Linken. Abed verteidigte Watad und wußte zu berichten, es sei einzig und allein seinen Bemühungen zu verdanken, daß die Renovation der Hassan-Bek-Moschee in Jaffa genehmigt worden war. Die anderen und auch ich konterten mit der Behauptung, er habe bloß aus Eigennutz gehandelt, um seine politische Karriere zu fördern, und nicht für die Sache des palästinensischen Volkes. Majdi erzählte uns sogar, daß Freunde von ihm, die in einem Restaurant in Herzlija arbeiteten, Watad einmal dort in Begleitung einer jüdischen Frau dinieren sahen und er »ohne Zweifel mit ihr geschlafen« habe. Dieses unbegründete und höchstwahrscheinlich falsche Gerücht brachte alle in Erregung, und die darauf folgende Redeschlacht über das korrupte Verhalten des Knesset-Mitglieds erstarb erst, als Abu Naim hereintrat.

Der Besitzer der Absteige musterte die Männer, die in verschiedenen Stellungen auf den zehn Betten saßen oder lagen, mit welchen der Raum vollgepfercht war. »Hat jeder hier bezahlt?« Zur Antwort erhielt er einen stummen Chor von Kopfnicken und Gemurmel.

Nur Abu el-As öffnete seinen Mund. »Ja, *ya tamaa* [Geizhals].«

»Nun gut, wenn jeder von euch einen Schekel hinlegt, gehe ich für euch Tee kochen. Wenn ihr nicht im voraus zahlt, kriegt ihr keinen. Gestern hat man mir das Blaue vom Himmel versprochen. Ich habe starken Tee mit viel Zucker gemacht, und dann wollten die Hurensöhne nicht bezahlen. Ich schwöre, daß ich mit dieser Teekocherei Geld drauflege, aber ich würde mich nicht gut fühlen, wenn ihr euch schlafen legt, ohne etwas Warmes zu trinken.«

»Geldgieriger Hundesohn«, hörte ich jemand aus der Zimmerecke kommentieren. »Sogar die größten Gauner in Gaza würden es nie wagen, mehr als einen halben Schekel für eine Tasse Tee zu nehmen.«

Aber jedermann bezahlte. Mit einem frischen Bündel Schekel in der zusammengepreßten Faust watschelte Abu Naim in den angrenzenden Raum und darauf in den dritten, um das Teegeld einzuziehen und sich zu vergewissern, daß sich keine Nassauer eingeschlichen hatten.

Sobald er verschwunden war, machte sich Abu el-As auf altbekannte Weise Luft: »*Wein aladala*, ihr Dummköpfe, wo gibt es noch Gerechtigkeit, im Namen Allahs?!«

Wir waren es bereits gewohnt, darauf zu warten, daß diesem »Kriegsruf« eine hübsche, unverblümte Unterhaltung folgte. Abu el-As hatte vorher in der Diskussion nicht viel gesagt und es vorgezogen, in der Nase zu bohren und die Zimmerdecke anzustarren, aber jetzt war er scharf darauf, endlich loszulegen. Jedes Augenpaar ruhte auf ihm, und alle spitzten in Erwartung seiner Possen die Ohren.

Der schelmische Showman zog ein Stück zerknittertes Papier

aus seiner Tasche und warf es verächtlich auf Abeds Bett. »Da, lies, was dort steht, und übersetze es für uns«, befahl er. Abed fügte sich seinem Befehl und übersetzte mühsam: »Regionalgericht. Quittung für eine Buße im Betrag von vierhundert Schekel.«

Abu el-As schnappte sich den Wisch und stopfte ihn in seine Tasche zurück. »Nur damit ihr nicht denkt, ich sei darauf angewiesen, in dieser Stinkbude hier zu schlafen.« Dann erging er sich in eine wortreiche Beschreibung seines Zimmers in Schapira, wobei er sich den Umstand zunutze machte, daß viele seiner Zuhörer noch nichts von den unvergleichlichen Schätzen dieses Raumes gehört hatten. Es lief darauf hinaus, daß ihn die Polizei erwischt hatte, als er dort schlief, was ihm eine Vorladung vor Gericht einbrachte. Abu el-As erhob sich in dem schmalen Zwischenraum zwischen den Betten zu voller Größe (was nicht sehr viel war), schlug sich auf die Brust und richtete seinen Blick auf die Hintertür, als sähe er gleich dahinter irgendeine ominöse gewaltige Macht stehen.

»Ich habe ihr gesagt, der Richterin, dieser jüdischen Fotze« – jetzt wechselte er ins Hebräische über –, »›Euer hochehrwürdige und ehrenwerte Gnaden, hier auf Erden sind Sie wahrhaftig der Richter. Aber es gibt noch einen anderen Richter‹« – hier wies er mit dramatischer Gebärde zu der staubbedeckten Neonlampe hoch, die an der Decke flackerte –, »›den Richter über uns, vor dem wir einmal alle stehen müssen. Und wenn Sie mir eine allzu strenge Strafe austeilen, Euer Gnaden, und ich bin bloß ein armer Arbeiter, der sich hier sein täglich Brot verdient, wie wollen Sie Ihm dann beim Jüngsten Gericht unter die Augen treten?‹ Und daher« – Abu el-As schüttelte sich vor unverhohlener Heiterkeit – »gab sie mir nur eine Buße von vierhundert Schekel. Sonst kriegen alle mindestens tausend.«

Halil, der Beduinenkoch, starrte Abu el-As völlig hingerissen an. Kurz zuvor hatte Abu el-As versprochen, ihn auf einen Wochenendbesuch nach Jenin mitzunehmen, wo sie, wie er sagte, »eine Frau vögeln würden, deren Ehemann mir einen Haufen Geld schuldet«.

Abu el-As sonnte sich in all der Aufmerksamkeit, die er erhielt. »Die Gerichtsverhandlung war noch gar nichts. Wenn ihr wollt, erzähle ich euch von Ahuva.« Er ließ sich ein paar Minuten lang bitten, während er vielsagend mit seinem Finger über die Lippen strich. Nun sind Arbeiter in unserer Situation die ganze Woche vom Umgang mit Frauen ausgeschlossen, andererseits haben wir aber täglich Blickkontakt mit provokativ und spärlich bekleideten jüdischen Frauen. Abu el-As ließ uns das Wasser im Munde zusammenlaufen und spannte uns gehörig auf die Folter, bis wir vor Neugier fast platzten. Keiner war gewillt, ihn einen Rückzieher machen und uns seine Story vorenthalten zu lassen. Er genoß es sichtlich, unsere inständigen Bitten zu hören, und es war klar, daß es ihm eine Art Ersatzbefriedigung verschaffte, wenn er einem derart dankbaren Publikum seine lüsternen Geschichten zum besten geben konnte.

»Vor etwa zwei Wochen«, hub er an, »vielleicht auch etwas mehr, ich erinnere mich nicht so genau, habe ich einen Freund von mir getroffen. Einen Juden namens Sammy. Ich hatte gerade allen Fisch auf dem Markt verkauft und war in glänzender Stimmung, und alles, was ich wollte, war ein guter Fick. ›Sammy, ya Sammy‹, fragte ich ihn, ›wo gibt es noch Gerechtigkeit?‹ Dieser Sammyboy kennt mich schon und weiß, wenn ich ein paarmal nach Gerechtigkeit frage, so ist das ein Zeichen, daß ich geil wie ein Bock bin. Er hat mir von einer Freundin von ihm erzählt, einem schönen siebzehnjährigen Mädchen. Siebzehn Jahre alt! Hol der Teufel ihre Religion! Sammy war wirklich famos und hat mir ihre Telefonnummer gegeben. Ich habe sie angerufen und gesagt« – wieder wechselte er ins Hebräische –, »›Ahuva, Schatz, wie geht's dir denn? Ich heiße Abraham und möchte dich heute besuchen kommen.‹ Sie hat mir ihre Adresse gegeben und mich gleich eingeladen, noch am selben Abend vorbeizukommen.«

Nun beschrieb Abu el-As zuerst weitschweifig, wie er sich auf das Treffen vorbereitet hatte, dann fuhr er fort: »Ich klopfte also an ihre Wohnungstür, und sie wurde von einer siebzigjährigen Frau geöffnet, die kaum noch gehen konnte.« Hier begann der Märchenerzähler zwischen den Betten herumzuschlurfen und mit dem Bauch und dem Hintern zu wackeln. »Ich sagte zu ihr: ›Du bist Ahuva? Hol mich der Teufel! Du bist Ahuva?‹ Sie antwortete: ›Ja, das bin ich‹, und ich hatte fast einen Nervenzusammenbruch.«

Abu el-As legte eine Pause ein. Halil und Yassin, der jüngste Arbeiter der Bande aus Rafia, konnten kaum noch an sich halten. »Und dann? Los, komm schon, erzähl es uns! Was ist am Ende mit dieser alten jüdischen Hexe passiert?«

»Sie wollte in eine Bar, also habe ich sie in eine Bar ausgeführt, und dort haben wir Whisky getrunken«, verkündete Abu el-As und summte vor sich hin. Die beiden fuhren fort, ihn zu bestürmen. Und als hätte er sich mittels dieser Ahuva, deren Existenz mir übrigens sehr unglaubwürdig vorkam, an all den jüdischen Frauen gerächt, die für ihn unerreichbar waren, schilderte Abu el-As mit größtem Vergnügen bis ins kleinste Detail die wilde Nacht voll leidenschaftlichem Sex, die er mit der alten Frau verbracht hatte.

Die selbstgesponnene Pornographie von Abu el-As machte mich ehrlich gesagt nicht sehr an. Er hatte zwar unleugbar das Talent zum Fabulieren, doch die mangelnde Glaubwürdigkeit und sein Bedürfnis, um alles in der Welt die Aufmerksamkeit auf sich zu lenken, stießen mich eher ab. Um meinem Bild eines »Sohns der Lager« und relativ gebildeten Menschen zu genügen, versuchte ich eine gewisse Distanz zu ihm zu bewahren.

Dies wurde von den anderen und besonders von Majdi, dem Anführer der Männer von Rafia, sehr wohlwollend aufgenommen. Er wandte sich an mich und brach den schwülen erotischen Bann im Raum, den die Geschichte von Abu el-As bewirkt hatte. »Wie geht's denn mit der Arbeit in letzter Zeit?« erkundigte er sich. Mit dem Themawechsel und seiner Frage an mich gab er zu verstehen, daß wir in unserem Unmut über den unwiderstehlichen Abu el-As Verbündete waren.

»Allah sei gelobt, ich arbeite noch immer in der Werkstatt in der Salamestraße.«

»Und was machst du dort eigentlich?« fragte Majdi.

»Was meinst du damit? Ich bin Autoelektriker, und das ist auch mein Job bei diesem Juden drüben.«

»Mensch, du hast also eine *sanaa*, du hast eine *sanaa*«, rief Halil, der auf dem Bett neben mir lag. Sein verzückter Gesichtsausdruck zeugte davon, daß die Geschichte von Abu el-As noch immer in ihm nachwirkte. Halil rückte näher und ergriff freundlich meine Hand, als hätte er soeben herausgefunden, daß er seit mehreren Tagen das Zimmer mit einem illustren Staatsmann teilte. *Sanaa* bedeutet »Handwerk«, und Halils Aufregung rührte daher, daß ich ein professioneller Handwerker war – der einzige, der zur Zeit bei Abu Naim wohnte.

»Wieviel bezahlt dir der Jude?« wollte er neugierig wissen. Ich nannte eine Summe, die etwas höher als die tatsächliche war.

»Mensch, du bist verrückt! Komm morgen früh mit mir zu Talals Autowerkstatt. Er ist ein Achtundvierziger, ein echter Jaffait. Ich kenne ihn gut. Wenn du für ihn arbeitest, machst du zehnmal mehr, als du jetzt verdienst. Warum hängst du bei den Juden herum?«

In der jüdischen Gesellschaft, wo jede Mutter davon träumt, daß aus ihrem Sohn ein Arzt oder zumindest ein Rechtsanwalt wird, zählt ein Autoelektriker oder Mechaniker nicht viel. Hier bei Abu Naim jedoch, unter Leuten, die gezwungen sind, ihre Muskelkraft dem Meistbietenden zu verkaufen, weil sie gar keine andere Arbeitsmöglichkeiten finden – selbst wenn sie (wie beispielsweise Majdi) ein Universitätsstudium abgeschlossen haben –, wird es als höchste Errungenschaft angesehen, ein Mechaniker zu sein. Damit praktiziert man ein spezialisiertes Gewerbe, wird von den Arbeitgebern umworben und kann sich einen Lohn verdienen, der ein paar Schekel über dem eines einfachen Hilfsarbeiters liegt. Da es jedoch in meiner Absicht lag, spezifisch für jüdische Arbeitgeber zu arbeiten, schlug ich Halils Anerbieten höflich aus.

Eines Abends lag ich auf meinem Bett und las die Zeitung *Al Biader Al Siasi*. In jener Woche hatten israelische Soldaten, die die Gruft von Machpela in Hebron bewachten (die angebliche

Grabstätte des Patriarchen Abraham und ein ständiger Zank-
apfel, da sowohl die Juden als auch die Muslime sie als eine gehei-
ligte Stätte der Anbetung ansehen), eine arabische Frau erschossen, nachdem sie einen von ihnen mit einem Messer angefallen
hatte. Ich hatte bereits bei Yosi im Radio von dem Vorfall gehört.
In den arabischen Zeitungen wurde das Geschehen als »kaltblüti-
ger Mord an einer arabischen Frau in Hebron« dargestellt. Auf
der letzten Seite von *Al Biader Al Siasi* stand ein ausführlicher
Bericht darüber samt einer Fotoaufnahme von ihr mit Mann und
Kindern. Die Zeitung nannte die Frau eine *schahida*, ein Titel, der
nur Muslimen verliehen wird, die im Namen Allahs den Märty-
rertod gestorben sind und sich somit ihrem Platz im Jenseits gesi-
chert haben.

»Was ist mit dieser Frau los?« fragte Majdi, als er das Foto
bemerkte.

»Sie ist von der Okkupation getötet worden«, antwortete ich im
wahren revolutionären Geist.

Majdi schnappte sich die Zeitung und las fieberhaft den Artikel. Sein dunkles, hübsches Gesicht wurde aschgrau, und seine
hervorquellenden Muskeln zuckten spasmodisch. Plötzlich
packte er mich am Kragen, hob mich in die Luft und drückte mich
flach gegen die Wand. Ich war vor Angst wie gelähmt. Gewiß war
meine wahre Identität irgendwie ans Licht gekommen, und jetzt
war die Stunde der Abrechnung da. Ich wußte, daß es hier in Abu
Naims Palästinenserenklave niemanden gab, der mir helfen
konnte oder wollte.

Majdi verstärkte seinen Griff an meinem Hemd. Weiße
Schaumflecken traten auf seine Lippen. »Bei Allah«, schwor er,
sein Gesicht kaum einen Fingerbreit von meinem eigenen entfernt. »Bei Allah, der erste Jude, dem ich jetzt begegne... der
erste Jude... dem knalle ich den Kopf gegen die Wand, bis sein
Gehirn rausspritzt. Diese verfluchten Hunde! Diese Frauen- und
Kindermörder!«

Ich versuchte verzweifelt, das heftige Zittern zu verbergen, das
mich befallen hatte. »Möge Allah die Juden vernichten«, sagte
ich schwach und wischte mir mit dem Ärmel die Spucke weg, mit

der ich übersprüht worden war. Majdi hatte sich wieder in der Gewalt. Er ließ mich los, und ich fiel völlig kraftlos auf mein Bett zurück.

Am nächsten Tag nahm ich Verbindung mit Hassan Dschibril auf, einem Journalisten und Freund aus dem Lager Schati im Gazastreifen, und bat ihn, für ein paar Tage nach Tel Aviv zu kommen. »Ich brauche dich dringend. Du mußt hierherkommen, wo ich jetzt gerade wohne«, teilte ich ihm mit. Das Erlebnis mit Majdi hatte mich ganz durcheinandergebracht. Allein fühlte ich mich hier nicht mehr sicher. In einer solchen Situation hätte ich nicht einmal Zeit, Feisal el-Husseinis Brief hervorzuziehen.

Hassan kannte mein Projekt und hatte den Brief gesehen. Er war für meine Zwecke der richtige Mann, denn er war schlau und durchtrieben und konnte einem, ohne mit der Wimper zu zucken, offen ins Gesicht lügen. Hassan trudelte also ein und bezog in Abu Naims Räumlichkeiten Quartier. Der Schmutz und die beengenden Verhältnisse dort widerten ihn an. Obwohl er aus dem Flüchtlingslager Schati kam, wo die Lebensbedingungen auch nicht gerade ideal sind, war er in Sachen Reinlichkeit ebenso heikel wie in anderen Belangen.

Wir achteten darauf, niemanden wissen zu lassen, daß wir uns kannten, und schlossen erst am dritten Tag seines Aufenthalts formell Bekanntschaft.

»Fathi Awad, Mechaniker und Elektriker, von Balata.«

Hassan schüttelte mir die Hand. »Hassan Dschibril, arbeitsloser Journalist auf der Suche nach einem Restaurantjob, von Schati.«

Majdi, der uns zugehört hatte, beeilte sich, sich Hassan vorzustellen. Bald waren die beiden in ein lebhaftes Gespräch vertieft.

»Als Journalist sind Sie wahrscheinlich vertraut mit der Situation in den Gefängnissen, oder nicht?« fragte Majdi, worauf Hassan zustimmend nickte. »Dann haben Sie sicher von … [hier erwähnte Majdi zwei Namen] gehört, die im Gefängnis ermordet worden sind.«

»Habe ich«, antwortete Hassan. »Sie wurden getötet, weil sie mit den Gefängnisbehörden zusammengearbeitet haben und verdächtigt worden sind, ihr Volk zu verraten und mit den Juden zu kollaborieren.«

Es war augenscheinlich, daß dieses Thema Majdi schwer aufs Gemüt schlug und er lange Zeit auf eine Gelegenheit gewartet hatte, um mit einem »Politischen« darüber zu diskutieren, berührte es doch einen der heikelsten Streitpunkte in den besetzten Gebieten: In dem Augenblick nämlich, wo politische Häftlinge in einem der israelischen Gefängnisse argwöhnen, daß einer unter ihnen ein Kollaborateur ist, wird er ins Jenseits befördert.

»Niemand sollte ohne eine ordentliche Untersuchung getötet werden. Man sollte jedem die Gelegenheit geben, auf die Anklagen zu antworten, und ihn dann zuerst verwarnen. Sehen Sie«, fügte Majdi hinzu, wobei er seinen Schmerz nicht länger verbergen konnte, »diese beiden waren Freunde von mir. Und als ich selbst im Gefängnis war und sich jemand mit mir über persönliche Angelegenheiten stritt, streute er das Gerücht aus, ich sei ebenfalls ein Agent. Es war eine waschechte Lüge, und ich hatte Glück, daß ich nicht getötet wurde.«

»So ist das nun einmal in einer Situation wie der unseren«, bemerkte Hassan kühl. Er schien es zu schätzen, daß Majdi ihn für einen Aktivisten hielt, der die nötigen Verbindungen hatte, um seine Beschwerde an die Machthabenden in einer der palästinensischen Organisationen weiterzuleiten.

Nach zwei Wochen hörte ich auf, für Yosi Levi zu arbeiten. Es erschien mir unwahrscheinlich, daß dieses Unterfangen irgendwelche neuen Enthüllungen versprechen würde, und auch mein Verhältnis zum Boß hatte einen Stand erreicht, über den hinaus es sich kaum noch weiterentwickeln konnte. Ich beneidete ihn um das viele Geld, das er dank meiner Arbeit scheffelte, während ich nur einen Hungerlohn kriegte. Yosi schuldete mir zwar noch eine kleine Geldsumme, doch der Verlust erschien mir vergleichsweise unbedeutend, denn ansonsten hätte ich ihm die Gründe für mein Weggehen erklären und die Lohnerhöhung, die er mir vermutlich angeboten hätte, ausschlagen müssen. Also ließ ich mich dort einfach nicht mehr blicken. Bei Abu Naim blieb ich jedoch noch eine Weile. Hassan, der ebenfalls ausharrte, streifte den lieben langen Tag in Tel Aviv herum und besuchte Freunde aus Gaza und aus den Flüchtlingslagern, die als Hilfskräfte in Restaurants angestellt waren. Am Abend kamen wir jeweils zusammen und tauschten Gedanken über mein Projekt und die allgemeine politische Lage aus.

Zum Abschluß wünschte ich mir noch eine Fotoaufnahme von Abu Naims Absteige und ihren Bewohnern. »Ich bin daran interessiert, etwas über das Leben der Arbeiter in Tel Aviv zu schreiben, damit alle Welt sieht, wie sehr unser Volk leidet«, sagte Hassan eines Tages zu den Männern, die im Zimmer versammelt waren. »Morgen abend will ich einen italienischen Fotoreporter hierherbringen. Ich kenne ihn persönlich, und er ist unserer Sache gewogen. Er macht ein paar Bilder, und dann geht er wieder.« Er bat bloß darum, daß die Männer sich ruhig verhielten, so daß Abu Naim oder (noch schlimmer) seine berüchtigten Söhne nichts davon merkten.

Inzwischen hatte ich mir ein gewisses Ansehen unter den Arbeitern erworben, daher nahm ich es auf mich, Hassan gründlich über seine Absichten auszufragen. Ich verlangte, ihn und den Fotografen zuerst in sicherer Entfernung von Abu Naim zu treffen, bevor sie hierherkamen.

»Wenn ich seinen italienischen Paß gesehen und mit ihm gesprochen habe, komme ich zurück und bestätige, daß es für jedermann risikolos ist, fotografiert zu werden. Aber nicht vorher, auf gar keinen Fall.« Hassan erklärte sich mit meiner Bedingung einverstanden, und auch für die anderen Männer klang dies einigermaßen vernünftig. »Das ist eine nationale Mission ersten Ranges. Wir werden fotografiert, und Bruder Hassan wird der ganzen Welt von unserer Zwangslage berichten«, dozierte ich den Arbeitern im besten rhetorischen Arabisch, das ich aufbringen konnte.

Alle ließen sich – wenigstens bis zu einem gewissen Grad – überzeugen, mit Ausnahme von Abu el-As. Der professionelle Überlebenskünstler witterte offenbar, daß etwas faul an der Sache war, oder vielleicht war er auch bloß nicht gewillt, seinen letzten Zufluchtsort in Tel Aviv zu gefährden. Propaganda für die Sache des notleidenden palästinensischen Volkes interessierte ihn keinen Deut.

»Ihr seid ein Haufen Wahnsinnige!« platzte er heraus. »Er macht die Aufnahmen, und was dann? Die werden doch veröffentlicht, und dann schließt die Polizei diesen Laden, und wir werden alle verhaftet. Kein Foto von uns, kommt gar nicht in Frage!« Er wandte sich an Hassan. »Und sag deinem Fotoreporter, er solle es ja nicht wagen, hier aufzukreuzen.«

Majdi, der dafür war, fotografiert zu werden, antwortete: »Wenn du, ya Abu el-As, nicht fotografiert werden willst, sehe ich da kein Problem. Bleib einfach weg, dann bist du nicht dabei. Ich habe bereits im Gefängnis gesessen, mir macht es nichts aus.«

Abu el-As spürte, daß er in die Ecke gedrängt wurde, daher begann er Drohungen auszustoßen. »Wenn dieser Fotograf hier in die Nähe kommt, rufe ich Abu Naim und seine Söhne, die schlagen ihm dann seine Kamera und auch gleich seine Visage zusammen.« Doch Majdi und ich setzten ihm so hart zu, daß er eine neue Masche versuchen mußte. »Vielleicht ist die ganze Geschichte von einem Fotografen bloß ein Scheiß. Vielleicht steckt der *muhabarat* [Schin Bet] dahinter und will uns provozieren. Es lohnt sich nicht, mit so etwas herumzupfuschen.«

Dies war eindeutig eine an Hassan gerichtete Beleidigung. Die laut geäußerte Anspielung, er könnte ein Agent sein, der für den Geheimdienst arbeitete, machte eine nachdrückliche und schnelle Reaktion erforderlich, sonst hätte sich das Gerücht in Windeseile nach draußen verbreitet und Hassans Ehre und Ruf nicht wiedergutzumachenden Schaden zugefügt. Hassan war sich dessen völlig im klaren. Er stieß Majdi und mich zur Seite, um sich den Ankläger direkt vorzuknöpfen. »Mein Name ist Hassan Dschibril, hörst du? Dschibril!« Er wiederholte den Namen, wobei er auf Achmed Dschibril, einen der Führer der PFLP, anspielte.

Die Nennung dieses Namens wirkte auf Abu el-As so dramatisch und blitzschnell wie ein Schlangenbiß. Obwohl er körperlich in der Lage gewesen wäre, Hassan in Sekundenschnelle auseinanderzunehmen, wurde er leichenblaß. »Ich wollte Euer Ehren nicht beleidigen.« Er zitterte. »Ich achte jeden Dschibril, ob er von Gaza kommt oder von Syrien.«

Tags darauf erschien Yisrael, doch die anderen Untermieter hatten offenbar im letzten Moment kalte Füße gekriegt und kehrten erst spät von der Arbeit zurück. So kam es, daß Hassan und ich die einzigen waren, die sich auf unseren schmutzigen Matratzen ausstreckten und fotografiert wurden. Dies war denn auch schon mein letztes Erlebnis bei Abu Naim.

Nachwehen

Obwohl Abu Naims Absteige gewiß kein attraktiver Ort war,
hatte ich mich dort eingelebt. Meine Stellung unter den anderen
Bettbenutzern war gefestigt – so hatte ich zum Beispiel das be-
quemste Bett –, und ich wußte, daß mich selbst Abu Naim als
Stammkunden betrachtete, seit er mir nur noch drei Schekel pro
Nacht abverlangte statt der fünf, die er anfänglich gefordert
hatte. Man hätte beinahe sagen können, daß ich mich hier zu
Hause fühlte; und genau das war es, was mich meinen Aufenthalt
abbrechen ließ. Sich wohl zu fühlen war ein untrügliches Zeichen,
daß nichts Neues geschehen würde. Mir schien es an der Zeit,
etwas anderes zu versuchen.

Es ist mir noch nie leichtgefallen, eine vertraute Situation zu
verlassen und Neuland zu betreten. Ich siedelte in Yisraels Studio
über und entspannte mich zwei, drei Tage. Als ich wieder genug
Kräfte gesammelt hatte, machte ich mich auf die Suche nach
einem neuen Job. Ich hatte den festen Vorsatz, anzunehmen, was
immer sich mir bot, vorausgesetzt, es war in Tel Aviv selbst, wo
die Einwohner im Gegensatz zu Jaffa mit seiner gemischten Bevölkerung alle Juden sind.

Ich ging von Geschäft zu Geschäft und bot meine Dienste an.
»*Fi schurul?* [Gibt es hier Arbeit]« fragte ich. Die meisten der
Ladeninhaber konnten mir auf arabisch antworten: »*Ma fisch*
[Gibt es nicht].«

So klapperte ich die ganze Länge der Dizengoffstraße, der

Hauptstraße Tel Avivs, ab, bis ich ihr nördliches Ende erreichte, wo sich das zentrale Nachtleben der Stadt abspielt. Es war Mittag. Außer ein paar arabischen Arbeitern, die damit beschäftigt waren, die Gehsteige abzuspritzen und vor den Restaurants Tische aufzustellen, war fast niemand zu sehen. Vor einem Lokal, das noch nicht geöffnet hatte, saß eine Gruppe Araber auf den Tischen. Man unterhielt sich und rauchte Zigaretten. Ich grüßte und fragte, ob ihr Arbeitgeber eine weitere Hilfskraft benötigte. Sie verneinten und sagten, dieses Restaurant habe schon genug Küchengehilfen, doch einer der Männer sprang vom Tisch und winkte mir zu. »Komm mit. Ich kenne einen Ort, wo jemand diese Woche gegangen ist. Vielleicht haben sie noch keinen Ersatz gefunden.« Ich folgte ihm gehorsam nach. Auf dem Weg stellte er sich vor, und ich erfuhr, daß er aus einem der Dörfer im Norden Israels stammte. Seine Kleidung, sein selbstsicheres Auftreten und seine Gangart verrieten, daß er sich in dieser Gegend gut auskannte.

Wir kamen an einer Hecke vorbei, auf der ein braunes Flanellhemd lag, das vermutlich von einer der Wäscheleinen heruntergefallen war, die oben an den Balkonen gespannt waren. Ohne seinen Schritt zu verlangsamen, sammelte mein Begleiter das Hemd ein, als ob er eine Frucht pflücken würde. Mit einer weiteren energischen Geste drückte er es mir in die Arme und sagte: »Steck es in deinen Korb.«

»Moment mal, das gehört doch jemand. Ich will keine Scherereien«, protestierte ich. Das Hemd war ein wenig steif und verströmte das saubere Aroma von Waschpulver.

»Steck es in deinen Korb, und mach dir keine Gedanken. So wie du aussiehst, brauchst du dieses Hemd viel dringender als die Leute, die es verloren haben.«

Wir waren bereits ein gutes Stück weitergekommen, während wir unsere kleine Auseinandersetzung führten. Ich sah keinen Grund zurückzukehren, um das Hemd dort hinzulegen, wo es gefunden worden war. Ich schaute mich rasch um, wie um mich zu vergewissern, daß sein Eigentümer mir nicht nachjagte, und stopfte es zuunterst in meinen Plastikkorb.

Schließlich kamen wir zu einer kleinen Kneipe. Ein Schild verkündete ihren Namen: *Hatuki* (Papagei). Ein Papagei, der in einem großen Käfig beim Eingang gehalten wurde, knabberte geschäftig an Sonnenblumenkernen. Hinter der Bar saß eine Frau von etwa dreißig Jahren. Sie hatte eine dunkle Haut und ein jugendliches Aussehen. Ihr schwarzes Haar war zu vielen dünnen Zöpfen geflochten und im afrikanischen Stil mit winzigen farbigen Perlen verwoben.

Mein Begleiter bedeutete mir, einen Augenblick zu warten, und ging geradewegs zu ihr hin. »*Ahalan*, Ofra, ich habe gehört, daß Afif diese Woche weggegangen ist. Schau, ich habe da einen phantastischen Kerl für dich gefunden – Ali, ein langjähriger guter Freund von mir. Er hat eine Menge Erfahrung bei der Arbeit, und du kannst ihm voll vertrauen. Du hast Glück, daß er gerade Arbeit sucht, und du wirst es nicht bereuen, wenn du ihn nimmst.« Mein Wohltäter fuhr fort, mit Ofra über dies und jenes zu plaudern: wie die Geschäfte liefen und auch über Afif, ihren ehemaligen Angestellten, der einen besser bezahlten Job gefunden hatte. Während des ganzen Gesprächs flocht er Bemerkungen über meine guten Eigenschaften, unsere langwährende Freundschaft und so weiter ein, die er spontan aus dem Ärmel schüttelte.

»Also gut. Wie hast du gesagt, daß du heißt? Ali? Komm heute nachmittag um vier Uhr zurück, dann kannst du mit der Arbeit beginnen«, unterwies mich Ofra. Als wir auseinandergingen, drückte ich meinem neuen Freund herzlich die Hand. »Allah segne dich. Ich danke dir aus tiefstem Herzen.« In Anbetracht der Tatsache, daß er mich vor zehn Minuten zum erstenmal gesehen hatte, war ich von seinen Solidaritätsbezeugungen nicht schlecht beeindruckt.

Daheim in Yisraels Haus bei einer Tasse Kaffee begannen Zweifel an meiner neuen Arbeitsstelle in mir aufzukeimen. Hatte ich nicht bereits genügend Erfahrungen bei jüdischen Arbeitgebern gesammelt? Das meiste, was einem arabischen Arbeiter passieren konnte, war mir schon passiert, und was noch ausstand, schien mir nicht interessant genug, um eine weitere längerfristige Periode langweiliger Arbeit mit Kochen und Putzen in irgendeinem drittklassigen Restaurant in Tel Aviv zu rechtfertigen. Daher teilte ich Yisrael mit, ich hätte vor, für eine kurze Ruhepause nach Jerusalem zurückzukehren. Vielleicht kam einem von uns in der Zwischenzeit eine gute Idee für das nächste »Happening«, das etwas Neues und Interessantes sein mußte.

Yisrael zeigte nicht die geringste Sympathie für meine defätistischen Gedankengänge. »Hör mal, Binchu, hast du geglaubt, du könntest dich als Millionär oder so was Ähnliches verkleiden?« Mir fehlte die Kraft, mich mit ihm herumzustreiten, daher sagte ich zu, mit dem neuen Job weiterzumachen, solange ich es aushielt.

Die Arbeitszeit im »Papagei« dauerte von vier Uhr nachmittags bis vier Uhr früh, der Lohn betrug annähernd eineinhalb Schekel pro Stunde. Alle drei Tage bezahlte mich Ofra in bar, und wie gehabt war nie die Rede von irgendwelchen zusätzlichen Vergünstigungen, nicht einmal von den Leistungen, zu denen ein Arbeitgeber gesetzlich verpflichtet gewesen wäre. Ich arbeitete in einer winzigen Küche von etwa zwei mal drei Meter. Um meinen Empfehlungen nachzukommen, mußte ich mich schnellstens mit dem Metier vertraut machen. Eine neue Fertigkeit, die ich mir erwarb, war die Zubereitung von *schuarma* am Bratspieß, der sich den ganzen Abend langsam drehte und in dem hochgestellten Grill an der Rückseite der Bar brutzelte. Zu diesem Zweck legte ich bluttriefende Putenfleischstücke auf ein Küchenbrett, zusammen mit dem ganzen, weißlichen Steiß eines Schafs, in welchem sich der Anus des verstorbenen Tiers noch deutlich erkennen ließ. Zwischen je zwei Scheiben Truthahn spießte ich einen Klumpen Fett von dem Schafsschwanz auf, was dem billigen Fleisch den Geschmack von Schaffleisch verlieh. Für diese Illusion waren die Kunden bereit, ihr gutes Geld hinzulegen.

Die Kneipe war klein und wurde vorwiegend von Stammgästen besucht. Alles in allem herrschte eine familiäre Atmosphäre, die etwa im Vergleich zum »Kolosseum« viel entspannter war. Außer Ofra, der schlanken Jemenitin, arbeitete ihre Schwester dort, eine hübsche, etwa fünfundzwanzigjährige junge Frau, und manchmal half eine füllige Freundin von ihnen aus. Dazu kam eine junge Kellnerin namens Osnat. Es braucht wohl kaum erwähnt zu werden, daß ich nicht eigentlich zur Familie zählte – ich war der Diener, und jeder kommandierte mich herum: »Ich sehe schon, unser Araber ist ein bißchen faul. Laß ihn doch die Gläser herausnehmen und sie nochmals abwaschen.« Wenn es gerade nichts zu tun gab, wurde mir aufgetragen, die Küche zu säubern oder den Gehsteig vor dem Restaurant zu kehren. Letzteres war eine willkommene Abwechslung, die es mir erlaubte, etwas frische Luft zu schnappen und unter die Leute zu kommen. Als Osnat einmal ein paar Freundinnen zu Besuch hatte, schnappte ich auf, wie eine von ihnen sich nach »ihrem« Araber erkundigte. Ich hörte auch deutlich ihre Antwort: »Ich schwöre dir, dieser Araber könnte mit ein paar wenigen Verbesserungen noch gerade ein Jude sein.«

In den späten Nachtstunden kamen gelegentlich Polizeistreifen bei der Kneipe vorbei, und Ofra mußte ihnen ihre Genehmigung zeigen. Manchmal brummten sie ihr eine Buße auf, weil sie über die festgelegte Sperrstunde hinaus geöffnet hatte. Während sie sich mit Ofra unterhielten, nahm mich einer von ihnen zuweilen starren Blicks ins Visier, wie ein Jäger, der seine Beute erspäht hat. Doch als ich Ofra sagte, ich hätte Angst, von der Polizei behelligt zu werden, meinte sie bloß: »Du hast nichts zu befürchten. Die meisten der Bullen in dieser Gegend stehen auf gutem Fuß mit mir, und wenn du verhaftet wirst, kann ich dich leicht herausholen.«

Um jedoch auf Nummer Sicher zu gehen, bat mich Ofra, ihr meinen Identitätsausweis zu bringen, damit sie sich meine Personalien notieren konnte. Sie behauptete, die Polizei mache diese Prozedur für alle arabischen Arbeitnehmer zur Auflage. Am nächsten Tag händigte ich ihr mit gemischten Gefühlen meine jordanische ID aus, doch sie warf nur einen flüchtigen Blick auf das Dokument aus dem haschemitischen Königreich und gab es mir dann zurück, ohne daß sich der leiseste Schimmer eines Verdachts auf ihrem Gesicht abgezeichnet hätte. Sie verlangte bloß, daß ich ihr die relevanten Angaben übersetzte, damit sie sie aufschreiben konnte. Als sie mich fragte, wo ich wohnte, erzählte ich ihr, ich würde mit Freunden, die in anderen Restaurants arbeiteten, eine Mietwohnung teilen, was zu jener Zeit zwar nicht stimmte, aber nach meinem Dafürhalten ihren Erwartungen eher entsprach und keine weitschweifigen Erklärungen erforderte.

Es gab Nächte, in denen ich Angst hatte, zu Fuß zu Yisraels Studio heimzugehen. Ich wollte nicht um vier Uhr morgens von einer Polizeistreife aufgegabelt werden, deshalb überredete ich Ofra, mich nach Arbeitsschluß in der Nähe des Studios abzusetzen. »Wenn ich werde verhaftet, ich komme morgen nicht arbeiten, und dann Sie müssen auf Polizeiposten für Untersuchung und verlieren Zeit.« Diese Argumentation war einleuchtend, und Ofra willigte ein, mich nach der Arbeit in der Nähe von Yisraels Studio abzusetzen.

Es gab eine Nacht im »Papagei«, die mir mit voller Wucht alle die Gefühle von Frustration und Demütigung ins Bewußtsein zurückrief, die ich als arabischer Arbeiter erlebt hatte. Ofras Schwester Michal hatte einen Freund, einen gutaussehenden Mann von athletischem Körperbau, der während der Arbeitszeit oft in die Kneipe kam, um auszuhelfen oder einfach in Gesellschaft seiner Freundin herumzusitzen und etwas zu trinken. Es war etwa zwei Uhr morgens, und die meisten Kunden waren bereits gegangen. Ich stand in der Küche, spülte das Geschirr und verstaute die Speisereste im Kühlschrank, damit sie am nächsten Tag wieder verwendet werden konnten. Plötzlich drängten sich mit aufgeregtem Gekicher Michal und ihr Freund herein, obwohl es kaum für eine einzelne Person genügend Bewegungsfreiheit gab. Sie quetschten sich in eine kleine Ecke zwischen mir und dem Kühlschrank und fuhren fort, sich leidenschaftlich zu küssen.

Ich senkte den Blick und konzentrierte mich ganz darauf, das schmutzige Geschirr im Ausguß zu spülen und jeden Teller sorgfältig zu reinigen, damit ich sie mit meiner Anwesenheit nicht in Verlegenheit brachte. Sie wurden immer dreister. Ihr Atem ging schwerer, und einen flüchtigen Augenblick dachte ich mir, ich könne eigentlich an der kleinen Szene, von der ich ungewollt

Zeuge geworden war, genausogut meinen Spaß haben. Also wagte ich einen verstohlenen Seitenblick.

Dann überfiel mich plötzlich ein Zittern. Ich begriff, daß sie nicht hergekommen waren, um zu meinem Vergnügen eine Peep-Show zu veranstalten. Die beiden kümmerten sich einen Dreck darum, was ich mitbekam oder fühlte, während sie sich unter meiner Nase praktisch fickten. Für sie existierte ich ganz einfach nicht. Ich war unsichtbar – ein Nichts! Es ist schwierig, das Gefühl äußerster Demütigung zu beschreiben, das in mir hochstieg. Wenn ich heute zurückschaue, so glaube ich, daß dies der entwürdigendste Moment in meinem ganzen abenteuerlichen Tarnprojekt war.

In meiner gehaßten Stellung im »Papagei« harrte ich eher aus Trägheit denn aus Willensstärke aus. In der Zwischenzeit hatte sich die Möglichkeit ergeben, bei einer Gruppe Araber einzuziehen. Sie arbeiteten alle in demselben Restaurant, stammten aus der israelischen Stadt Um Al Fahem und lebten als israelische Bürger ganz legal in Tel Aviv. Ihre Wohnung war von ihrem Arbeitgeber angemietet worden. Ein Bekannter von mir namens Mahmud wohnte dort. Er wußte um mein Projekt und schlug mir vor, eine Weile bei ihnen zu bleiben.

Bei meiner Ankunft war er allein in der Wohnung. Er führte mich herum. In der Küche hingen Kleider zum Trocknen, nahe beim Ausguß standen ein paar Tassen und ein Teekessel. Es hatte nicht den Anschein, als ob hier je eine richtige Mahlzeit gekocht würde. Im Wohnzimmer standen ein alter Schwarzweißfernseher sowie ein Tisch und Betten, die tagsüber als Sofas dienten. Es wurde gleichzeitig als Schlafzimmer benutzt. Ein Plakat an einer der Wände zeigte ein brandneues BMW-Motorrad. Motorräder haben für mich schon von jeher Freiheit und Unabhängigkeit symbolisiert. »Selbst das Elend ist also relativ«, dachte ich, als ich auf das Plakat schaute – in Abu Naims Absteige waren die Wände völlig kahl gewesen.

Etwa eine Stunde später trudelten die anderen Mitbewohner ein: Abu Kasem, Haled, Hussein und Faress. Mahmud stellte mich vor: »Das ist Ali von Balata. Er ist ein Freund von Verwandten von mir und bleibt ein paar Tage bei uns.« Meine Anwesenheit wurde ganz natürlich aufgenommen, und ich wurde sogleich eingeladen, an ihrer Mahlzeit teilzunehmen.

Sie hatten eine Tasche mitgebracht, die den Namen des Restaurants trug, wo sie arbeiteten, und etwas Pita (Hirsebrot) sowie verschiedene Salate enthielt. Als das Brot alle war und wir noch immer hungrig waren, zog Abu Kasem, der Älteste der Gruppe, ein paar Schekel aus seiner Tasche und wandte sich an den Jüngsten, einen großgewachsenen, hübschen Jugendlichen. »Hussein«, bat er, »geh doch schnell zur Bäckerei, und hol uns noch etwas Pita.« Hussein überprüfte seine Hemdtasche, um sicherzugehen, daß seine Identitätskarte an ihrem Platz war, und fragte Abu Kasem, ob er irgendwelche Polizeidetektive gesehen habe. Abu Kasem versicherte ihm, die Luft sei rein, und Hussein verschwand.

Es war etwa sieben Uhr abends, eine Zeit also, wo unschuldige Fußgänger für gewöhnlich nicht mitten auf der Straße verhaftet werden, daher äußerte ich mein Erstaunen über ihre Vorsicht. »Was? Ihr Achtundvierziger habt auch Schwierigkeiten mit der Polizei? Ihr habt doch eine israelische ID, oder etwa nicht?«

»Was weißt du denn schon? Im Westjordanland nennt ihr uns ›Juden‹, doch für die Bullen hier sind wir hundertprozentige Araber, und es geht uns dreckig, wenn sie uns zu fassen kriegen«, erwiderte Abu Kasem. Dem fügte er im Ton eines Wissenschaftlers, der ein universelles Gesetz formuliert, hinzu: »Der Polizist ist der größte Feind des arabischen Arbeiters in Tel Aviv.« Eine Kakerlake huschte vorbei, und Abu Kasem wischte sie gleichgültig weg. Die ganze Wohnung wimmelte von Kakerlaken. Die Bewohner schienen den Kampf gegen die Biester aufgegeben zu haben und schenkten ihnen einfach keine Beachtung mehr.

Abu Kasem war ein kleiner, drahtiger Mann von etwa fünfzig Jahren. Da er seit etwa zehn Jahren für dieselbe Restaurantkette gearbeitet hatte, war er inzwischen zum »Grillmann« aufgestiegen, ein Job, der als ziemlich weit oben in der Rangleiter galt. Früher war er Wächter in einem der Kibbuzim in der Nähe seiner

Stadt gewesen. In Um Al Fahem eine Arbeit zu finden stand außer Frage. »Die Juden haben sich unser ganzes Land angeeignet,
deshalb können wir dort nichts mehr anbauen. Es gibt auch keine
Fabriken und keine anderen Arbeitsplätze, und so sind wir zum
Arbeiten völlig von den Juden abhängig.«

Während wir schwatzten, zog Abu Kasem eine Flasche billigen
Wodka aus Israel hervor, nahm einen kräftigen Schluck und
reichte sie weiter. Ich schaute ihn vorwurfsvoll an, wie es sich für
einen gläubigen Muslim geziemt.

»So ist das nun einmal. Ich stehe viele Stunden lang beim Grill.
Der Besitzer erlaubt uns nicht, Fleisch zu essen, nur Fisch und
Geflügel. Wenn es viel Arbeit gibt, behandelt mich der Chef gut,
aber wenn es nicht viel zu tun gibt, übersieht er mich einfach. Ich
kriege meine Familie einmal die Woche zu sehen. Darum trinke ich.
So geht's am leichtesten. Heute habe ich schon eine Flasche geleert, und dies« – er wies auf das Etikett auf der Wodkaflasche –
»ist bereits meine zweite Tagesration.« Hussein, der mit dem
Pitabrot zurückgekehrt war, mischte sich ins Gespräch. Er wollte
mir unbedingt beweisen, daß die Araber aus den besetzten Gebieten nicht die einzigen sind, die leiden müssen. »Im Restaurant
haben sie jemand mit Bildung gesucht, um ihn hinter die Regi-
strierkasse zu setzen. Ich habe meinen Vetter vorbeigebracht, der
an der Universität von Tel Aviv Computerwissenschaften studiert. Als sie merkten, daß er Araber war, sagten sie, sie hätten
niemand mehr nötig, und ein paar Tage später haben sie einen
jüdischen Kerl angestellt, der kaum die Volksschule abgeschlossen hat.«

Der Fernseher lief. Das Nachrichtenprogramm hatte begonnen. Ein Bericht über einen Terroristenangriff auf eine Synagoge
in Istanbul war von erschütternden Bildern der Opfer untermalt,
die zum Begräbnis weggetragen wurden. Ich hätte gern eine Diskussion darüber begonnen, um die Reaktionen meiner Gefährten
festzustellen, doch im selben Moment klingelte das Telefon und
unterbrach unsere Unterhaltung. Abu Kasem hob den Hörer ab
und rief Hussein hinüber, damit dieser das Gespräch in Empfang
nehme. »Es ist Hadas«, sagte er. Nach ein paar Sekunden wurde

Hussein sichtlich wütend. Sein Gesicht lief gelblich an, und er hämmerte mit der Faust heftig auf den Tisch. »Was willst du eigentlich von mir? Was glaubst du, wie ich darüber denke?« brüllte er und knallte den Hörer auf die Gabel. Einige Minuten später hatte er sich wieder so weit beruhigt, daß er uns erzählen konnte, worüber sie sich gestritten hatten. »Das war meine jüdische Freundin. Sie hat die Nachrichten gesehen und mich angerufen und gefragt, was ich davon halte, daß die [palästinensischen] Organisationen eine Synagoge in Istanbul angreifen und die jüdischen Gläubigen töten. Ich habe es satt, mich dauernd rechtfertigen zu müssen, wenn so etwas geschieht. Die verlangen ständig, daß du beweist, daß du kein Terrorist bist, und möchten, daß du dich für alles entschuldigst, was in der Welt passiert.«

Nach ein paar Tagen verließ ich die Wohnung. Wie üblich sagte ich vorher nichts davon. Zur selben Zeit gab ich auch meine Stelle im »Papagei« auf. Am folgenden Morgen, als ich in der King-George-Straße nicht weit von Yisraels Studio herumspazierte, hörte ich eine Stimme hinter mir rufen: »*Ahalan wasahalan*, ya Fathi!« Ich verfluchte den Tag, an dem ich geboren wurde, verfluchte die ganze Welt und sämtliche Juden und Araber darin. War ich wirklich bereits so sehr in mein Projekt verstrickt, daß ich mich nicht einmal einen oder zwei Tage nicht zu verstellen brauchte?

Als ich mich umdrehte, fand ich mich Yassin gegenüber, dem Jungen, den ich bei Abu Naim getroffen hatte. Er stand dort in seinen schäbigen Kleidern und schenkte mir ein breites Grinsen. »*Marhaba*, Yassin«, antwortete ich, drückte meine Wange an seine und schmatzte auf traditionelle Weise mit den Lippen laut in die Luft, wie man einen alten Bekannten begrüßt. Im stillen wünschte ich ihn ins Pfefferland. »Ya Allah, ya Fathi«, wunderte sich der Junge, »du mußt einen Bombenjob gefunden haben, so fein, wie du angezogen bist.« Ich beeilte mich, den Vorwand, den mir Yassin unwissentlich geliefert hatte, zu bestätigen: »Ja, *ya habibi*, ich arbeite jetzt in einer Autoreparaturwerkstatt in Herzlija, Allah sei gelobt. Ich kriege einen guten Lohn und jede Woche einen Tag frei. Zufällig ist das gerade heute.« Ich war besorgt, daß Yisrael oder jemand anderes von meinen Bekannten uns auf der Straße antreffen könnte, deshalb steuerte ich Yassin ins nächste Café.

»Alle fragen nach dir und möchten dich sehen. Man sagt, weil du eine *sanáa* hast, hättest du eine gute Stelle gefunden und müßtest jetzt nicht mehr bei Abu Naim wohnen.« Yassin schaute sich mit weit aufgerissenen Augen neugierig um. »Weißt du, ya Fathi, seit ich hier arbeite, bin ich noch nie an einem Ort wie hier gewesen. Das ist das erstemal für mich.«

Ich brauchte mein Pidgin-Hebräisch, um zwei Tassen Kaffee zu bestellen. Yassin füllte die seine mit einer unglaublichen Menge Zucker, rührte mit großer Sorgfalt um, als koste er eine ganz spezielle Gelegenheit aus, und schlürfte mit sichtlichem Genuß. Mich durchflutete ein warmes Gefühl für diesen netten Jungen, der notgedrungen weit über seine Jahre gereift war. Aus dem, was er mir berichtete, schloß ich, daß man ihn kürzlich gefeuert hatte. Majdi hatte ihm etwas Geld geliehen, damit er sich nach einem neuen Job umsehen konnte.

»Ich habe etwas für dich«, sagte ich. »Küchenarbeit in einem Restaurant, aber es ist klein und ziemlich gemütlich dort.« Wir tranken unseren Kaffee aus und traten auf die Straße hinaus. Ich bat Yassin, Majdi grüßen zu lassen (was wirklich ehrlich gemeint war) und ebenfalls Abu Naim (eher aus einer Art Pflichtgefühl). Dann erklärte ich ihm, wie er mit dem Bus Nummer 5 zum »Papagei« kam. Ich hatte allen Grund zur Annahme, daß sie dort dringend jemand in der Küche nötig hatten.

Ich setzte meinen Weg fort. Als ich die Dizengoffstraße erreichte, betrat ich ein anderes Café, wo ich mir drei Glas Branntwein hinter die Binde goß, einen nach dem anderen. Meine Begegnung mit Yassin war glimpflich verlaufen. Wir hatten zusammen ein wenig Kurzweil gehabt, und vielleicht hatte ich ihm sogar aus der Klemme geholfen. Aber ein ungutes Gefühl nagte in mir. Ich befürchtete, jetzt keine Straße mehr entlanggehen zu können, ohne daß mich jemand als Fathi wiedererkannte. Ich war meiner Pose müde geworden. Gewiß, ich konnte jeden jüdischen Arbeitgeber bezüglich meiner Nationalität an der Nase herumführen und Arbeit kriegen, doch letztlich würde nichts weiter geschehen, als daß sich eine gewisse Anzahl Vorfälle immer von neuem wiederholten. Zudem begann ich bereits langsam zu vergessen, wer ich wirklich war. Es war mir wichtig, ein paar Tage wieder als Jude aufzutreten – vielleicht konnte ich so der wachsenden Dominanz entgegenwirken, die meine palästinensische Identität über meine eigene Persönlichkeit auszuüben begann.

Als ich zu Yisrael zurückkehrte, teilte ich ihm mit, daß ich einige Tage Pause einlegen wollte. Yisrael mußte sich zu jener Zeit gerade mit ein paar wichtigen Privatangelegenheiten herumschlagen, daher übte er nicht allzuviel Druck auf mich aus, um mich zu überzeugen, daß ich besser am Ball bleiben sollte.

An jenem Mittag entfernte ich also einmal mehr die Schutzhülle von meinem Citroën, schüttelte Staub und eingetrocknete Vogelkacke ab und brauste nach Jerusalem davon. Unbewußt war die Hauptantriebsfeder zu meiner Heimkehr der Wunsch, wieder einmal die Gesellschaft einer Frau zu suchen, was ich seit Beginn meines Projektes schmerzlich vermißt hatte. Als Pseudoaraber war es unmöglich gewesen, irgendeine Beziehung mit einer Frau einzugehen. Doch wie ich entdecken mußte, war dies während meiner kurzen Rückkehr zu mir selbst genauso illusorisch. Statt dessen ertränkte ich meinen Kummer mit den wenigen Flaschen Brandy, Wodka und Arrak, die ich daheim hatte. Drei Tage lang kam ich nicht aus dem Bett, außer um ins Bad zu gehen oder meinen Getränkevorrat aufzufüllen. Rund um mich türmten sich die Flaschen hoch und bildeten im Verein mit Zigarettenstummeln, alten Zeitungen und sonstigem Gerümpel einen Teppich aus Leere und Verzweiflung.

Miri

Nachdem ich mich drei Tage in meinen Depressionen gesuhlt hatte, erhielt ich einen Anruf von Yisrael, der mich mit seiner sachlich-nüchternen Art schlagartig wieder ins Leben zurückrief. Wir waren uns einig, daß es an der Zeit sei, etwas Neues anzupakken. Ich fühlte mich zu ausgebrannt, um weiterhin den Lohnarbeiter zu spielen. Als ich diesmal nach Tel Aviv zurückkehrte, stopfte ich daher meine Arbeitskluft in meinen orangefarbenen Plastikkorb und ließ ihn daheim. Statt der abgetragenen Jacke und der alten Hose zog ich genüßlich die auserlesensten Klamotten an, die ich besaß. Ich hatte sie in New York gekauft und für eine spezielle Gelegenheit aufbewahrt, und ich hoffte, mit meiner feinen Aufmachung in der zwanglos gekleideten israelischen Umgebung ein wenig auffällig oder sogar provinziell zu wirken. Was übrigblieb, um mich als palästinensischen Araber zu kennzeichnen, waren die Zeitung *Al Biader Al Siasi* und die Farid-Zigaretten, die ich bei mir hatte, sowie der Keffijeh, den ich mir nonchalant um den Hals schwang.

Yisrael und ich wollten uns amüsieren gehen und suchten das »Schoftim« auf, eines der populären Restaurants in Tel Aviv, wo man sich nachts trifft. Wie immer war es unmöglich, sofort einen freien Platz zu finden. Wir standen auf dem Gehsteig herum und warteten auf einen Tisch. »Yisrael, was gibt's Neues?« rief plötzlich eine Frau, die an einem der Tische saß. Wir gingen zu ihr hinüber. Miri war etwa dreißig Jahre alt, mit olivfarbener Haut und einer üppigen Figur. Aus den paar Worten, die sie mit Yisrael wechselte, schloß ich, daß sie sich schon eine ganze Weile kannten, aber anscheinend seit langem nicht mehr gesehen hatten.

Miri lud uns ein, an ihrem Tisch Platz zu nehmen. Sie stellte uns den dünnen, blonden Mann, der ihr gegenübersaß, als Hans aus Holland vor, Yisrael mich als Fathi von Nablus. Miri fiel es nicht leicht, ihre Überraschung zu verbergen. »Woher kennst du ihn?« fragte sie.

»Wir trafen uns, als ich in London war, und später sind wir hier in Kontakt geblieben.«

Diese Antwort schien sie zu befriedigen, und zu meiner Verblüffung knüpfte sie mit mir ein Gespräch in recht gutem Arabisch an, das deutliche Spuren eines ägyptischen Akzents aufwies. Ihre Eltern, erklärte sie, seien von Ägypten nach Israel gekommen. »Wenn sie wollten, daß ich etwas nicht mitkriegte, haben sie Arabisch gesprochen, aber ich habe einiges davon aufgeschnappt.«

Nach ein paar Bier standen wir auf, um uns zu verabschieden, doch vorher schrieb Miri noch ihre Telefonnummer auf eine Papierserviette und reichte sie Yisrael. »Schau doch mal herein«, sagte sie zu ihm, »und bring Fathi mit!« Ihre Mandelaugen begegneten einen kurzen Augenblick den meinen und ließen keinen Zweifel offen, daß ich ihr gefiel.

Auf dem Heimweg von der Kneipe spekulierten Yisrael und ich über diese Zufallsbegegnung mit einer alten Bekannten aus seiner Universitätszeit. Hier bot sich mir eine ausgezeichnete Gelegenheit, eine Beziehung mit einer jüdischen Israelin einzugehen, die mich für einen Araber hielt. Yisrael faßte die Situation aus seiner Sicht zusammen: »Sie mag dich. Es lohnt sich sicher, wenn du bald mit ihr Kontakt aufnimmst.« Am nächsten Tag bat ich ihn, Miri anzurufen, und sie lud uns noch am selben Abend zu sich ein.

Miri wohnte in einer kleinen Wohnung im Erdgeschoß in einer ruhigen Straße im Norden Tel Avivs. Sie hatte ihr Studium in Literatur abgeschlossen und verdiente sich ihren Lebensunterhalt mit Gelegenheitsarbeiten. In einem mit Arabisch gepfefferten

Englisch erzählte ich ihr vom Flüchtlingslager Balata, wo ich angeblich herkam. »Jetzt gerade mache ich Urlaub. Ich wohne bei Yisrael, und wir gehen oft aus und amüsieren uns. Ihr habt hier Dinge, die im Lager nicht zu kriegen sind, und außerdem ist es eine gute Gelegenheit, um für einen Moment alle die Schwierigkeiten zu vergessen, die eure nette Militärverwaltung uns macht.«

Miri hörte mir ganz ruhig und mit einem Ausdruck unverhohlener Sympathie zu. »Ich bin mit dieser Situation vertraut. Als ich in der Armee war, habe ich unter anderem in der Militärverwaltung von Gaza Dienst geleistet.« Das klang interessant, doch zu einem so frühen Zeitpunkt unserer Bekanntschaft schien es mir angebracht, mit einer Reaktion vorerst noch etwas abzuwarten.

Unser Gespräch entspannte sich zusehends. In der Zwischenzeit assistierte mir Yisrael getreulich, indem er Hans in Schach hielt, denn der Holländer verfolgte mit offensichtlicher Feindseligkeit, was sich zwischen seiner Freundin und mir anbahnte. Yisrael verwickelte ihn in eine eher langweilige Diskussion über die Unterschiede zwischen Israel und Holland, die politische Situation und dergleichen. Als der Abend zu Ende ging, begleitete uns Miri zur Tür, wo sie sich umwandte und mir unmißverständlich zu verstehen gab: »Fathi, ich melde mich in ein paar Tagen bei dir. Mein Freund geht bald weg, und ich möchte dich gern wiedersehen.«

Miris Direktheit und ihre natürliche und einfache Art, wie sie mit meiner »problematischen« Herkunft zurechtkam, schienen mir damals (und auch heute noch) eine seltene und spezielle Eigenschaft zu sein und nahmen mich sehr für sie ein. Überdies merkte ich, daß ich den Eindruck, den sie als Frau auf mich gemacht hatte, nicht so leicht abschütteln konnte. Obwohl ich mich schon daran gewöhnt hatte, fast jedem, den ich traf, ins Gesicht zu lügen, erkannte ich, daß die Dinge hier anders lagen. Das Lügengespinst, das sich hier anbahnte, stimmte mich nachdenklich. Nicht daß ich noch nie aus nicht ganz lauteren Beweggründen (wie etwa dem Wunsch, eine Partnerin für eine Liebesnacht zu finden) zarte Bande geknüpft hätte – in jenen Fällen beruhte dieser Wunsch jedoch höchstwahrscheinlich auf Gegenseitigkeit.

Eine Frau auf so kalte, berechnende Weise ausgenützt hatte ich noch nie.

Yisrael litt unter keinen solchen Skrupeln. »Wenn es dir nicht paßt, kannst du meinetwegen morgen in irgendeinem stinkenden Restaurant oder auf dem Bau arbeiten gehen. Dieses Erlebnis einer Liebesaffäre mit einer israelischen Frau ist sehr wesentlich. Viele arabische Arbeiter und ebenfalls israelische Araber unter den Universitätsstudenten haben solche Affären. Und überdies kann ich mich nicht erinnern, daß du je ein Unschuldsengel warst.«

*

Rastlos vertrödelte ich die Tage, während ich wartete, bis Miris Freund abreiste. Ich ging viel aus und hing in den Bars und Cafés herum. Meine Streifzüge durchs Nachtleben von Tel Aviv erinnerten mich stark an frühere Erlebnisse, als ich im Auftrag der Zeitung eine persönliche Reportage abliefern sollte, wie es sich anfühlte, als vorgeblicher junger männlicher Araber in Jerusalem zu leben.

Dieser Auftrag führte mich unter anderem eines Samstagabends in einen Club für Singles im Zentrum von Jerusalem. Die Männer, die vor mir Schlange standen, bekamen ohne Schwierigkeiten eine Eintrittskarte, doch als ich endlich nachrückte, fragte mich der Kassier nach meiner Mitgliedskarte.

»Ich habe nicht gewußt, daß ich eine brauche«, entgegnete ich.

»Dann geben Sie mir Ihre ID.«

Ich überreichte ihm nonchalant ein auf arabisch verfaßtes Dokument, das ich für solche Gelegenheiten vorbereitet hatte. Der Kassier bat mich zu warten und rief den Manager, der den Ausweis entgegennahm und ihn sorgfältig prüfte.

»Woher kommen Sie?« wollte er wissen.

»Vom Westjordanland.«

»Und wie haben Sie von diesem Club erfahren?«

»Ich studiere Hebräisch. Während einer Lektion haben wir Zeitung gelesen, und dort habe ich Ihre Anzeige entdeckt.«

Der Manager versuchte ein letztes Mal, mich abzuwimmeln.

»Sind Sie sicher, daß Sie Junggeselle sind?«

»Aber sicher. Sehen Sie, ich bin ein moderner Mann und möchte nicht plötzlich zwei Ehefrauen am Hals haben.«

Hier kapitulierte er endlich und wies den Kassier an, mir eine Eintrittskarte auszustellen, dann begleitete er mich persönlich zu einem unbesetzten Tisch. Die anderen Gäste, anscheinend alles alleinstehende Männer und Frauen, besahen sich den kleinen Wirbel, der um mich veranstaltet wurde, mit gelinder Neugier, und der Manager erklärte jedem, der es hören wollte: »Heute abend haben wir einen Prominenten von Jordanien bei uns.« Ganz offensichtlich genoß ein Gast aus Jordanien in seinen Augen einen höheren Status als ein simpler Bewohner des Westjordanlands.

Alles saß an Tischchen, die um eine kleine Bühne gruppiert waren, auf welcher ein Entertainer sein Bestes gab, um die Atmosphäre aufzulockern und die Leute auf die Tanzfläche zu bringen. Er sang zur Begleitung von Tonbandmusik und machte ganz allgemein den Eindruck eines Bankangestellten, der sich sein Einkommen aufzubessern versucht.

Ich zündete mir eine Farid-Zigarette an und beobachtete die Szene um mich herum. Die meisten Frauen schienen Arbeiterinnen zu sein und waren im Alter von achtundzwanzig bis fünfunddreißig, wo manche glauben, sich beeilen zu müssen, um einen Lebensgefährten zu angeln, damit sie – da sei Gott vor! – nicht ihr Leben lang ohne Ehemann festsitzen. Ich forderte einige von ihnen zum Tanz auf, doch das einzige, was ich zur Antwort erhielt, waren hochgezogene Augenbrauen und Körbe.

Als meine erfolglose Suche nach einer Tanzpartnerin zu Ende war, kehrte ich an meinen Tisch zurück. Kurz zuvor war meine Komplizin eingetroffen, eine meiner Kolleginnen von der Zeitung. Rachel Mehager hatte bereits erfolgreich ein paar hoffnungsvolle Tanzpartner abgeschüttelt; jetzt setzte sie sich in die Nähe meines Tischs. Ich knüpfte ein unschuldiges Gespräch mit ihr an und bat sie dann, mich aufs Tanzparkett zu begleiten. Beim Tanzen zog ich Rachel ans Fenster. Der Club lag im obersten Geschoß eines der höchsten Gebäude in Jerusalem und bot einen atemberaubenden Ausblick über die Stadt.

»Schön, wallah, schön, dieses Jerusalem«, sagte ich mit lauter Stimme auf englisch zu ihr, damit die anderen Tänzer um uns es auch ja mitkriegten. »Und wissen Sie, das alles war einmal ganz arabisch, palästinensisch, bevor ihr es uns weggenommen habt.«

Doch meine kleine Provokation stieß nur auf wenig Interesse. Die Tanzpaare in unserer Nähe waren viel zu sehr mit sich selbst beschäftigt, um einer solchen Lappalie Aufmerksamkeit zu schenken. Als schließlich das Licht gedämpft wurde und sanfte Musik erklang, machte sich Rachel die intime Atmosphäre zunutze, um mir ins Ohr zu flüstern, daß eine Frau am Nebentisch den Inhalt des Zigarettenpäckchens untersucht haben wollte, welches ich auf dem Tisch zurückgelassen hatte. Während ich meine Runden drehte, um eine Tanzpartnerin zu finden, sei jemand vom Personal hingegangen, habe nachgeschaut und ihr mitgeteilt, daß in dem Päckchen bloß Zigaretten seien – und keine Bombe.

Das Tanzen ging weiter. Laut sagte ich zu Rachel: »Ich habe ein hübsches Haus im Dorf Silwan nahe bei Jerusalem. Wieso gehen wir nicht hin und trinken etwas?« Die Paare in unserem Umkreis drehten die Köpfe und schauten uns neugierig an. Rachel »willigte ein«. Als wir das Lokal verließen, stand das gesamte Küchenpersonal – lauter Araber – in der Nähe des Ausgangs aufgereiht und starrte uns schamlos an. In ihren Augen war mein selbstbewußtes Gebaren ein Ding der Unmöglichkeit.

In einem anderen Club, den ich mit Rachel aufsuchte, ging es etwas weniger tolerant zu. Eine Frau, die ich ansprach und zum Tanz bat, eilte schnurstracks zum Manager und verlangte zu wissen, wieso er »diesen Araber« eingelassen habe. Der Manager entschuldigte sich und versprach, daß so etwas nie wieder vorkommen werde.

Während jener Zeit suchten Rachel und ich gelegentlich auch einige Cafés im Stadtzentrum auf oder spazierten zusammen herum und umarmten uns. Eines Tages erhielt Rachels Mutter einen anonymen Telefonanruf. Man teilte ihr mit, daß ihre Tochter in Begleitung irgendeines arabischen Schlägers gesehen worden sei, und warnte sie, daß sie besser daran täte, etwas dagegen zu unternehmen.

Endlich erhielt ich den langersehnten Anruf von Miri. Begeistert, wie mir schien, lud sie mich zu sich ein. Als ich eintraf, war jedoch noch ein weiterer Gast anwesend, ein magerer, bärtiger Geselle namens Yossi. Miri war völlig unbefangen, als gingen täglich Gäste aus Flüchtlingslagern in ihrem Haus ein und aus, und machte uns miteinander bekannt. »Das ist Fathi Awad von Nablus, und das ist Yossi aus Tel Aviv.« Yossi zuckte zusammen und verkroch sich noch tiefer ins Sofa, während Miri in die Küche ging, um Kaffee aufzugießen. Minutenlang herrschte völliges Schweigen im Zimmer. Yossi und ich stellten eine gegenseitige Musterung an, die mir wie ein uraltes Ritual vorkam, wo zwei Männer in Gesellschaft einer einzigen Frau versuchen abzuwägen, wer wohl am Ende ihre Gunst gewinnen würde.

Ein Motorradhelm, der zu Füßen von Yossi lag, lieferte mir schließlich einen Vorwand, um die bohrende Stille zu durchbrechen. »Besitzen Sie ein Motorrad oder eine Vespa?« fragte ich auf englisch.

»Ein Motorrad.«

»Was für eins?«

»Triumph.«

»Die sind schwierig zu reparieren, stimmt's? Man kann sie noch so gut pflegen, sie verlieren immer wieder Öl. Leckt Ihres auch?«

In Anbetracht der gespannten Atmosphäre schien die darauf folgende Stille nicht enden zu wollen. Als Yossi schließlich den Mund auftat, nahm er überhaupt keine Notiz von meiner Frage: »Wissen Sie«, sagte er, »das ist das erstemal, daß ich mit einem Araber an einem Tisch sitze und mich einfach so mit ihm unterhalte.«

Die Direktheit seines Geständnisses kam völlig überraschend für mich. Um ein Haar wäre ich in fehlerlosem Hebräisch laut herausgeplatzt: »Du glaubst wohl, vor dir sitze ein Araber, du doofer Tel Avivi?« Statt dessen sagte ich jedoch bloß: »Nun ja, es gibt nicht viele Gelegenheiten, wo sich Araber und Juden treffen können.«

Miri kam zurück, in den Händen ein Tablett mit drei Tassen

aromatischem schwarzem Kaffee und einem kleinen Teller mit Plätzchen. Sie wählte sich ihren Sitzplatz näher bei mir als bei Yossi, und damit schien mein Sieg bereits festzustehen. Allem Anschein nach schluckte Yossi seine Niederlage würdig wie ein Gentlemaṅ, und das Gespräch wurde etwas lockerer. Yossi erzählte mir, er habe am Libanonkrieg als Mitglied einer Kampfeinheit teilgenommen, über deren Rolle er sich aber nicht näher auslassen wollte. Mir wäre nicht im Traum eingefallen, ihn über Einzelheiten auszufragen – es gibt gewisse Dinge, die man einem Araber einfach nicht mitteilt.

Dann wollte er von mir etwas über das Leben in den besetzten Gebieten wissen. Aus seinen Fragen wurde bald klar, daß er wie die meisten Israelis keinen blassen Schimmer hatte, was dort vor sich ging. Ich erzählte ihm einiges über die massive Besitznahme von Land, die Verhaftungen und die häufigen Straßensperren, die im Westjordanland und im Gazastreifen zur Routine geworden waren. Ich berichtete auch von den Schwierigkeiten, seit zwanzig Jahren unter einer Militärherrschaft zu leben, die zwar nicht die denkbar strengste war, aber doch ausreichte, um uns das Leben unerträglich zu machen. »Als Angehöriger eines Volkes, das keine Freiheit kennt, ist mein oberstes Prinzip der *sumud*: Man hält sich an das, was ist, und versucht, so normal wie möglich weiterzuleben, um in diesen schwierigen Zeiten über die Runden zu kommen.«

»Aber wie könnt ihr einen eigenen Staat fordern, wenn ihr keine anerkannten Führer habt?«

»Die Führer, die wir in den besetzten Gebieten haben oder gehabt haben, werden von eurer Verwaltung ausgewiesen oder verhaftet. Übrigens haben wir sehr wohl einen Führer, und die meisten von uns akzeptieren seine Autorität, ich inbegriffen.«

»Und wer wäre das?« fragte er.

»Abu Amar [Yasir Arafat] natürlich. Ihr schimpft ihn einen Terroristen, aber für uns ist er ein bewundernswerter Führer und gilt vielen sogar als zu gemäßigt. Wir haben ihm den Spitznamen ›der Alte‹ gegeben, genau wie ihr eurem Ben Gurion.«

»Und wo möchtet ihr denn diesen Staat von euch gründen?«

»In Westjordanien und im Gazastreifen. Viele von uns glauben, daß es uns eines Tages gelingen wird, einen demokratischen Säkularstaat zu errichten, der alles umfaßt, was ihr Israel nennt und für uns Palästina heißt.« Ich betete ihm zuliebe die Ideologie der herrschenden Linie in der PLO nach.

»Und nachdem ihr euren Staat im Westjordanland und im Gazastreifen gekriegt habt, werdet ihr versuchen, ganz Israel einzukassieren, stimmt's? Das ist doch, was ihr in Wirklichkeit wollt, oder etwa nicht?«

»Ich kann nicht abstreiten, daß es viele gibt, die das möchten, damit sie zum Beispiel wieder in ihr Heim in Haifa oder Jaffa zurückkehren können. Mir wäre das auch recht. Aber den meisten von uns ist längst klargeworden, daß das unmöglich ist. Die Rückkehr zum Palästina vor 1948 wird wohl immer ein schwacher Hoffnungsschimmer bleiben, doch das ist etwas ganz anderes als ein eigentlicher Kampf. Bei euch gibt es ja auch solche, die ganz Jordanien und Teile von Syrien und Libanon annektieren wollen, und dieser Wunsch macht aus euch auch nicht automatisch aktive Terroristen.«

Yossi hörte mit großem Interesse zu, was ich vorzubringen hatte, doch als ich ihm mein politisches Ziel – den Wunsch nach Unabhängigkeit – im einzelnen erläutert hatte, rasselte er eine Reihe von Gemeinplätzen herunter, und zwar wortwörtliche Zitate gewisser israelischer Politiker. Diese Klischees klangen so, als wären sie auf direktem Weg von seinen Ohren in den Mund gerutscht, ohne den Filter der Kritik zu durchlaufen, der dem menschlichen Gehirn innewohnt. »Ich habe lange genug gegen euch Araber gekämpft«, sagte er, »um zu wissen, daß man euch nicht trauen kann. Sobald wir euch den Rücken zuwenden, stoßt ihr uns ein Messer hinein. Ein Palästinenserstaat könnte sich zu einer Katastrophe für uns auswirken, und dann müssen wir nochmals Krieg führen, um euer Territorium wieder zu besetzen. All das führt bloß zu einem unnötigen Blutvergießen.«

Ich war verblüfft. Was Yossi da von sich gab, kam oft zur Sprache, wenn Israelis unter sich waren, doch die Art und Weise, wie er es einem Araber, der ihm gegenübersaß, ins Gesicht schleuderte, war brutal, ungehobelt und taktlos. Der Jude in mir war stark versucht, ihm eine Lektion in kultivierter Gesprächsführung zu verpassen; als Araber war es mir unmöglich, das Gespräch weiterzuführen. Er muß meine Feindseligkeit (zu deren Entspannung unsere Gastgeberin nicht das geringste beitrug) gespürt haben, denn nach ein paar Minuten stand er auf und verabschiedete sich.

Ich lud Miri ein, etwas trinken zu gehen. Wir gingen ins Café Piltz am Meer. Unser Gespräch verlief typisch für eine aufkeimende Romanze. Miri erzählte mir allerlei über sich: über ihr Literaturstudium an der Universität, die Gedichte, die sie schrieb, und über ihre Beziehung mit diesem Holländer. »An dem Abend, an dem du mit Yisrael zu mir herübergekommen bist, hat Hans gleich gemerkt, daß ich dich attraktiv finde, und nachdem ihr gegangen seid, hat er mir eine fürchterliche Szene gemacht. Er sei noch nicht einmal abgereist, und schon würde ich einem anderen Kerl schöne Augen machen, und obendrein einem Araber. Zum Schluß hat er mir sogar eine runtergehauen.«

Miri und ich unterhielten uns abwechselnd auf arabisch und auf englisch. Da sich der ägyptische Akzent vom palästinensischen unterscheidet, konnte sie mich nicht immer verstehen, und wenn ich ihr etwas auf englisch erklärte, blieben wir anschließend eine Weile in dieser Sprache. Das Englische machte mir doppelt Mühe, da es nicht meine Muttersprache war und ich es zudem mit den typischen Fehlern und der Betonung eines Arabers aussprechen mußte.

Ich fragte Miri nach ihrer Wehrdienstzeit. »Ja, natürlich habe ich in der Armee Dienst geleistet. Jedes israelische Mädchen tut das.« Sie ließ sich jedoch nicht auf Einzelheiten ein. Als Araber hätte es mir schwerfallen müssen, die Tatsache zu akzeptieren, daß sie beim Militär gewesen war. Arabische Freunde von mir, die meine Ansichten über die Zukunft der besetzten Gebiete und die diesbezüglichen jüdisch-arabischen Beziehungen kennen, fragen mich häufig, ob ich in der Armee gedient hätte.

Miri nahm mich ihrerseits ins Verhör. »Sag mal, Fathi, bist du politisch engagiert? Bist du je Mitglied von einer dieser Organisationen gewesen?« Ich antwortete ihr, ich sei nur daran interessiert, mir ein schönes Leben zu machen. »Bei uns geraten alle, die sich politisch einsetzen, in Schwierigkeiten, und daran liegt mir nichts. Ich arbeite, esse und schlafe«, sagte ich lachend, »ich bin also genau so, wie die Israelis uns gern haben möchten.«

Miri schaute mich lange nachdenklich an. »Du kannst mir glauben, Fathi, verglichen mit anderen Israelis weiß ich recht gut Bescheid, was in den besetzten Gebieten vorgeht. Ich bin nicht gerade politisch, aber ich hoffe, daß sich doch eine Lösung finden läßt, die es den Arabern, die dort wohnen, erlaubt, ein menschenwürdiges Leben zu führen. Mehr, als es jetzt unter unserer Militärverwaltung der Fall ist. Weißt du« – sie hielt inne, als schwankte sie, ob sie mir ein wichtiges Staatsgeheimnis verraten solle –, »in der Armee war ich eine ausgezeichnete Soldatin und habe vom Oberbefehlshaber des Frauenkorps ein Empfehlungsschreiben bekommen.«

Auf dem Nachhauseweg zu Miris Wohnung umarmten wir uns bereits, und sobald wir dort waren, ging sie sich duschen. Als sie in ein Badetuch gewickelt und mit feuchtem, glänzend schwarzem langem Haar zurückkam, wartete ich schon in ihrem Bett auf sie. Ich fühlte mich stark von ihr angezogen. Als Miri dann »Fathi« zu mir sagte und ich ihr mit »ya Mira« antwortete, kam es mir plötzlich vor, als würde alles, was sich in diesem Zimmer im Norden von Tel Aviv zutrug, irgendeinem anonymen Kerl aus einem Flüchtlingslager irgendwo in Westjordanien widerfahren, mit dem ich nichts zu tun hatte.

Die Tage vergingen in schöner Regelmäßigkeit, und wir gaben uns ihrem gewohnten Gang mit der anfänglichen Begeisterung eines frischverliebten Pärchens hin. Jeden Morgen ging ich in einem Laden oder einer Bäckerei in der Nähe Lebensmittel einkaufen, während Miri das Frühstück zubereitete. Dabei nutzte ich manchmal die Gelegenheit, um von einer öffentlichen Sprechzelle aus Kontakt mit Yisrael aufzunehmen. Er genoß es sichtlich, mich eine Weile vom Hals zu haben, hörte aber voller Interesse zu, wie sich meine ungewöhnliche Romanze im Detail entwickelte.

Am Ende eines Gesprächs ermunterte er mich jedesmal auf nicht sehr subtile Art: »Gut, Binchu, gut. Sieht so aus, als hättest du ganz schön Dampf drauf.«

Miri hatte gerade keine Arbeit, daher gingen wir tagsüber oft zusammen spazieren. Wenn sie Besorgungen machen mußte, begleitete ich sie meist. Ihr war viel daran gelegen, eine Stelle an der Universität von Tel Aviv zu finden, und so ging ich mit ihr zum Campus, wo ich meine Zeit damit verbrachte, die Stellenangebote zu lesen, die am Schwarzen Brett in einem der Büros angeschlagen waren.

Bei einem solchen Anlaß machte mich Miri mit einer guten Freundin von ihr bekannt. Es war charakteristisch für sie, mich ohne Umschweife als Araber vorzustellen, doch zu meinem Schrecken stellte sich heraus, daß ihre Freundin arabische Sprache und Literatur studierte. Im Laufe des kurzen Gesprächs, das wir führten, wäre es ihr unwissentlich beinahe gelungen, mich mit ihrer breitgefächerten Kenntnis arabischer Autoren in die Ecke zu treiben. Nachdem ich das obligate höfliche Geplauder mit Mühe und Not überstanden hatte, wandte sie sich zu Miri und sagte auf hebräisch (das ich natürlich nicht verstehen sollte): »Dieser Araber, den du dir da angelacht hast, ist wirklich sehr nett.«

Die ständige Verstellung begann mich stark unter Druck zu setzen. Mittlerweile war es schon so weit gekommen, daß alle meine Gedanken und selbst meine Träume, soweit ich mich an sie erinnern konnte, auf arabisch abliefen.

Was Miri betraf, hatte ich zuweilen das Gefühl, daß die Beziehung, die sich zwischen uns entwickelte, sie ein bißchen durcheinanderbrachte. Aus ihrer Sicht drohte sie die Grenzen zu sprengen, innerhalb welcher sie gewiß sein konnte, die Kontrolle über das Geschehen zu bewahren. Mehr als einmal hörte ich sie in der Küche beim Kochen oder im Badezimmer auf hebräisch vor sich hinmurmeln: »Verdammt, was mache ich bloß mit diesem Kerl?« oder »Das wird mich noch teuer zu stehen kommen.«

Eines Morgens hörte ich, wie jemand an die Wohnungstür klopfte. Miri und ich waren noch im Bett. »Jemand ist vor der Tür. Kannst du mal nachsehen?« sagte sie halb im Schlaf, doch dann wachte sie auf, als hätte sie sich plötzlich an etwas erinnert. »Herrje, das ist der Hausbesitzer. Hoffentlich sieht er dich nicht in meiner Wohnung.« Meinerseits sah ich keinen Grund, weshalb er mich nicht sehen sollte, doch als ich Miri darauf ansprach, entgegnete sie: »Bist du wahnsinnig? Wenn der einen Araber hier in meinem Bett entdeckt, schmeißt er mich noch heute aus dieser Wohnung.« Sie kleidete sich hastig an, zog die Decke über meinen Kopf und schloß beide Türen zum Schlafzimmer.

*

Dies erinnerte mich an einen anderen Vorfall aus der Zeit, als ich mich für die Reportage in der Jerusalemer Zeitung das erstemal als Araber ausgab. Meine Komplizin Rachel und ich versuchten eine Wohnung zu mieten und stellten uns als arabisch-jüdisch gemischtes Paar vor. Wir wählten mehrere Zeitungsinserate mit Mietangeboten für Wohnungen aus. Da wir wußten, daß ein Telefongespräch mit einem jüdischen Hausbesitzer auf arabisch kaum ein vielversprechender Anfang gewesen wäre, erledigte Rachel die Anrufe.

Die erste Wohnung, die wir uns anschauen gingen, lag in einer Wohngegend in Jerusalem namens Kiryat Yovel. Die Vermieterin, eine liebenswürdige Frau irakischer Herkunft, bemerkte sogleich die Zeitung, die ich mir unter den Arm geklemmt hatte, und sprach mich in fließendem Arabisch an: »Wo arbeiten Sie denn?«

»Ich schreibe für die Zeitung *Al Fajr*«, sagte ich. Auch Rachel hatte eine falsche Identität angenommen und gab sich als Studentin an der Hebräischen Universität aus.

»Wissen Sie«, sagte ich, »daß hier in dieser Gegend früher einmal das arabische Dorf Beit Mazmil stand? Ich hatte Verwandte, die hier lebten. Hier« – dabei beschrieb ich mit der Hand einen weiten Bogen in Richtung Fenster –»gab es einfach alles: Feigenbäume, Olivenbäume, Rebstöcke, Schaf- und Ziegenherden ...« Ich geriet richtig ins Schwärmen.

Es gelang mir nicht, die Vermieterin mit meinen Bemerkungen zu provozieren. Sie führte uns im Haus herum und zeigte uns

freundlich die Zimmer, die Einbauschränke und weitere Einzelheiten, für die sich potentielle Mieter interessieren mochten. Wir
ließen verlauten, daß diese Zweizimmerwohnung genau das war,
wonach wir suchten. Dann sagte Rachel: »Hoffentlich machen
die Nachbarn keine Schwierigkeiten wegen meines Freundes. An
andern Orten hat man sich geweigert, uns eine Wohnung zu ver-
mieten.« Auf dem Gesicht der Frau erschien ein deutlicher Anflug von Abscheu. »Bei mir käme so etwas nie vor. Ob Juden oder
Araber, schließlich sind wir doch alle Menschen. In Irak haben
wir unter Arabern gelebt, und es ist uns dort gutgegangen, das
können Sie mir glauben.«

Während Rachel mit der Hausbesitzerin über die Wohnung
und das Leben in Irak diskutierte, spielte ich im Badezimmer mit
technischem Klimbim herum. In den Halter für das Toilettenpa-
pier war ein kleiner Rundfunkempfänger eingebaut worden, der
offensichtlich den Zweck hatte, allfälligen Benützern des Ört-
chens den Aufenthalt zu verschönern. Ich drehte an den Knöp-
fen, bis ich einen Sender erwischt hatte, der arabische Musik
brachte. »Ich könnte schwören, daß mein Onkel in Amman auch
so ein Ding hat, nur ist es rot«, erzählte ich der Vermieterin. Sie
lächelte glücklich und verwickelte mich in ein Gespräch über das
Leben im Königreich Jordanien. Zum Glück war sie nie dort gewesen.

Als es Zeit wurde, die Verhandlungen zu einem Abschluß zu
bringen, sagte ich ihr, daß uns die Wohnung sehr gefalle, und zog
ein Bündel jordanische und israelische Banknoten aus meiner
Tasche, um meine Bereitschaft auszudrücken, auf der Stelle einen
Vertrag zu unterzeichnen oder als Sicherheit eine Anzahlung zu
leisten. Sie wollte sich jedoch nicht festlegen. »Vielleicht hat mein
Mann die Wohnung heute morgen schon vermietet und noch
keine Möglichkeit gefunden, mich zu erreichen. Rufen Sie mich
doch morgen nochmals an, dann kann ich Ihnen endgültig Bescheid geben.«

Rachel rief am nächsten Morgen an. Die Frau entschuldigte
sich und sagte, ihr Mann habe die Wohnung tatsächlich bereits
vermietet. Sie wünschte uns für unsere weiteren Bemühungen al-

les Gute und bat Rachel: »Lassen Sie Ihren Freund grüßen. Er scheint ein netter junger Mann zu sein.« Wenige Stunden nach diesem Gespräch baten wir eine Kollegin von uns, dort anzurufen und sich nach der Wohnung zu erkundigen. Die Besitzerin gab ihr alle relevanten Informationen und ließ wissen, die Wohnung sei noch immer frei.

*

Unter der Decke in Miris Bett versteckt, wartete ich, bis sie von ihrem Treffen mit dem Hausbesitzer zurückkehrte. Ich spürte, daß unser Verhältnis in ein gefährliches Fahrwasser geraten war, und beschloß, sie vorsätzlich zu provozieren. »Weißt du, ya Mira«, sagte ich zu ihr, als sie zurückkam, »in einer Situation wie der unseren muß jeder Palästinenser einen Beitrag für die gemeinsame Sache leisten.«

Sie wurde bleich. »Was genau meinst du damit, Fathi?«

»Du weißt schon. Jeder muß etwas tun. Jetzt vergnüge ich mich zwar und mache mir in Tel Aviv ein schönes Leben, aber einmal wird die Zeit kommen, wo ich mich bei irgendeiner Organisation einschreiben muß.«

Miri wurde nachdenklich. Obwohl wir verfeindeten Lagern angehörten, war es uns bis jetzt ziemlich wohl miteinander gewesen, da keiner von uns beiden irgendeine Art von politischem Engagement geäußert hatte. Wir hatten uns ein warmes, gemütliches Nest gebaut, das uns von unserer Umgebung abschirmte. Jetzt aber hatte ich etwas zur Sprache gebracht, was eindeutig klarstellte, daß es für mich letztlich keine Flucht vor einer politischen Beteiligung gab. Trotz der Tatsache, daß ich, Fathi, die kleinen Freuden des Lebens genoß – Freuden, in deren Macht es stand, sogar Feinde zu vereinen –, war ich nach israelischem Sprachgebrauch noch immer ein »potentieller Terrorist«.

»Und was wirst du dann tun, wenn du einer von euren Organisationen beitrittst? Wirst du eine Handgranate auf einen Bus voller Kinder werfen?« fragte sie.

»Ich hoffe, daß ich nichts dergleichen tun muß. Ich habe ein wenig studiert, und daher werde ich wahrscheinlich einen Job kriegen, wo es mehr darum geht, Ideologie zu lehren und unsere Jugend auszubilden. Man muß ihnen Kampftaktik beibringen und sie vorbereiten, Missionen auszuführen. Und dann müssen sie auch die Verhörmethoden kennenlernen, die eure Sicherheitskräfte verwenden, und darauf vorbereitet werden, was sie im Gefängnis erwartet.«

»Weißt du, Fathi, ich kenne das alles auch, bloß von der anderen Seite. Sag mal, hast du je im Gefängnis gesessen? Weißt du überhaupt, wie es dort zugeht?«

Ich schwor Miri, daß ich noch nie im Gefängnis gewesen sei. »Meine Absicht, mich politisch zu betätigen, zielt in die Zukunft und nicht in die Vergangenheit.« Ich spürte, daß sie auf etwas ganz Bestimmtes anspielte, und wollte herausfinden, was es war. »Was hast du damit gemeint, du würdest diese Dinge von der anderen Seite kennen? Sag bloß nicht, du arbeitest für den Schin Bet oder etwas Ähnliches.« Ich hatte echt Angst.

»Nein, nein, keine Bange. Aber während eines Teils meines Wehrdienstes war ich beim Sicherheitsdienst in Gaza stationiert, wo man Verhöre durchgeführt hat.«

Wir lagen nebeneinander im Bett. Ich zog die Decke hoch, um Miris Schultern zuzudecken. In der einen Hand hielt ich eine Zigarette, mit der anderen liebkoste ich ihren Körper. Ich fragte sie, was genau sie in Gaza getan habe. »Eure Frauen werden doch nicht zum Verhör eingesetzt, oder?« Miri zögerte einen Moment. Ich inhalierte schweigend den Rauch meiner Zigarette.

»Mein Arabisch ist ja wirklich nicht besonders gut, aber der Armeecomputer hat mich trotzdem als Arabischsprachige ausgewählt. Aus diesem Grund hat man mich nach Gaza versetzt, wo ich bei der Militärverwaltung als Sekretärin Dienst leisten sollte. Eine kurze Weile danach habe ich meinen nächsten Auftrag erhalten – ich mußte beim Verhör von Frauen anwesend sein, die unter dem Verdacht terroristischer Aktivitäten verhaftet worden waren.«

Aus allem, was ich von palästinensischen Frauen erfahren hatte, die man verhört und wieder freigelassen hatte, wußte ich um eine interne Direktive, die bei jeder Vernehmung einer Ara-

berin die Anwesenheit einer Frau vorschrieb. Durch diese Maßnahme wollte man verhindern, daß sich die Verhörte allein mit
Männern in einem Raum befand und sich später beschweren
konnte, sie sei sexuell mißbraucht worden. Im Gegensatz zu den
Berichten von männlichen palästinensischen Verdächtigten,
man hätte sie einem brutalen und demütigenden Verhör unterzogen, hatte ich noch von keiner Frau gehört, die während der Vernehmung mißhandelt worden wäre. Die Ausnahme bildete ein
einziger Fall, in dem eine Frau aus Gaza in Jerusalem in Gewahrsam gehalten wurde und offensichtlich infolge von Gewaltan-
wendung seitens ihrer Befrager einen Fötus abortierte.

Als Fathi tat ich jedoch so, als wüßte ich nichts von dieser Direktive, und fragte: »Wie werden denn die Frauen dort verhört?
Werden sie auch brutal zusammengeschlagen?«

»Nein, bloß hie und da mal eine Ohrfeige, sonst wird nicht geschlagen. Aber die kennen ihren Job und wissen, wo sie den He-
bel ansetzen können. Es gibt viel Geschrei und Drohungen, oder
man führt die Eltern herein, damit sie vor der Verdächtigten ein
bißchen weinen und sie auffordern, alles zuzugeben und ›die Sache endlich hinter sich zu bringen‹. Bei einer jungen Frau haben
sie ein Foto gefunden, auf dem sie in einem Badeanzug posierte.
In dem Fall drohten sie, wenn sie nicht gestehe, würden sie dafür
sorgen, daß ganz Gaza diese Aufnahmen zu Gesicht bekomme.
Du weißt ja, wie es bei euch ist. Die Leute dort würden sagen, sie
sei eine Hure.«

Ich fragte sie, ob sie auch beim Verhör von Männern zugegen
gewesen sei. Sie verneinte. Die Männer würden in isolierten,
schalldichten Räumen verhört, die niemand betreten dürfe, der
nicht Mitglied einer Vernehmungseinheit war, nicht einmal der
Stabschef selbst. »Aber die Gefangenen«, fuhr sie fort, »die darauf warteten, verhört zu werden, mußten viele Stunden lang
draußen stehen, um für die Vernehmung ›vorbereitet‹ zu sein.
Manchmal befahl man ihnen, die ganze Nacht auf den Füßen zu
bleiben und die Arme hochzuhalten, und die Wachsoldaten prü-
gelten auf jeden ein, der müde wurde. Ich konnte schon gar nicht
mehr hinsehen.«

Miri erzählte mir von einem anscheinend wichtigen Häftling, den man gezwungen hatte, einen schweren Sessel zu tragen, statt bloß dazustehen und auf sein Verhör zu warten. »Die ganze Nacht rannte er mit dem Sessel in seinen Armen von einer Mauer des Gefängnishofs zur anderen. Als ich vorbeikam, hatte er dies schon mehrere Stunden lang getan. Seine Füße waren geschwollen, und sein ganzer Körper glühte. Es schien, als müßten seine Adern von der Anstrengung jeden Moment platzen. Wie alle vom Gefängnispersonal kannte mich der Soldat, der ihn bewachte. Er sagte: ›Miri, tu mir den Gefallen und halte diesen Gefangenen einen Moment lang im Auge. Ich muß schnell pissen gehen. Laut Befehl darf er nicht aufhören zu rennen.‹ Sobald der Soldat weg war, machte ich dem Araber ein Zeichen, er könne den Sessel absetzen, und ging zu ihm hin. Es war, als hätte ich neben einem Ofen gestanden. Ich hatte kein Wasser und auch keine Zeit, ihm welches zu holen, daher spuckte ich in meine Hand und wischte ihm die Stirn ab. Das war alles, was ich tun konnte, und wenn man mich dabei erwischt hätte, hätte ich die größten Schwierigkeiten bekommen.«

Ich sah keine Veranlassung, ihre Worte zu bezweifeln. Erst kurze Zeit zuvor hatte mir ein Bekannter, ein religiöser Mann mit rechtskonservativen Ansichten, der in einer der Siedlungen im Westjordanland lebte, ganz schockiert erzählt, was er kürzlich während einer Reservediensttour als Offizier in Gaza hatte mit ansehen müssen. Eines Nachts waren einige Verhaftungen vorgenommen worden. Die Sicherheitsbeamten verbanden einem Häftling die Augen und befahlen ihm, so schnell er konnte, in verschiedene Richtungen zu rennen. »Als er sich daran gewöhnt hatte, kurze Distanzen blind zu rennen, und seinen Orientierungssinn verloren hatte, ließen sie ihn voll gegen eine Mauer rennen.«

Während ich mir Miris Geschichten über die vom Schin Bet angewendeten Vernehmungsmethoden anhörte, fühlte ich mich ein bißchen wie Mata Hari, als sie den Staatsmännern, die sich in ihrem Bett vergnügten, Informationen entlockte. In erster Linie war es ein Gefühl von Macht, das daher rührte, daß ich die Intimität der Stunde für Zwecke verwenden konnte, die meinem Gegenüber unbekannt waren. »Und wie waren sie denn so als Menschen, diese Vernehmungsspezialisten?« fragte ich weiter.

»Wie du und ich. Es gab nette unter ihnen und weniger nette. Aber über eins mußt du dir im klaren sein, Fathi: Diese Männer wissen alles, einfach alles. Du hast keine Ahnung, wie gefährlich die sein können. Nicht nur für die Araber, auch für uns Israelis selbst. Wenn du sagst, daß du vorhast, aktiv zu werden, solltest du wissen, daß die dich fertigmachen können, bevor du überhaupt etwas merkst.«

»Für uns sind alle Verhörspezialisten Hunde«, sagte ich.

»Diese Affäre, die ich jetzt mit dir habe, könnte mich arg in die Klemme bringen«, sagte Miri mehr oder weniger zu sich selbst. Dann stützte sie sich auf die Ellbogen auf und richtete ihren Blick auf mich. »Schwör mir bei deiner Mutter und allem, was dir teuer ist, daß du kein Wort von deiner Beziehung zu mir sagen wirst, wenn sie dich verhaften und verhören. Was immer auch geschieht, auch wenn man dich schlägt oder wenn du zwei Tage hintereinander in Handschellen oder mit einem Sack über dem Kopf bist, du wirst kein Wort von mir erwähnen. Es könnte mein Leben zerstören. Hörst du, Fathi, es könnte mich und meine Familie ruinieren. Du weißt nicht, wozu die fähig sind.«

Ich war überrascht vom Ausmaß von Miris Angst. Gewiß ist der Schin Bet kein Wohltätigkeitsverein, doch in Israel fürchtet sich die jüdische Bevölkerung im allgemeinen nicht vor ihm – gewöhnlichen jüdischen Bürgern ist seine Existenz schlicht nicht bewußt.

Am folgenden Freitag wollte Miri fürs Wochenende weggehen, um ihre Eltern zu besuchen. Sie hatte mit einem Bekannten, einem Piloten der Luftwaffe, der am selben Tag zu seinem Stützpunkt zurückkehren mußte, abgemacht, daß er vorbeikam und sie abholte. »Er läßt mich mitfahren, aber er macht sich Hoffnungen auf mehr«, sagte sie mit einem verschwörerischen Lächeln zu mir. Wir tranken zusammen Kaffee, während sie wartete, bis ihr Verehrer aufkreuzte. »Du kannst bis Sonntag hierbleiben«, meinte sie und bot mir den Schlüssel für ihre Wohnung an. Ich schlug höflich aus. Die Schau, die ich um Miris willen abzog, war genauso aufreibend wie meine anderen Verstellungskünste, selbst wenn sie auch ihre angenehmen Seiten hatte. Ich befürchtete, daß ich eines Tages oder besser eines Nachts im Schlaf laut sprechen und Miri etwas hören würde, was meine ganze Tarnung auffliegen ließ.

»Weißt du, Fathi, letzte Nacht habe ich von dir geträumt«, unterbrach Miri meinen Gedankengang. »Ich habe geträumt, daß du mich mit einer Maske besucht hast, die dein Gesicht verdeckte.« Dies war einer jener seltenen Momente während der ganzen Zeit meiner Verstellung, in denen ich völlig überrumpelt wurde. Rasch überschlug ich die verschiedensten Möglichkeiten, wie Miri meine wahre Identität entdeckt haben konnte. War eine Freundin von ihr aus dem Nichts aufgetaucht und hatte mich wiedererkannt? Oder hatte Yisrael vielleicht beschlossen, dem Ganzen eine eigene Note zu geben und ihr die Wahrheit zu enthüllen?

»Was meinst du mit einer Maske, ya Mira?«

»Was weiß ich? So eine Art Traum wie … merkwürdig …« Mir fiel ein Stein vom Herzen, als ich merkte, daß Miri die Wahrheit nicht herausgefunden hatte. Was übrigens die Bedeutung von Träumen betrifft, kann sich jeder seinen eigenen Reim darauf machen.

Wenige Minuten später klopfte es an die Tür. Ich erhob mich, um zu öffnen, doch Miri drückte mich sanft auf meinen Stuhl zurück und ging zum Eingang. Ich spähte hinüber. Durch den Türspalt, der sich öffnete, sah ich eine helle Khakiuniform, an der ein »Falafel« prangte, das Abzeichen für den Rang eines Majors. »Hallo Ronnie, guten Morgen. Bitte warte draußen, ich bin in zwei Minuten fertig … Nein, du kannst jetzt nicht hereinkommen. Ich habe Besuch.« Miri ging ins Schlafzimmer und packte schnell ein paar Sachen zusammen.

»Wieso läßt du ihn nicht herein?« fragte ich.

»Das fehlte gerade noch, daß ein Luftwaffenpilot, der in mich verknallt ist, meinen palästinensischen Liebhaber antrifft.«

»Wunderbar, ya Mira«, sagte ich. »Wenn es also einen Ort gibt, wo ein Palästinenser mehr wert ist als ein berühmter israelischer Militärpilot, dann hier in deiner Wohnung.«

Darauf kam ich zum Schluß, daß es das beste wäre, spurlos zu verschwinden. Unser Verhältnis hatte begonnen, Miri zu belasten, und auch ich wurde langsam nervös. Es war nicht besonders schön, einen Menschen so zu hintergehen, wie ich es Miri gegenüber tat, aber es half alles nichts – geschehen war geschehen. Im Augenblick war ich nicht in der Lage, irgend etwas zu meiner Entschuldigung vorzubringen, und noch heute glaube ich, daß keine Erklärung der Welt irgendwie geholfen hätte.

Yisrael meinte, seiner Ansicht nach hätte ich Miri zumindest anrufen müssen. Andere, die von der Affäre erfahren hatten, warfen mir Monate danach noch vor, ich hätte wie der letzte Hundsfott gehandelt, ich sei ein fieser Dreckskerl und ein Feigling gewesen usw. Doch ich war überzeugt (und bin es heute noch), daß der einzige Ausweg, einen Schlußstrich zu ziehen, darin bestand, aus Miris Leben zu verschwinden. Jeder Versuch, mit Worten etwas erklären zu wollen, hätte zu nichts geführt.

Ich sagte Miri also kein Wort und steckte einfach den Wohnungsschlüssel in den Briefkasten. Als sie am Sonntag Yisrael anrief, um sich nach dem Verbleib von Fathi zu erkundigen, antwortete er auf mein Geheiß: »Fathi mußte wegen dringender Familienangelegenheiten nach Balata zurück. Er hat mich gebeten, dich herzlich zu grüßen.«

Mehrere Monate nach Abschluß meines Tarnprojekts wurde ich in einer populären Talk-Show im israelischen Fernsehen interviewt. Während des vorausgehenden Gesprächs mit Rivka Michaeli, der Gastgeberin der Show, erzählte ich ihr in groben Zügen die Geschichte zwischen Miri und mir, ohne in Einzelheiten zu gehen. »Was? Sie haben sich nicht einmal bemüht, mit ihr Kontakt aufzunehmen?« sagte sie. »Sie sind wirklich ein Schuft! Ich werde Sie während der Show über diese Affäre ausfragen, so haben Sie wenigstens die Chance, sich im Fernsehen bei ihr zu entschuldigen.«

Unmittelbar nach der Ausstrahlung rief Miri mich an. »Ich

habe deine Nummer im Telefonbuch gefunden. Ich kann es noch immer nicht ganz glauben.« Sie hatte sich die Sendung in ihrem Elternhaus im Beisein ihrer Mutter angesehen. »Ich habe laut geschrien. Ich bin richtig ausgerastet. Ich habe meiner Mutter erzählt, die Frau, von der du gesprochen hast, sei ich, und sie hat mir gesagt, ich solle sie mit diesem Quatsch in Ruhe lassen.«

Geheimnummer

*I*ch hatte oft gehört, wie sich palästinensische Einwohner aus den besetzten Gebieten über die rauhe Behandlung auf dem internationalen Flughafen Ben Gurion beklagten. Besonders stark scheint diese demütigende Erfahrung von den Wohlhabenden und Intellektuellen empfunden zu werden, da sie eher selten mit den israelischen Sicherheitskräften in Berührung kommen. Ein Arbeiter, mit dem man an irgendeiner abgelegenen Straßensperre ruppig umspringt, mag zwar ein ebenso stolzer und feinfühliger Mensch sein, doch er ist es gewohnt. Tag für Tag wird er mit den israelischen Behörden konfrontiert, und im allgemeinen reagiert er eher mit Gleichgültigkeit als mit Entrüstung, wenn er von einem Soldaten oder Polizisten beleidigt wird.

In seinem Buch »Der dritte Weg« beschreibt Raja Schehada, ein bekannter Rechtsanwalt aus Ramallah, mit genauer Beobachtungsgabe ironisch einen Routinevorfall, der ein bezeichnendes Licht auf das Mißbehagen wirft, das solche unseligen Vorkommnisse hervorrufen können.

Schehada näherte sich mit seinem Wagen dem Flughafen, als er angehalten und auf eine ziemlich willkürliche und grobe Art durchsucht wurde. Unter anderem mußte er einen Sack Erde ausleeren, die er sich für die Pflanzen in seinem Garten gekauft hatte. Nur mit Mühe konnte er den verantwortlichen Soldaten überreden, ihm zu erlauben, die Erde auf der Straße und nicht im Kofferraum seines Autos auszuschütten. Der Vorfall gipfelte in einem Befehl, den Ersatzreifen seines Wagens zu demontieren. »Aber ich bin nun mal kein Mechaniker und wußte nicht, wie«, schreibt Schehada. »Die Soldaten stießen Drohungen aus und blickten gefährlich drein... Ich öffnete also die Betriebsanleitung auf der Séite ›Reifenwechsel‹ und begann die Anweisungen zu lesen.«

Seit dem mörderischen Attentat am 30. Mai 1972, das von drei Mitgliedern der japanischen Roten Armee im Innern des Flughafenterminals verübt wurde und bei dem sechsundzwanzig Menschen getötet und achtzig verwundet wurden, steht der Flughafen unter strenger Bewachung. Schwerbewaffnete Soldaten kontrollieren die Zufahrtsstraßen Tag und Nacht. Autos mit arabischen Nummernschildern werden angehalten und die Papiere der Insassen peinlich genau überprüft. In der Abfertigungshalle stehen an jeder Ecke Polizisten in Zivil mit weiten Anzügen, unter denen sich Pistolen verbergen. Araber, die ins Ausland reisen, werden gründlich durchsucht, und wenn sie nach Israel zurückkehren, werden die meisten einem Verhör unterzogen, das mehrere Stunden dauern kann. Es fällt schwer, etwas gegen die Notwendigkeit solcher Sicherheitsvorkehrungen vorzubringen, doch die angewendeten Methoden weichen zuweilen stark von der allgemein akzeptierten Norm ab.

Ein mir bekannter Vorfall illustriert, wie solche »notwendigen« Prozeduren oft für Zwecke mißbraucht werden, die sich von den ursprünglichen Absichten sehr unterscheiden. In diesem Fall ging es um einen bekannten Kollaborateur, der sein beträchtliches Vermögen zum Teil seinen engen Verbindungen mit den Besatzungsbehörden verdankte. Als er einmal von einer Geschäftsreise aus Europa zurückkehrte, erwartete er, seine übliche Vorzugsbehandlung zu erhalten. Zu seiner Überraschung und Bestürzung wurde er jedoch mehrere Stunden festgehalten und vom Sicherheitspersonal des Flughafens einer genauen Überprüfung unterzogen. Schließlich befahl man ihm, sich auszuziehen. Sein Körper wurde von oben bis unten durchsucht, als sei er ein verdächtiger Drogenschmuggler. Für die maßgeblichen Stellen war dies offensichtlich ein Weg, um ihn wissen zu lassen, daß er in

Ungnade gefallen war. Der Mann hatte Tränen in den Augen, als er mir diese Geschichte erzählte. Wie viele andere hatte er im Prinzip nichts gegen eine straffe Sicherheitsüberwachung des Flughafens einzuwenden, er war bloß aufgebracht wegen der Art und Weise, wie sie durchgeführt wurde.

*

Ich wollte ausprobieren, wie es sich anfühlte, Israels Tor zur Welt in der Verkleidung eines palästinensischen Arabers zu betreten, daher beschloß ich, dem Ben-Gurion-Flughafen einen Besuch abzustatten. Als ich Hassan Dschibril bat, mich zu begleiten, zögerte er anfänglich. Er willigte erst nach meinem Versprechen ein, kein Wort über unsere Verbindung zu verlieren, falls ich verhaftet oder verhört wurde. Wir würden so tun, als wären wir uns fremd, und wählten uns zwei Namen von fiktiven Bekannten aus, die angeblich aus Europa ankommen sollten und die wir abholen gingen.

Ich stürzte mich wieder in meine Proletarierkluft. Diesmal brauchte ich statt eines Gürtels einen Strick, um die bauchige Hose festzuzurren. Einmal mehr überprüfte ich den Inhalt meines Korbs und vergewisserte mich, daß er die gewohnten Farid-Zigaretten und eine Ausgabe einer arabischen Zeitung enthielt. Da dies auf eine vorsätzliche Provokation hinauslief und sehr leicht in einer Konfrontation mit den Sicherheitsbehörden enden konnte, bat ich Yisrael, uns in seinem kleinen Autobianchi zu folgen und in der Nähe zu bleiben, falls sich die Lage zuspitzte.

Um wirklich dieselbe »Behandlung« auszulösen, die man jemand aus den besetzten Gebieten angedeihen lassen würde, wollte ich in einem Taxi mit Kennzeichen aus Gaza auf dem Flughafen aufkreuzen. Hassan und ich gingen also zum arabischen Taxistand an der Jefetstraße und sprachen einen der Fahrer aus Gaza an. Er war nicht sehr scharf auf die Tour. Er sah Unannehmlichkeiten auf sich zukommen und behauptete, er habe es eilig, nach Gaza zurückzukehren. Doch als ich ihm fünfzig Prozent Aufschlag auf den normalen Fahrpreis anbot, geriet sein Widerstand ins Wanken, und schließlich willigte er ein.

Wir kamen auf die Schnellstraße. Nach einer Viertelstunde hatten wir Tel Aviv hinter uns gelassen und erreichten die Ausfahrt, die zum Flughafen führte. Wenige Minuten später waren wir an der Straßensperre, die Raja Schehada in seinem Buch beschrieben hat. Ein Soldat hob den Arm, signalisierte uns anzuhalten und wies den Fahrer an, sein Taxi auf einer kleinen Verkehrsinsel zu parken, die in der Mitte der Straße lag. Er kam herüber, überprüfte die Papiere des Taxifahrers und musterte darauf Hassan und mich. Mein äußeres Erscheinungsbild war weit weniger respektabel, was der Grund sein mochte, warum er mich herauspflückte und mir befahl, auszusteigen und zu der vorfabrizierten Baracke am Straßenrand hinüberzugehen. Währenddessen rollte ein ununterbrochener Strom von israelischen Fahrzeugen auf dem Weg zum Flughafen an uns vorbei.

Ein Sergeant, der beim Eingang der Baracke saß, schien hier das Kommando zu führen. Er fragte mich auf arabisch, ob ich Gepäck bei mir hätte.

»Nein, bloß meinen Korb mit ein paar persönlichen Dingen.«

»Holen Sie ihn her!« befahl er mir.

Als ich zum Wagen trat, blickte mich der Fahrer finster an. Er sah aus wie ein Weltuntergangsprophet, dessen schwärzeste Vorhersagen sich bewahrheitet hatten. Ich blinzelte Hassan zu und kehrte mit meinem Korb zu dem Sergeanten zurück. Er nahm ihn und stellte ihn neben seinem Stuhl zu Boden.

»Stehen Sie still, wenn ich Ihre Sachen durchsuche«, bellte er, während er den Korb durchwühlte und seinen Inhalt entleerte. Nachdem er jeden der verschiedenen Gegenstände geprüft hatte, wandte er sich wieder an mich. »Weshalb sind Sie hier?« fragte er.

»Ein Freund von mir kommt heute aus Frankfurt an. Ich gehe ihn abholen.«

»Um wieviel Uhr?«

»*Wallah*, ich weiß nicht genau, irgendwann vor Mittag. Man

hat mir gesagt, ich könne auf der Anzeigetafel im Flughafen nachschauen, um die genaue Ankunftszeit herauszufinden.«

Der Sergeant wurde ungeduldig. Einzelheiten meiner Geschichte interessierten ihn nicht. Er murmelte etwas vor sich hin und schnitt mir das Wort ab. »*Hawija!*« forderte er. Ich zog meine ramponierte blaue Israeli-ID hervor und reichte sie ihm hinüber, getreu meinem Vorsatz, bei Formalitäten mit Polizei und Militär bei der Wahrheit zu bleiben. Er besah sich den Ausweis längere Zeit kritisch, dann flog sein Blick zwischen der ID und mir hin und her. »Das wär's dann«, dachte ich. »Das Spiel ist aus.« Ich war als Jude identifiziert worden. Sicher würde er mich ein paar Minuten lang ausfragen und dann wegschicken.

Statt dessen erhob sich der Sergeant von seinem Sitz und ging an mir vorbei zum Taxi hinüber. Später berichtete mir Hassan, er habe den Taxifahrer gefragt, ob ich ein Jude oder ein Araber sei. »Der Fahrer sagte: ›Ein Araber natürlich, sehen Sie das denn nicht?‹« Darauf wurde Hassan dieselbe Frage gestellt. Er hatte Angst, und da er nicht wußte, wieviel ich bereits verraten hatte, zog auch er es vor, bei der Wahrheit zu bleiben, und sagte, ich sei Jude. Diese widersprüchlichen Antworten schienen den Soldaten zu verwirren. Er kam zu mir zurück. »Sagen Sie mir, wo Sie diesen Ausweis gestohlen haben!« befahl er. »Sie sind kein Jude.«

»Das ist meine eigene ID. Ich habe sie nicht gestohlen.«

Er schien von meiner Antwort nicht befriedigt. »Schön, warten Sie hier nebenan. Sie werden uns bald genau erzählen, wo Sie das da herhaben«, meinte er und wedelte mit meiner ID in der Luft herum.

Der Sergeant begann die Angaben auf der Identitätskarte in sein Sprechfunkgerät abzulesen. Ich wartete folgsam und wurde durch den Anblick eines Wagens getröstet, der am Straßenrand gegenüber eine Panne hatte. Der Fahrer hatte die Motorhaube geöffnet und bastelte am Motor herum. Es war Yisrael.

Als er seinen Bericht durchgegeben hatte, kam der Sergeant

wieder zu mir herüber. »Sagen Sie mir jetzt genau: Sind Sie Jude oder Araber?«

»Sie haben doch meinen Ausweis gesehen, oder nicht?«

»Moment mal. Wenn Sie ein Jude sind, wieso sprechen wir dann arabisch miteinander? Können Sie nicht Hebräisch?«

»Das schon, aber Sie haben mich auf arabisch angesprochen, deshalb habe ich Ihnen in der gleichen Sprache geantwortet.«

Ich wechselte zum Hebräischen über, behielt jedoch einen starken palästinensischen Akzent bei. Innerhalb von zwei Minuten brauste ein weißer Ford Escort mit Polizeikennzeichen auf die Straßensperre zu und kam mit dramatisch kreischenden Bremsen zum Halten, wobei er dem Taxi aus Gaza, das noch immer auf der Verkehrsinsel stand, effektvoll den Weg abschnitt. Ein ziemlich hochrangiger Polizeioffizier stieg aus dem Wagen und befahl mir, in die Baracke zu treten. Drinnen wandte er sich an mich und stellte mir dieselbe Frage, ob ich Jude oder Araber sei, noch einmal, und noch einmal wiederholte ich meine Antwort. »Verdammt«, sagte der Offizier, »so etwas ist mir noch nie im Leben passiert. Ein Jude, der wie ein Araber aussieht und in einem arabischen Taxi herumfährt. Ich rufe an höherer Stelle an, sollen die sich damit befassen!«

Jetzt war der Offizier an der Reihe, etwas ins Sprechfunkgerät zu murmeln. Diesmal tauchte ein Mann in Zivil auf, ein großgewachsener Kerl Anfang Dreißig. Ich stand abseits an der Wand. Er kam zu mir herüber, faßte mich ein paar Sekunden lang scharf ins Auge, ohne ein Wort zu sagen, und machte rechtsumkehrt, um sich mit dem Offizier zu beratschlagen. Mir wurde befohlen, draußen vor der Baracke zu warten, während sie meinen Fall besprachen. Zu meiner Erleichterung war Yisrael immer noch mit seinem Wagen »beschäftigt«. Später erzählte er mir, ich hätte blaß und ängstlich ausgesehen, selbst aus einiger Entfernung. Dann wurde ich wieder hineingerufen. Der Große trat auf mich zu: »Sie behaupten also, Sie seien ein Jude?«

»So steht es doch auf meiner ID.«

»Weshalb sprechen Sie denn hebräisch mit so einem starken arabischen Akzent? Reden Sie normal!«

»Hören Sie, ich habe lange Zeit bei meinen arabischen Freunden gelebt und mich an ihre Sprechweise gewöhnt. Aber ich bin sicher, daß ich bald wieder meinen jüdischen Akzent annehme, wenn man mich ein, zwei Wochen hier unter euch leben läßt.«

Der Mann beäugte mich mit Abscheu. »Da sei Gott vor! Ich persönlich bin dafür, daß man Sie so schnell wie möglich abschiebt... natürlich erst, wenn wir herausgefunden haben, was mit Ihnen los ist. Übrigens – was meinen Sie mit: lange Zeit unter Arabern leben? Was treiben Sie dort bei denen? Wie verdienen Sie sich Ihren Lebensunterhalt?«

»Ich lebe bei Freunden in Gaza. Dort fühle ich mich wohl«, antwortete ich unschuldig.

»Und arbeiten? Was haben Sie für Einkünfte?« drängte er mich.

»Was immer ich gerade finde«, antwortete ich wahrheitsgemäß. »Manchmal arbeite ich in Restaurants als Geschirrspüler, wissen Sie. Manchmal als Automechaniker. Hauptsache, ich verdiene etwas Geld.«

»In Gaza?«

»Nein. Dort gibt es keine Arbeit. In Tel Aviv.«

»Und wo wohnen Sie in Tel Aviv?«

»Manchmal bei Freunden aus Gaza und manchmal in einem Hotel.«

»Ein Hotel?«

»Ja. Für Araber. Irgendein Typ in Jaffa vermietet uns Betten.«

»Ah, so ist das. Sagen Sie mir jetzt eins, mein lieber Jude: Haben Sie Wehrdienst geleistet?«

Ich sah keine Veranlassung, ihn anzulügen. Sie konnten sich sowieso die meisten Informationen beschaffen, indem sie einfach meine ID-Nummer in den Computer eingaben.

»Ja, habe ich.«

»Wo?« Ich gab ihm den Namen meiner früheren Einheit an. »Klingt ganz gut. Wer war Ihr Kommandeur?«

»Uri Schoschan.«

»Wie hat er ausgesehen?«

»*Wallah*, er hatte einen Schnauz und war ziemlich groß. Wie ein Araber.«

»So, wie ein Araber?« Mein Befrager klang tief verletzt bei diesem Vergleich.

Während des Verhörs begann in der Baracke, in der gewöhnlich nur die diensthabenden Wachen hausten, ein geschäftiges Treiben. Allerlei Polizisten und weiteres Sicherheitspersonal betraten den Schauplatz. Einige halfen dem Team, das sich mit mir herumschlug, mit guten Ratschlägen, wie dieses ungewöhnliche Problem zu lösen sei, andere gafften mich bloß an, wie man sich eine kuriose Tiergattung im Zoo besieht. Mein Chefbefrager trat zur Seite, um sich mit seinen Kollegen zu besprechen, und versuchte es dann auf eine neue Tour.

»Sagen Sie«, fragte er, »arbeiten Sie für eine Regierungsstelle oder etwas dergleichen?« Alle Anwesenden im Raum warteten gespannt auf meine Antwort. In Israel genießt alles, was mit Sicherheit zu tun hat, ganz besondere Achtung. Die Männer, die an Sicherheitsoperationen teilnehmen, erfreuen sich der Wertschätzung und des vorbehaltlosen Vertrauens eines Großteils der Bevölkerung. Meine Befrager mußten zum Schluß gekommen sein, daß ich die prestigeträchtigen Pflichten eines Geheimagenten erfüllte. Ein junger Soldat sah besonders reumütig aus – nur einen Augenblick zuvor hatte er mir tückisch seinen Gewehrkolben in den Bauch gerammt und dabei alle »jüdischen Irren, die sich mit dem Feind zusammentun«, verwünscht.

Jetzt war ich plötzlich eine Art Held geworden, und mein Selbstvertrauen begann sich wieder etwas zu regen. »Ich arbeite für keine Regierungsbehörde. Wenn es ein Verbrechen ist, sich wie ein Araber zu kleiden, arabisch zu sprechen und in einem arabischen Taxi herumzufahren, dann verhaften Sie mich; wenn nicht, wäre ich Ihnen dankbar, wenn Sie aufhören würden, mich zu belästigen«, sagte ich.

»Ja, natürlich. Alles wird sich klären. Wir haben Sie bis jetzt nicht schlecht behandelt, oder? Aber Sie müssen zugeben, daß ein Fall wie Ihrer nicht alltäglich ist, und wir sind verpflichtet, jeden Fall zu untersuchen. Als Israeli werden Sie das sicher verstehen.«

»Na schön. Schließen Sie also Ihre Untersuchung ab, und lassen Sie mich gehen«, gab ich zur Antwort.

»Das bringt uns auch nicht weiter«, sagte der Offizier. »Rufen wir Motke herüber.« Ein drittes Mal trat der Sprechfunk in Aktion. Nach wenigen Minuten erschien der Besagte, ein etwa vierzigjähriger Mann mit dem Körperbau eines professionellen Bodybuilders. Aus dem ehrfürchtigen Schweigen, das seinen Auftritt begrüßte, schloß ich, daß er einen Sonderstatus genoß. Er konnte einem echt angst machen. Mir schwirrte durch den Kopf, daß ich liebend gern darauf verzichtete, mit ihm in einer isolierten Vernehmungszelle allein gelassen zu werden. Wenn es je soweit kommen sollte, brauchte mich Motke nicht einmal zu berühren – sein schreckliches Gesicht und sein überwältigendes Selbstvertrauen hätten schon ausgereicht. Er hätte bloß fragen müssen, und ich hätte ihm bereitwillig alle Informationen verraten und ihm selbst die intimsten Details aus meinem Leben preisgegeben, damit er bloß nicht Hand an mich legte. Ich hatte das ungute Gefühl, daß ihm schon andere vor mir ihr Herz ausgeschüttet hatten.

Motke und der großgewachsene Offizier, der mich vorher ausgefragt hatte, steckten einen Moment lang die Köpfe zusammen, dann kam Motke zu meiner Ecke herüber. Er brachte sein Gesicht ganz nahe an meins, und sein muskulöser Arm legte sich in einer bedrohlichen Geste gespielter Vertrautheit um meine Schulter. »Ich gebe Ihnen eine letzte Chance«, erklärte er. Ich konnte seinen Atem auf meinem Gesicht spüren. »Sagen Sie mir Ihre LY-oder Ihre LK-Nummer!«

»Nummer? Welche Nummer?«

»Stellen Sie sich nicht dumm. Sie wissen genau, wer ich bin und wovon ich spreche. Wieso also unnötige Schwierigkeiten machen?«

»Ich sehe, daß Sie von etwas sprechen, was mit der Staatssicherheit zu tun hat, mein Herr, etwas, von dem ich nichts wissen darf. Aber ich habe keine Geheimnummer oder irgend etwas Ähnliches. Ich... was soll ich sagen? Ich lebe nun mal gern so, wie ich lebe, und damit hat es sich.«

Meine Weigerung, die Nummer – offensichtlich eine Identifikationsnummer für Undercover-Agenten – preiszugeben, handelte mir noch mehr Bewunderung seitens der anderen Männer im Raum ein, die unseren Wortwechsel mit großem Interesse verfolgt hatten. Sie glaubten, mein Auftrag sei derart geheim, daß man mir nicht einmal eine Nummer gegeben hatte, um sämtliche Spuren zu verwischen, die zu einer Verbindung zwischen mir und der »Regierungsstelle« hätten führen können.

Nachdem sie mich eine halbe Stunde in die Mangel genommen hatten, beschlossen sie endlich, etwas zu unternehmen. Ich wurde angewiesen, in den Wagen des Polizeioffiziers zu steigen. Motke folgte mit Hassan, der letzte im Konvoi war der Taxifahrer aus Gaza. Wir parkten neben dem Büro der Flughafenpolizei. Motke führte mich zu einem der oberen Räume und befahl mir, draußen zu warten, während er mit meiner ID eintrat. Eine halbe Stunde später kam er mit einem furchterregenden Gesichtsausdruck wieder heraus. »Herrje«, dachte ich, »mein nächster Aufenthalt wird sicher eine Haftzelle sein, und dort werde ich Motke erzählen müssen, weshalb ich an der Straßensperre aufgekreuzt bin.«

Mit einem Blick, der überdeutlich ausdrückte, was er von Subjekten wie mir hielt, überreichte mir Motke meinen Ausweis und schärfte mir ein, ins Taxi zu steigen und schleunigst vom Flughafen zu verschwinden. Ich sah keinen Sinn mehr darin, darauf zu beharren, den angeblichen Freund aus Frankfurt abzuholen.

Auf der ganzen Rückfahrt nach Tel Aviv versuchte ich, dem völlig verwirrten Fahrer zu erklären, was vorgefallen war und was ich eigentlich beabsichtigt hatte. Er ließ sich nicht so leicht überzeugen. Anfänglich schien er sich zu fürchten – auch er mußte sich gedacht haben, ich sei eine Art Geheimagent und hätte ihn für meine eigenen zwielichtigen Zwecke mißbraucht. Auf Hassans beharrliche Forderung hin erzählte ich dem Fahrer die Wahrheit, denn er befürchtete, sein Ansehen in Gaza, wo sich solche Neuigkeiten in Windeseile herumsprechen, könnte leiden, weil er mit mir zusammen gesehen worden war. Ich zeigte dem Fahrer meine israelische ID und gab mir die größte Mühe, ihn zu beschwichtigen. Als wir die Jefetstraße erreicht hatten, war er bereits völlig umgestimmt. Er hielt mein ganzes Projekt für einen echten Akt der Solidarität mit den Palästinensern. Als persönliche Dankbarkeitsbezeigung lud er mich ein, ihn demnächst bei ihm zu Hause in Gaza zu besuchen, und bot mir sogar an, gratis sein Taxi zu benutzen, wann immer ich es brauchte.

Zutritt verboten

Im Herbst 1986 erschienen in der hebräischen Presse ganzseitige Inserate, in denen die Öffentlichkeit aufgerufen wurde, an einer riesigen Kundgebung teilzunehmen, die laut Angaben am Dienstag abend, dem 7. Oktober, in Jerusalem stattfinden sollte. Diese Demonstration war als Sympathiekundgebung für die Mitglieder des »Jüdischen Untergrunds« gedacht und forderte ihre Begnadigung und Entlassung aus dem Gefängnis, wo sie Haftstrafen unterschiedlicher Dauer absaßen.

Die Vorgeschichte dieser Kundgebung ist die folgende: Am 18. Juni 1980 explodierten in den Autos zweier Bürgermeister im Westjordanland Bomben. Bassam Schaka aus Nablus verlor beide Beine, und Karim Halaf aus Ramallah mußte sich einen Fuß amputieren lassen. Ein Sprengstoffexperte der Armee wurde beigezogen, um den Wagen eines dritten Bürgermeisters, Ibrahim el-Tawil aus Al Bireh, zu überprüfen. Als der Soldat das Garagentor öffnete, explodierte eine versteckte Sprengladung vor seinem Gesicht und raubte ihm das Augenlicht.

Die drei Bürgermeister, die man aufs Korn genommen hatte, waren alle Mitglieder des Nationalen Lenkungsausschusses, einer Organisation ziviler politischer Führer im Westjordanland, die sich der israelischen Okkupation widersetzte und unter der Schirmherrschaft der PLO operierte.

Drei Jahre danach wurde ein weiterer Gewaltakt gegen die palästinensische Bevölkerung im Westjordanland verübt. Ein

Peugeot-Lieferwagen fuhr auf das Grundstück des Islamischen College in Hebron vor. Die Wageninsassen, die Keffijehs trugen, um ihre Identität zu verbergen, eröffneten das Feuer und warfen Handgranaten auf die Studenten, die sich dort nichtsahnend aufhielten. Drei Menschen wurden getötet und dreiunddreißig verwundet.

Im Mai 1984 wurden achtundzwanzig Personen vom Schin Bet verhaftet. Es waren durchweg jüdische Siedler aus den besetzten Gebieten, die im Verdacht standen, einer Gruppierung anzugehören, welche unter dem Namen »Jüdischer Untergrund« (oder kurz »Untergrund«) bekannt war. Einige waren gerade auf dem Weg, in arabische Pendlerbusse Bomben zu legen, als man sie verhaftete. Während ihrer Vernehmung gaben Mitglieder der Gruppe zu, die Sprengladungen in den Wagen der Bürgermeister angebracht und die Morde im Islamischen College auf dem Gewissen zu haben. Sie gestanden auch einen weiteren wahnwitzigen Plan, den auszuführen sie glücklicherweise nie die Gelegenheit gefunden hatten: Sie wollten die beiden Moscheen auf dem Tempelberg in die Luft sprengen, um Platz für den Wiederaufbau des Dritten Tempels zu schaffen.

Drei von den achtundzwanzig Männern wurden des Mordes überführt und erhielten lebenslänglich, zwei weitere mußten sieben Jahre Gefängnis absitzen, während die übrigen mit relativ leichten Strafen davonkamen und bereits wieder entlassen worden sind.

Das Bedrückendste an diesem Vorfall war wohl die Tatsache, daß die Mitglieder dieses »Untergrunds«, die unschuldige Menschen umgebracht und sich verschworen hatten, im ganzen Nahen Osten die Fackel des religiösen Fanatismus in Brand zu setzen, von dem politischen Gesellschaftsbereich, dem sie entstammten, nicht etwa geächtet wurden – im Gegenteil! Die extreme Rechte hat sie bis zum heutigen Tag zu »loyalen Söhnen« hochgejubelt, die vielleicht etwas vom richtigen Weg abgeirrt sein mochten, sich letztlich jedoch für eine edle Sache opferten. Sie führten nur aus, was andere vielleicht auch als notwendig erachtet hatten, aber nicht selbst zu unternehmen wagten. Die Aktivisten des Gusch Emunim (der politischen Bewegung, die eine Expansion der Grenzen des Judenstaates befürwortet und für ein »Groß-Israel« einschließlich des Westjordanlands eintritt) unternahmen eine konzentrierte Anstrengung, um die Freilassung der »Untergrund«-Häftlinge zu bewirken, und zwar auch jener, die des Mordes überführt waren. Man brachte Petitionen zur Unterstützung »unserer geliebten Söhne« in Umlauf, die von einem beträchtlichen Teil der Öffentlichkeit unterschrieben wurden, und setzte den Präsidenten von Israel massiv unter Druck, die verurteilten Männer endlich zu begnadigen. Die in der Zeitung angekündigte Demonstration war eine der größten, die der israelische rechte Flügel je organisiert hatte.

*

Die Massenkundgebung fand auf dem Platz gegenüber Heikhal Schlomo statt, der Hauptsynagoge in Jerusalem, weniger als eine Meile vom arabischen Teil der Stadt entfernt. Ein unablässiger Menschenstrom drängte sich in das von der Polizei abgeriegelte Areal. Die meisten Männer waren bärtig und trugen gestrickte Käppchen, was in Israel sofort mit einer Art von religiösem Nationalismus messianischer Prägung assoziiert wird. Einige waren auch bewaffnet, wie es für den Gusch Emunim typisch ist. Am hinteren Ende des Platzes war eine große, mit Dutzenden von blau-weißen Fahnen geschmückte Rednertribüne errichtet worden. Viele der Demonstranten winkten ebenfalls mit kleineren Ausgaben der israelischen Flagge.

Die Kundgebung war als Machtdemonstration für Israels radikalen rechten Flügel gedacht und meine Anwesenheit in meiner arabischen Ausstaffierung eine extreme Form von Provokation. Gemessen am Alltag in Jerusalem wäre zwar die Gegenwart eines Arabers bei einem solchen Ereignis sehr wohl erklärlich gewesen – der Verleger einer arabischen Zeitung hätte beispielsweise einen Reporter hinschicken können, um über das Geschehen zu berichten –, und dennoch nagte in mir das Gefühl, irgendein ungeschriebenes Gesetz verletzt zu haben. Ich betrat widerrechtlich ein Gebiet, dessen Zutritt mir verboten war.

Ich schob mich durch die Menge der Demonstranten, Abzeichen und Fähnchen und begann den Reden über die »geliebten Söhne, die sich nichts Unrechtes zuschulden kommen ließen«, zuzuhören. Nach allgemeiner Auffassung war es kein Verbrechen, ein College-Campus mit Kugeln zu durchsieben und wahllos Handgranaten auf Studenten zu werfen, solange es sich bei den Opfern um Araber handelte; und ebensowenig wurde es als krimineller Akt empfunden, in den Autos von Behördenvertretern Bomben zu legen oder mit friedlichen Zivilisten gefüllte Busse zu zerstören, sofern die Menschen, die in Stücke gerissen wurden, bloß Araber waren.

Ich hörte gerade Rabbi Mosche Levinger zu, einem der Führer der Siedler im Westjordanland, der ins selbe Horn stieß, als plötzlich eine Hand ein wenig über dem Ellbogen meinen Arm packte und mich heimtückisch nach hinten riß. Als ich mich umwandte, fand ich mich einem stark geröteten, bärtigen, haßverzerrten Gesicht gegenüber. Das Gesicht feuerte auf englisch schnelle Salven von Fragen auf mich ab: »Wer bist du? Was hast du hier zu suchen? Woher kommst du?« Bevor ich antworten konnte, gesellten sich weitere zornige Gesichter zum ersten. Auf einmal war ich von erregten und gereizten fähnchenschwingenden Demonstranten umringt. Die Forderung, ihre inhaftierten Helden zu begnadigen, war für den Moment in den Hintergrund getreten, und sie wandten sich pflichteifrig der unmittelbar vor ihnen stehenden Aufgabe zu, ein soeben entdecktes Sicherheitsrisiko zu überprüfen – mich.

»Dies ist öffentlicher Grund. Es ist mein gutes Recht, hier zu sein«, protestierte ich schwach.

Unter den gegebenen Umständen hätte mir kaum ein wirkungsloseres Argument in den Sinn kommen können. Ein paar Teilnehmer in der Menge schienen überzeugt, diesmal sei ihnen tatsächlich ein waschechter Terrorist in die Hände gefallen. Verwünschungen, Fußtritte und Schläge hagelten auf mich nieder. Neuankömmlinge, die sich neugierig erkundigten, was da los sei, erhielten die folgende, sehr aufschlußreiche Antwort: »Hier ist ein Araber!« Eine Stimme aus dem Mob brüllte: »Raus hier! Du hast nichts bei uns zu suchen!« Ich wäre diesem hilfreichen Rat-schlag liebend gern nachgekommen, hätte ich mich nur aus dem engen Griff befreien können, in dem ich festgehalten wurde. Und so ging das hysterische Geschrei weiter: »Wir haben einen Ara-ber gefangen. Ruft die Polizei, schnell!«

In der Menge öffnete sich eine Gasse, als die Leute zur Seite rückten, um einen Grenzpolizisten durchzulassen. Er trat mit einem Ausdruck gestrenger Autorität auf seinem Gesicht zu mir und führte mich ab, ohne ein Wort zu verschwenden. Als wir das abgesperrte Areal verließen, erhielten mein Fänger und ich Ge-sellschaft von zwei weiteren jungen Grenzpolizisten. Zusammen überquerten wir die Straße in Richtung Heikhal Schlomo. Wir gingen an der Synagoge vorbei in ein sehr dunkles, enges Gäß-chen. Yisrael, der sich bis dahin nahe hinter uns gehalten hatte, konnte uns nicht dorthin folgen, ohne Verdacht zu erregen. Au-ßer mir und meinen Beschützern war zu jener Zeit keine Men-schenseele in dieser Gasse, sogar die Straßenlampen waren aus. Die Polizisten haben ein teuflisch gutes Gespür dafür, dicht neben dem größten Trubel eine dunkle, abgelegene Ecke zu finden, die für ihre Absichten bestens geeignet ist.

»Aufrecht dastehen!« wurde mir befohlen, unmittelbar darauf folgte ein Volltreffer in den Magen. Er war wohl eher als eine Klarstellung gedacht, wer hier der Boß sei, und weniger ein Akt grundloser Gewalt, dennoch war er kräftig genug, daß ich mich in Zuwiderhandlung gegen den soeben erhaltenen Befehl vor Schmerzen zusammenkrümmte. Ein zweiter Polizist neutrali-sierte die Wirkung des Schlags, indem er mir einen gekrümmten Finger wie einen Haken unter das Kinn schob und mich abrupt in eine senkrechte Position zurückzog, die sich wie eine groteske Pa-rodie auf die Achtungstellung der Soldaten ausnahm.

Darauf kündigten sie mir ihre nächste Amtshandlung an: »Gut! Jetzt nehmen wir alles heraus, was er in seinen stinkenden Taschen hat.« Alles, was sie fanden, war ein Keffijeh, ein Schlüs-selbund und eine Brieftasche. Angesichts der Harmlosigkeit die-ser Objekte machten sie ein großes Getue um den Keffijeh, breite-ten ihn aus und musterten ihn von allen Seiten. Allmählich bekam

Warten auf Gelegenheitsarbeit auf dem »Sklavenmarkt« in der Jefetstraße in Jaffa.

Alle Fotografien von Yisrael Cohen

Als Küchengehilfe im »Kolosseum« in Tel Aviv. Im Vordergrund Schmuel, der Vater des Besitzers.

Das Restaurant »Papagei« in der Dizengoffstraße in Tel Aviv, wo ich von vier Uhr nachmittag bis vier Uhr früh schuften mußte.

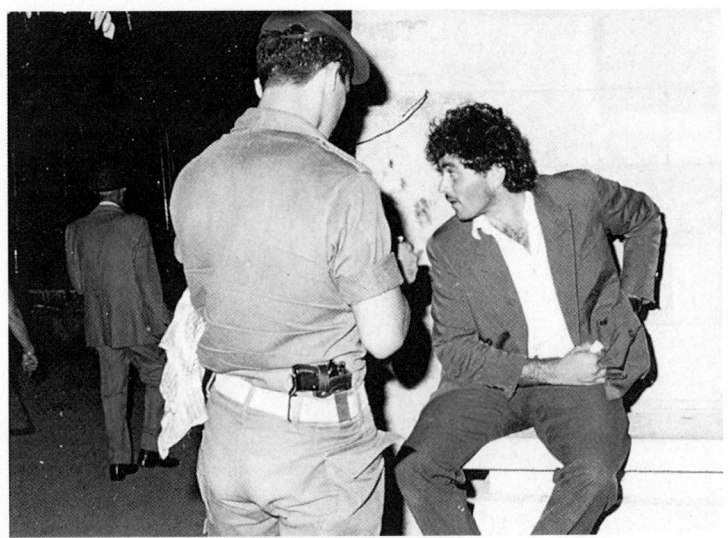

Nach einer Kundgebung des Gusch Emunim in Jerusalem. Grenzpolizisten haben mich abgeführt, durchsucht und zusammengeschlagen. Man beachte, daß der Polizist meinen Keffijeh konfisziert hat.

Ein arabischer Verkaufsstand in einer Straße in Gaza. Hier werden Dinge zum Verkauf angeboten, die von hiesigen Arbeitern in israelischen Mülltonnen gefunden wurden.

In Fathi Rabans Haus im Flüchtlingslager Dschebalja. Monate später
kaufte ich in einer Straße in Ostjerusalem das hier abgebildete Gemälde
für sechs Schekel (vier Dollar).

Mit Fathi Rabans Kindern in Dschebalja.

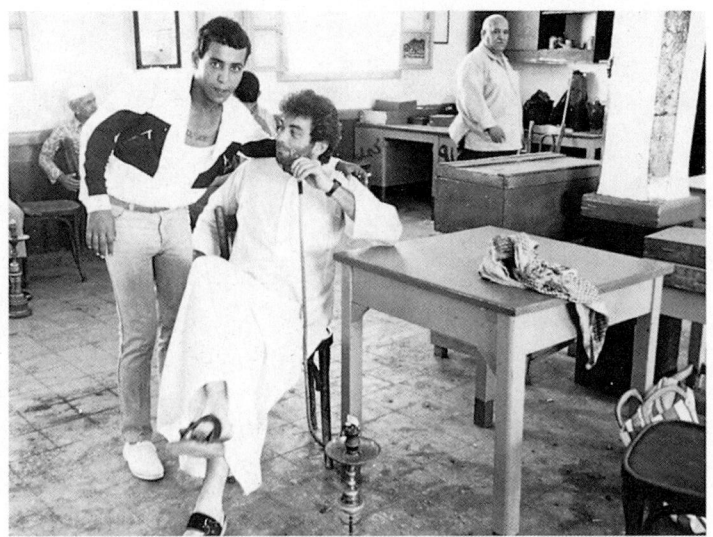

Ein Kaffeehaus in der Innenstadt von Gaza. Ich rauche eine Nargileh, die traditionelle arabische Wasserpfeife.

Zu Gast bei der Hochzeitsfeier eines Freundes im Flüchtlingslager Schati im Gazastreifen.

Der Viehmarkt in Nablus. Mein Begleiter, ein Mann aus dem Lager Dschelazun, bessert sich sein mageres Einkommen mit dem Verkauf von Schafen auf.

Das Kaffeehaus im Flüchtlingslager Dschelazun. Der junge Mann gehört zu den Einheimischen, die mir vom *sumud*, der Überlebensstrategie der Palästinenser, berichteten.

Hochzeit in Deheische. Neben mir sitzt (mit Brille) der Bräutigam, mein Freund Hamdi Faraj.

Mit Beduinen in der Nähe der Stadt Hebron.

ID-Routineüberprüfung in Hebron.

Beim Verkaufen von Weintrauben im Wohnviertel Beit Hakerem in West-jerusalem. »Ich erinnere mich noch gut an die Zeit, als wir wie Brüder in Frieden zusammenlebten«, sagte mir eine alte jüdische Frau, die mir zwei Kilo Trauben abkaufte.

ich es mit der Angst zu tun. Vielleicht konstituierte die Tatsache, daß ich einen roten Keffijeh in meiner Jackentasche trug, irgendein Bagatelldelikt, von dem ich nichts wußte. Die Schlüssel und die Brieftasche erhielt ich zurück, doch einer von ihnen wickelte sich den Keffijeh eng um seine Hand, wie um zu unterstreichen, daß ich ihn nicht so schnell wieder kriegen würde. »So, und jetzt nimm deine ID heraus.« Sie gaben mich mit einem weiteren Hieb frei, diesmal in den Nacken. Ich zog hastig meine Israeli-ID aus der Brieftasche und streckte sie ihnen ängstlich hin. Ich wußte, daß diese unmenschliche Prozedur noch stundenlang weitergehen konnte. Der Polizist, der meinen Ausweis überprüfte, stieß einen überraschten Pfiff aus. »Hier ist uns ein großer Fisch ins Netz gegangen! Er hat eine gefälschte ID. Ich nehme ihn mit zum Streifenwagen hinüber, und ihr« – er wandte sich an seine Untergebenen – »bewacht ihn von hinten, damit er uns nicht entwischt.« Die beiden Polizisten stellten sich gehorsam hinter mir auf, während ihr Anführer neben mich trat und mich am Arm führte. »Los, komm, du Dreckskerl! Wir bringen dich jetzt zu unserem Vorgesetzten, dann gehst du für eine Weile in Untersuchungshaft, und auf dem Weg dahin werden wir uns ein bißchen um dich kümmern, und zwar so, daß du uns dein Leben lang nie mehr vergißt.«

Die Schläge, die mich vorwärtsdrängten, hörten in dem Moment abrupt auf, als wir die gutbeleuchtete Straße erreicht hatten. Ich wurde zu einem Jeep der Grenzpolizei geführt, der schräg gegenüber dem Areal der Kundgebung geparkt war. Ein Riese von Polizeioffizier, an die eins neunzig groß, nahm meine ID und meinen Keffijeh mit derselben Genugtuung in Empfang, als wäre ihm soeben eine Handfeuerwaffe ausgehändigt worden, die man einem gefangenen Terroristen abgenommen hatte. Dann befahl er mir, in kurzer Entfernung vom Jeep zu warten, während er in sein Sprechfunkgerät sprach. Er rapportierte, soeben sei eine äußerst verdächtige ID bei der Person eines Arabers gefunden worden, der sich ohne ersichtlichen Grund auf der Demonstration des Gusch Emunim herumgetrieben habe und festgenommen worden sei. Während er auf das Resultat der Nachforschungen wartete, die am anderen Ende durchgeführt wurden, drehte er sich wieder zu mir zurück: »Also, wie bist du an diesen Ausweis gekommen, und was treibst du hier? Besser, du erzählst mir alles gleich jetzt, denn später wird es für dich viel ungemütlicher werden.«

Zuerst widersetzte ich mich, erkannte jedoch schnell, daß er die nötigen Informationen auf dem Weg über meine ID sowieso in wenigen Minuten erhalten würde. Dann standen ihm zwei Möglichkeiten offen: Er konnte mich entweder freilassen oder in Haft behalten, bis meine Geschichte nochmals gründlich überprüft worden war. Mein ganzer Körper schmerzte noch von den Schlägen, die ich erst vor ein paar Minuten abbekommen hatte, und ich verspürte nicht den geringsten Wunsch, auch nur einen Meter mit diesen Männern zusammen in ihrem Jeep mitzufahren. Ich tischte ihm schnell ein Alibi auf. »Schauen Sie«, erklärte ich, »ich bereite mich darauf vor, in einem Film die Rolle eines Arabers zu spielen. Ich habe sogar einen Fotografen mitgenommen. Sie können ihn fragen.« Ich wies auf Yisrael, der ganz in der Nähe bei einigen Berufskollegen stand, die das Großereignis auf Bild festhielten.

Der Offizier wandte sich an Yisrael. »Stimmt es, was dieser Araber da sagt? Kennen Sie ihn?«

Yisrael schüttelte verneinend den Kopf. »Ich mache bloß Fotoaufnahmen. Ich weiß weder, wer er ist, noch, was er von mir will.«

Der Offizier beäugte mich, als wollte er sich gleich eine köstlich zubereitete Delikatesse munden lassen. »Du lügst also. Wir werden sehr bald mit dir abrechnen, Bürschchen.« Wenig später war ihm jedoch die Gelegenheit, auf die er sich schon so gefreut hatte, durch die Lappen gegangen, denn über Sprechfunk kamen Instruktionen bezüglich meiner ID durch. Der Polizeicomputer schien mich bereits gespeichert zu haben, zweifellos infolge meiner früheren Begegnung mit den Sicherheitsbehörden auf dem Flughafen. Der Polizist konnte seine Enttäuschung nicht verbergen, als er mir die willkommene Botschaft ausrichtete. »Ich gebe Ihnen genau drei Minuten, um von hier zu verschwinden. Und wagen Sie es nicht noch einmal, das Demonstrationsareal zu betreten, sonst werden Sie verhaftet.«

Diesmal hatte ich nicht die Absicht, klein beizugeben. »Ich habe das Recht, mich an der Kundgebung aufzuhalten«, insistierte ich.

»Also gut«, räumte der Offizier ein, »aber ohne diesen roten Keffijeh. Wenn ich Sie mit dem Keffijeh sehe, verhafte ich Sie auf der Stelle.« Natürlich entbehrte auch diese Anordnung jeglicher gesetzlichen Grundlage. Seine Aufgabe als Polizist wäre eigentlich gewesen, mich zu beschützen, selbst wenn ich mit einem halben Dutzend Keffijehs dorthin ging, aber ich hatte keine Kraft mehr, mich noch länger mit ihm herumzuzanken.

Ich nahm den Keffijeh, der wie das berühmte rote Tuch auf den Stier gewirkt hatte, versteckte ihn unter einem Busch und machte mich wieder zum Schauplatz des Geschehens auf. Die Kundgebung stand kurz vor dem Ende. Die Fähnchen wurden hochgehalten, und die Menge begann »Hativka« zu singen. Man fand offenbar, es sei der passende Ausdruck zur Unterstützung jüdischer Terroristen, die Landeshymne Israels anzustimmen.

Natürlich kriegte mich in dem Augenblick, als ich wieder das eingezäunte Gebiet betrat, ein weiterer senkrechter Bürger zu fassen. Er schnaubte vor Wut und fragte in einem schweren New Yorker Akzent: »Woher kommst du?« Ich wurde zornig und antwortete ihm ebenfalls auf englisch, wenn er kein Polizist sei, solle er mich gefälligst in Ruhe lassen, da ich langsam genug von diesem Spiel hätte. Er begann an mir herumzuzerren und brüllte: »Raus hier, oder ich rufe die Polizei!« Es hatte den Anschein, als ob allein schon die Gegenwart eines einzigen Arabers an ihrer Kundgebung den Leuten des Gusch Emunim Angst einjagte.

Ich verlor die Geduld und schob meinen Widersacher grob zur Seite. Er rannte weg, um die Polizei zu holen. Ich konnte mir lebhaft vorstellen, wie er dem erzürnten Polizeioffizier, der mich vorher gezwungenermaßen freilassen mußte, in den Ohren lag, und verstieg mich völlig irrational zu der Phantasie, daß der Polizist an meiner Stelle meinen Widersacher verhaften würde. Während der ganzen Zeit sangen die Leute um mich tapfer ihr »Hativka« weiter. Sie standen beim Singen bewegungslos da, nur ich konnte mich nicht ruhig halten und zappelte nervös herum. Obwohl ich

wie sie ein israelischer Jude war, konnte ich ihre *tivka* (Hoffnung)
entschieden nicht teilen.

*

In den Augen der Anhänger des Gusch Emunim sind Menschen
wie ich Verräter an der zionistischen Sache. Für mich hinwie-
derum stellen die jüdischen Siedler im Westjordanland und im
Gazastreifen eine ernsthafte Gefahr dar, die mich dazu führen
könnte, meine Zukunft anderswo zu verbringen, wenn ich meinem eigenen Verständnis von einem anständigen Leben treu
bleiben will. Die gegenwärtige politische Lage birgt potentiellen
Zündstoff, denn der rechte Flügel wird kaum je eine Entscheidung akzeptieren, die besetzten Gebiete zurückzugeben. Es ist
ihnen absolut ernst mit ihrem Tun, denn sie pochen auf das histo-
rische Recht des jüdischen Volkes auf ein sogenanntes Eretz Yisrael, das »Land von Israel«. Darunter verstehen sie ein Groß-
Israel, das im Gegensatz zu den Staatsgrenzen vor 1967 auch das
Westjordanland mit einschließt, und deshalb halten sie die jüdischen Siedlungen in diesem Gebiet für eine existentielle Notwendigkeit. Sollte eine demokratisch gewählte israelische Regierung
mit der Zustimmung einer Mehrheit der Bevölkerung dereinst
einwilligen, diese Siedlungen aufzugeben und sich aus einem Teil
oder dem gesamten besetzten Territorium zurückzuziehen, gäbe
es wohl eine recht große Anzahl fanatischer Nationalisten, die
sich einem solchen Beschluß mit bewaffneter Gewalt widersetzen
würden.

Im Laufe von rund zwanzig Jahren in einer feindlich gesinnten
Umgebung haben die Siedlungen des Gusch Emunim ein beträchtliches Waffenarsenal angehäuft. In jedem jüdischen Haushalt in den besetzten Gebieten befindet sich mindestens eine
Handfeuerwaffe; in den meisten Fällen wird dieses Minimum
weit überstiegen. In Kiryat Arba zum Beispiel hat die Führung
öffentlich erklärt, daß die ansässigen jüdischen Bewohner
Schußwaffen und andere Waffenarten horten, damit sie sich gegen eine »jordanische Armee« oder gegen »palästinensische
Milizen« verteidigen können. Trotz ihrer Versprechungen, daß

»kein jüdischer Bürger je eine Waffe auf einen jüdischen Soldaten richten wird«, haben prominente Führer der Rechten gelobt, sie würden es nie und nimmer zulassen, daß die Rückgabe des Sinai zu einem Präzendenzfall werde. Als die Abmachungen von Camp David in Kraft traten und Ägypten die Sinai-Halbinsel zurückerhielt, wurden die jüdischen Siedlungen im Sinai samt der Stadt Jamit evakuiert. Vorerst kam es jedoch zu einer traumatischen Kraftprobe zwischen der israelischen Armee und den Siedlern des Gusch Emunim, die im kollektiven Gewissen Israels tiefe Spuren hinterlassen hat.

Das Westjordanland ist in einem noch viel größeren Ausmaß mit religiös-nationalistischen Gefühlen besetzt als der Sinai. Für viele Juden bilden die heiligen Stätten wie etwa die Gruft von Machpela in Hebron und das Grab von Rahel in Bethlehem das Herzstück des gegenwärtigen Judaismus. Im Falle eines Kompromißvorschlags, der für einen Friedensvertrag territoriale Zugeständnisse vorsähe, beabsichtigen die Rechtsextremisten, unter Berufung auf den »immerwährenden Willen des jüdischen Volkes unbesehen der jeweiligen zeitlichen und örtlichen Umstände« zu handeln – einer Formel, die sich leicht zu einem Argument gegen die Legitimität eines demokratisch gefällten Entscheids ummünzen läßt. In der Folge könnte diese fanatische Splittergruppe (ein messianischer Auswuchs des nationalistischen Fiebers, das im Gefolge des Kriegs von 1967 über Israel hereinbrach) unser Land an den Rand eines Bürgerkriegs führen.

*

Kiryat Arba, das jüdische Wohnviertel, das an die Stadt Hebron angrenzt, gilt als eine Hochburg des harten, radikalen Kerns des Gusch Emunim. Es wurde größtenteils auf Weinbergen gebaut, die der Familie Muhammad Ali Jabaaris, des verstorbenen Bürgermeisters von Hebron, gehört hatten und konfisziert worden waren. Einer der annähernd viertausend Juden, die heute in Kiryat Arba leben, ist ein Enkel von Ali Jabaari. Er konvertierte zum Judaismus, diente in der israelischen Armee (beim Nachrichtendienst notabene) und heiratete mit dem Ziel, eine weitere jüdische Familie im Westjordanland zu gründen, eine andere Konvertitin. Der junge Mann ist ein bekannter Anhänger und Mitglied von Meïr Kahanes widerlicher Kach-Partei, die für eine Massendeportation von Arabern aus den besetzten Gebieten eintritt. Es bedarf besonderer Erwähnung, daß Kiryat Arba der einzige Ort in Israel ist, wo die Kach-Partei im Stadtrat vertreten ist.

Kiryat Arba wurde nach dem Krieg von 1967 errichtet. Als die israelischen Streitkräfte Hebron einnahmen, befürchteten die Araber harte Vergeltungsmaßnahmen. Man erinnerte sich noch allzugut an die Pogrome von 1929, bei welchen schätzungsweise zehn Prozent der damals siebenhundert jüdischen Einwohner ihrer Stadt ermordet worden waren. Doch letztlich erfolgte die Rache nicht in Gestalt eines Massakers, sondern vielmehr in Form eines starken Zustroms von Juden, die sich bald in Hebron breitmachten.

Der Gusch Emunim war in jenen Tagen eine neue aktive Bewegung, in deren Programm die Erneuerung der jüdischen Besiedlung in Hebron ganz oben stand. Am Passahfest 1968 erschien eine Gruppe religiöser Juden mit ihren Familien in der Stadt. Sie mieteten im Parkhotel Zimmer an und äußerten den Wunsch, hier den traditionellen Seder durchzuführen. An ihrer Spitze stand Rabbi Mosche Levinger, ein junger und charismatischer religiöser Fanatiker, der dazu bestimmt war, einer der Führer des Gusch Emunim zu werden.

Fahed el-Kawasme, in dessen Familienbesitz das Hotel war, konnte nicht voraussehen, daß er mit der Vermietung von Zimmern an die scheinbar harmlose Schar religiöser Gläubiger dazu beitrug, in der konservativen islamischen Stadt eine Ära von gegenseitigem Haß, Terror und tiefer Animosität zwischen Juden und Arabern zu begründen.

Nach dem Passahfest weigerte sich die Gruppe, Hebron wieder zu verlassen. In der israelischen Knesset formierte sich eine mächtige Lobby, welche ihren Anspruch unterstützte, die alten »historischen Rechte« in Anspruch zu nehmen und sich dort anzusiedeln. Die Militärregierung beugte sich unter dem Druck und sah davon ab, die Eindringlinge mit Gewalt wegzubefördern, was die Gefahr einer direkten Konfrontation heraufbeschworen hätte. Statt dessen verlegte man sie in eine Militärkaserne innerhalb der Stadt. Später wurde etwas Land in der Nähe von Hebron zur Verfügung gestellt, ein Schutzzaun darum herum errichtet und mit dem Bau von Kiryat Arba begonnen. Bis zum heutigen Tag ist es ein Wahrzeichen für die Wiederbesiedelung in Hebron und im ganzen Westjordanland geblieben, wogegen die **palästinensischen Araber Kiryat Arba aus ihrer Sicht primär als ein Symbol für den israelischen Imperialismus betrachten.**

*

Nach meiner Teilnahme an der Kundgebung des Gusch Emunim in Jerusalem beschloß ich, wieder einmal einen Abstecher nach Kiryat Arba zu machen, wo ich mich im Laufe meiner journalistischen Betätigung des öfteren aufgehalten hatte.

Die jüdischen Siedlungen im Westjordanland sind an ein Netz von »Umfahrungsstraßen« angeschlossen, was es den israelischen Juden ermöglicht, zu den Siedlungen zu gelangen, ohne daß sie sich einer arabischen Stadt oder einem Dorf nähern müssen. Ein israelischer Journalist hat einmal treffend formuliert: »Es ist möglich, einen ganzen Tag im Westjordanland herumzukutschieren, ohne einen einzigen Araber zu Gesicht zu bekommen.« Auf der Straße von Jerusalem führt weniger als eine Meile vor Hebron eine Abzweigung nach links. Gegenüber liegt eine Ansammlung von Werkstätten, wo Glasbläser mit Techniken, die sich seit Jahrhunderten gleichgeblieben sind, ihr uraltes Handwerk ausüben. Ein Straßenschild bei der Verzweigung verkündet das Ziel: »Kiryat Arba«. Im Gegensatz zu den anderen Straßen in der Umgebung von Hebron, die in einem reparaturbedürftigen Zustand sind, ist diese hier gepflegt, und die Autos können ungehindert darüberrasen.

Kiryat Arba wurde in aller Eile und mit möglichst wenig Kosten gebaut, was sich überall zeigt, wohin man auch schaut. In der Ferne ragen hohe, zusammengepferchte Wohnblöcke auf, die in der Landschaft völlig fehl am Platz wirken. Die ganze Wohngegend wird von einem Zaun umringt. Außerhalb der Umzäunung stehen einstöckige arabische Häuser mit Innenhöfen. Sie passen sich ihrer Umgebung viel harmonischer an als die festungsähnlichen jüdischen Wohntürme, welche sich trotzig von ihrer Umgegend abheben.

Als ich zum Eingangstor von Kiryat Arba kam, fand ich zwei gelangweilte Reservisten dort stationiert. Ich steckte in meiner palästinensischen Verkleidung. Da in Kiryat Arba wie überall in Israel arabische Arbeiter auf dem Bau und in den wenigen lokalen Fabriken arbeiten und deshalb ein vertrauter Anblick sind, erlaubten mir die Soldaten den Zutritt, ohne sich die Mühe zu machen, meine Identität zu überprüfen.

Zu jener Zeit hatte der Stadtrat eine Resolution verabschiedet, alle seine arabischen Angestellten, die bislang hauptsächlich als Straßenkehrer und städtische Gärtner gewirkt hatten, zu feuern. Dieser rassistische Beschluß entbehrte jeglicher legalen Grundlage, doch meines Wissens konnte er ohne jede Schwierigkeit durchgeführt werden. Das erlauchte Patentrezept brachte es mit sich, daß die meisten arabischen Arbeiter nur noch selten die Gelegenheit fanden, vom schnurgeraden, engen Pfad der Tugend abzukommen – der Hauptstraße, die vom Eingangstor direkt zu dem kleinen Industrieviertel führte. Ich beschloß, absichtlich auf den Straßen in den Wohnvierteln herumzuspazieren, was mir ein paar mörderische Blicke der ansässigen Bewohner eintrug. Wie um mein Unbehagen noch zu verstärken, waren die Straßen mit Plakaten von Meïr Kahane gesäumt.

Ich habe oft gehört, wie jüdische Siedler behaupteten, sie würden ihre arabischen Nachbarn respektieren, genauso wie sie auf die guten Beziehungen pochten, die sie vorgeblich mit ihren Arbeitern oder mit dem Ladenbesitzer an der Ecke pflegten. Sie brüsteten sich damit, sie, die in enger Nachbarschaft mit den Arabern lebten, seien die einzigen, welche die »arabische Mentalität« wirklich verstehen würden, ganz im Gegensatz etwa zu den Fürsprechern im linken Friedenslager, die in Tel Aviv leben würden und noch nie im Leben mit einem Araber gesprochen hätten. Meiner Meinung nach sind solche Behauptungen nichts als heuchlerische Augenwischerei. Die Beziehung der Siedler zu den arabischen Arbeitern oder Lebensmittelhändlern mag einigermaßen zivilisiert sein, doch praktisch sämtliche Einwohner, die ich zu dieser späten Morgenstunde auf den Straßen von Kiryat Arba antraf, trugen nur schlecht verborgene Pistolen unter ihren Kleidern, was wohl kaum als Modellfall friedlicher Koexistenz und eines freundnachbarlichen Verhältnisses gelten dürfte.

Ich schlenderte eine Weile ziellos herum. Nachdem ich in einem Café eine Tasse Kaffee getrunken hatte, kehrte ich nach Jerusalem zurück. Ein Palästinenser, der etwas auf sich hielt, hatte hier in Kiryat Arba nichts verloren.

*

Die meisten Bewohner von Kiryat Arba arbeiten in Jerusalem und pendeln jeden Tag hin und her. Viele von ihnen sind politisch nicht engagiert und wurden durch die niedrigen Preise sowie weitere Anreize, welche das Ministerium für Wohnungsbau den Siedlern anbietet, zum Kauf einer Wohnung verlockt. Die staatlichen Ausgaben in Kiryat Arba sind auch in anderer Hinsicht unverhältnismäßig hoch: Es gibt dort mehr öffentliche Gebäude als in anderen Gemeinden von vergleichbarer Größe, und ein größerer Prozentsatz der Bewohner bezieht Gehälter von staatlich finanzierten Institutionen als anderswo. Obwohl israelische Politiker es immer wieder abstreiten, ist es doch eine Tatsache, daß weiterhin beträchtliche Summen staatlicher Gelder zur Errichtung und zum Unterhalt jüdischer Siedlungen im Westjordanland ausgegeben werden, und zwar auf Kosten von anderen nationalen Zielsetzungen.

Vor dem Krieg von 1967 kam die oberste Priorität für Investitionen der Regierung den »Entwicklungsstädten« zu. Dabei handelte es sich um Provinzstädtchen, die in aller Eile gebaut wurden, um die vielen neuen Immigranten aufzunehmen, welche während der ersten Jahre von Israels Existenz als unabhängiger Staat hier eintrafen. Es ist geradezu paradox, daß die Bewohner dieser Entwicklungsstädte in der Mehrzahl für eine Politik votieren, die eine Annexion der besetzten Gebiete und die Weiterführung der staatlichen Unterstützung für die jüdischen Siedlungen fordert.

Zu der Liste der Unterlassungssünden der Linken in Israel möchte ich folgendes hinzufügen: Sie hat es versäumt, aus dem Stichwort »ökonomische Prioritäten« politisches Kapital zu schlagen, um unter den benachteiligten Bevölkerungskreisen Unterstützung zu erhalten, während es gleichzeitig der Rechten mit ihren klar umrissenen nationalistischen Parolen gelungen ist, aus ebendiesem Lager einen hohen Prozentsatz der Wähler für sich zu gewinnen.

Mit derlei Gedanken im Kopf machte ich mich auf, um mir Beit Schemesch anzusehen, das etwa dreißig Kilometer westlich von Jerusalem liegt. Beit Schemesch ist eine typische Entwicklungsstadt: Eiligst errichtet und in den fünfziger Jahren mit neuen Immigranten besiedelt, sieht es sich heute mit ernsthaften wirtschaftlichen und sozialen Schwierigkeiten konfrontiert.

Das erste, was ich nach meiner Ankunft dort unternahm, war ein Besuch des lokalen »Snookers«, wie die Israelis ihre Version des Spielsalons nennen. Er lag leicht erreichbar im Stadtzentrum in einem großen Kellerraum neben dem Warenlager des lokalen Supermarkts. Etwa zehn Jugendliche waren über Flipperkästen und andere neumodische Apparate gebeugt, mit denen ich aus unerfindlichen Gründen bis heute nicht umzugehen gelernt habe.

Yisrael, der mir wie gewöhnlich in einiger Entfernung folgte, trat ein und setzte sich an einen Tisch hinten im Saal, wo er sich in ein Spiel vertiefte. Ich dagegen schritt schnurstracks zur Kasse und kaufte für fünf Schekel Spielmarken. Ich war jedoch ziemlich in Verlegenheit, da ich nicht so recht wußte, was ich mit ihnen anfangen sollte, und muß einen völlig hilflosen Eindruck erweckt haben.

Einige der hiesigen Jugendlichen, die mich seit meinem Erscheinen nicht aus den Augen gelassen hatten, erklärten sich in marokkanischem Arabisch bereit, mich in die Geheimnisse des Flipperns einzuweihen. Für die Verhältnisse in Beit Schemesch war die Anzahl Spielmarken, die ich erstanden hatte, offenbar etwas Außergewöhnliches. Bald standen alle Anwesenden um mich herum und gaben mir eifrig Ratschläge, wann und wie ich einen Knopf drücken müsse, um eine Silberkugel möglichst wirkungsvoll gegen eine Reihe bunter, ratternder und klingelnder Ziele fliegen zu lassen.

Ich wechselte ein paar Worte mit den Jungen. Es überraschte mich keineswegs, als ich erfuhr, daß sie alle arbeitslos waren. »Ihr Araber arbeitet so billig. Für uns ist es lohnenswerter, Arbeitslosengeld zu beziehen, anstatt zu arbeiten«, sagten sie mir. Während sie mich berieten, wie ich spielen mußte, fielen ein paar Bemerkungen wie »Dieser Araber zieht uns noch das Hemd aus« und ähnliches, aber ich faßte sie eher als leichte, fast vertrauliche Neckereien auf. Die einzige klar geäußerte Feindseligkeit war ein saftiger arabischer Fluch, den ich notgedrungen mitbekam, als ich den »Snooker« verließ. Alles in allem hatte ich die Atmosphäre als recht entspannt und freundlich empfunden.

Das Zentrum von Beit Schemesch läßt sich mit einem einzigen Wort beschreiben – provinziell. Ich setzte mich an einen Tisch in einem Straßencafé, entfaltete meine arabische Zeitung und beobachtete die wenigen Leute, die hier mitten am Tag müßig herumschlenderten. Ich bestellte eine Tasse Kaffee und wurde auch prompt bedient, worauf der Kellner sich ins Innere des Cafés zurückzog, um mit ein paar Männern weiterzuschwatzen, die am Tresen saßen. Dann erschien Yisrael und nahm ein bißchen abseits an einem Tisch Platz, wo er ein lebhaftes Gespräch mit einem jungen Soldaten anknüpfte.

Nach einer Weile kehrte der Kellner zurück und setzte sich zu mir hin. Ich hatte ihn nicht aufgefordert, mir Gesellschaft zu leisten, und sein Benehmen kam mir etwas befremdlich vor. Zuerst dachte ich, vielleicht wolle er einfach ein wenig mit mir plaudern, doch er starrte mich nur eine Weile unverwandt an, erhob sich dann und ging zu seinen Freunden zurück. Ich schnappte ein paar Gesprächsbrocken auf. Sie schienen sich über militärische Belange zu unterhalten, denn ich hörte, wie sie die Namen irgendwelcher Waffen erwähnten. Dann trat eine Frau aus dem Café und sah mich, wie mir schien, mit einem Lächeln an. Nach ihr kam jemand anderes heraus, ging wie ziellos auf die Telefonzelle auf der anderen Straßenseite zu, um ein Gespräch zu führen, und verschwand darauf wieder im Café. Ich fühlte mich wohl. Es war nichts los hier, genausowenig wie auf meinem Spaziergang durch die Straßen von Kiryat Arba. In diesem Augenblick hatte es den Anschein, als sei Israel wirklich ein freies Land, selbst für einen palästinensischen Araber. Nachdem ich die Zeitung zum hundertstenmal überflogen hatte, stand ich auf und machte mich auf den Rückweg.

Der Wagen war ein wenig außerhalb vom Stadtzentrum geparkt. Als ich ihn gefunden hatte, wartete ich, bis Yisrael nachkam. Plötzlich wurde ich aus völlig unerfindlichen Gründen von einem dringenden Wunsch gepackt, schnell von hier wegzukommen. Yisrael tauchte bald auf. Er schritt so rasch aus, daß er beinahe rannte. »Los, weg hier, Binchu! Steig ein, und dann nichts wie weg, bevor sie uns sehen!« Ich war neugierig, den Grund für seine Panik zu erfahren. Sobald wir die Stadtgrenze hinter uns gelassen hatten, stellte ich mein kleines Tonbandgerät an, und Yisrael faßte zusammen, was er mitbekommen hatte. »Du kannst von Glück reden, daß wir entwischt sind. Noch ein paar Minuten, und du wärest futsch gewesen.«

»Wovon redest du da? Die waren doch eigentlich alle ganz nett.«

»Was? Ist dir nichts aufgefallen?« Ich wußte immer noch nicht, worauf er abzielte. »Dort im Snooker haben sie dich und das ganze übrige Araberpack zum Teufel gewünscht, nachdem du gegangen bist«, berichtete er. »Sie sind dir ins Café gefolgt. Die Jungen, die dort drin saßen, meinten, es sei eine unverschämte Frechheit von dir, so dazusitzen und mit einem Bild von Yasir Arafat auf der Titelseite deiner Zeitung herumzuwinken, nachdem erst tags zuvor in der Nähe der Klagemauer Granaten auf Soldaten geworfen worden waren und Arafat zugab, daß seine Organisation für den Anschlag verantwortlich sei. Sie sagten, man müsse dir eine Lektion erteilen. Erinnerst du dich an den Kerl, der zur Telefonzelle hinüberging?«

»Ja, sicher.«

»Er rief Kahanes Leute an. Sie wollten dir die Seele aus dem Leib prügeln. Und der Kellner, der dir gegenübersaß und dich angestarrt hat? Er sollte dich ausspionieren. Sie haben gedacht, vielleicht seist du gekommen, um irgendeinen Sabotageakt zu verüben. Und der Kerl mit dem Stock?«

»Wer?«

»Gleich als du weggegangen bist, ist jemand an dir vorbeigelatscht.«

»Ach ja, jetzt erinnere ich mich wieder.«

»Hast du nicht gespürt, wie er seinen Stock gleich neben deinem Fuß auf den Boden gehauen hat?«

Ich hatte nichts davon bemerkt. Obgleich ich während meines ereignislosen Aufenthalts in Beit Schemesch nach außen hin ruhig gewirkt hatte, war in Wahrheit gerade das Gegenteil der Fall gewesen: Ich war so gespannt, daß ich sämtliche bedrohlichen Anzeichen von Feindseligkeit einfach ausgeblendet hatte. Ein Teil von mir muß natürlich um das potentielle Risiko gewußt haben, doch ich reagierte derart stark mit einem Rückzug aus der Realität, daß dieses Wissen keinen Zugang mehr zu mir finden konnte.

Kibbuz

*M*ein Taschentagebuch hält fest, daß ich mich am Sonntag, dem 19. Oktober 1986, nach Kräften bemühte, als Freiwilliger in einen Kibbuz aufgenommen zu werden. Seit Jahren begrüßen die Kibbuzim freiwillige Helfer aus Europa und den Vereinigten Staaten. Diese bleiben dort beliebig lange und werden je nach den Erfordernissen im Kibbuz bei allerlei Arbeiten eingesetzt. Als Entgelt erhalten sie Unterkunft und Verpflegung sowie ein kleines Taschengeld und werden alle paar Wochen auf Ausflüge zu verschiedenen Stätten in Israel mitgenommen. Der Freiwilligeneinsatz wird als Touristen- und PR-Projekt aufgezogen und funktioniert für beide Seiten zufriedenstellend. Die jungen Reisenden können eine relativ lange Zeit in Israel bleiben und machen sich gründlicher mit dem einzigartigen Lebensstil der Kibbuzim vertraut, als ein gewöhnlicher Tourist dies könnte, zudem kostet sie der Aufenthalt fast nichts. Die Kibbuzim ihrerseits gewinnen zusätzliche, im allgemeinen ungelernte Arbeitskräfte, die saisonal bedingte und oft dringend benötigte Arbeiten in der Landwirtschaft ausführen können, und auch für sie fallen keine hohen Kosten an.

Bis jetzt hatte sich meine Erfahrung als Palästinenser auf Kontakte mit jenen israelischen Juden beschränkt, die routinemäßig arabische Arbeiter ausbeuten oder die Verantwortung für die Sicherheit der israelischen Gesellschaft tragen und deshalb jeden Palästinenser mit Argwohn betrachten. Um ein ausgewogeneres

Bild der Gesellschaft zu vermitteln, in der ich aufgewachsen bin, wollte ich ein Kapitel über die Kibbuzim und ihre Einstellung zur palästinensischen Bevölkerung einfügen. Die Kibbuzim sind wahrscheinlich die besten Repräsentanten der gemäßigten Linken in Israel, denn ihre liberale Ideologie legt Wert auf gleiche Rechte für alle Menschen und beweist eine hohe Achtung für die Würde der Arbeit. Ich erwartete, daß man mich auch hier als Araber und erst in zweiter Linie als Individuum behandeln würde, hoffte aber, meine angebliche palästinensische Identität werde sich in diesem Fall eher zu meinen Gunsten auswirken. Es zeigte sich jedoch sehr schnell, daß Angst, Mißtrauen und Vorurteile gegenüber den Arabern unter den Kibbuznik nicht weniger verbreitet sind als unter anderen israelischen Juden.

Die Kibbuzbewegung hat in Tel Aviv Büros eröffnet, um die große Zahl von Anfragen potentieller Volontäre zu bearbeiten. Diese Büros werden von den verschiedenen Kibbuzim mit Informationen über ihre Verhältnisse und die Art der benötigten Hilfe beliefert, nach welchen die Zuteilung der Freiwilligen vorgenommen wird.

Um mich vorgängig über einen Freiwilligeneinsatz in einem Kibbuz zu informieren, beschloß ich das Büro der Vereinigten Kibbuzbewegung aufzusuchen, das in einem baufälligen alten Haus am Meer untergebracht ist. Ich nahm Yisrael mit. Als »israelischer Freund« von mir sollte er für die Lauterkeit meiner Motive bürgen, falls es Argwohn erweckt hätte, daß sich der Geist der freiwilligen Mithilfe so urplötzlich auf einen unbekannten Palästinenser hinabgesenkt hatte.

Im Empfangszimmer wartete eine Gruppe blonder junger Leute. Sie hatten ihre Rucksäcke gegen die Wand gestellt und waren in die Hochglanzbroschüren mit Farbfotos von Kühen und Erntemaschinen nebst weiteren Informationen vertieft, welche die Kibbuzbewegung potentiellen Freiwilligen zukommen läßt. Yisraels Aufmerksamkeit wurde sogleich von einer langbeinigen Blondine gefesselt, die er mit unverhohlenem Interesse betrachtete. Plötzlich wandte er sich um und schickte ein mißgünstiges

Lächeln in meine Richtung, als wäre er soeben auf den Kern des Lebens gestoßen, das ich zu erkunden gedachte und um welches er mich bitter beneidete. Ich schenkte ihm keine Beachtung und machte mich daran, aufmerksam einige Broschüren durchzublättern, bis ich es müde wurde. Ich saß einfach da, schlug ein Bein über das andere, ließ es hin- und herbaumeln und wartete, bis die Reihe für ein Interview an mir war. Wer immer aus dem Büro kam, schien glänzender Laune zu sein, kehrte zu den wartenden Freunden zurück und berichtete ihnen aufgeregt über den Kibbuz, dem er oder sie zugeteilt worden war.

Einem zufälligen Betrachter hätte mein Erscheinungsbild (dunkles, unrasiertes Gesicht, gestreifte Jacke über einem weißen Hemd) unter all den jungen Reiselustigen in ihren zerschlissenen Shorts und den farbigen T-Shirts wohl etwas merkwürdig vorkommen müssen, doch niemand im Empfangszimmer zeigte auch nur die geringste Reaktion auf meine Anwesenheit. Vermutlich war ich für sie bloß ein weiteres exotisches Wesen in einem fremden Land. Wie ich ihrem Gespräch entnahm, hatte sich niemand vorher angemeldet. Sie waren alle heute morgen ganz spontan hierhergekommen und bis zum Mittag bereits auf dem Weg zu ihrem jeweiligen Kibbuz, wo man sie freundlich in Empfang nehmen würde. Ein großgewachsener junger Mann, der letzte in der Reihe bei meiner Ankunft, kam aus dem Büro und winkte mir einzutreten.

Hinter Schreibtischen in zwei verschiedenen Ecken des Zimmers saßen zwei Frauen und gingen Listen durch, auf welchen höchstwahrscheinlich die Zuweisungen der heute bearbeiteten Neuankömmlinge festgehalten waren. »Bitte nehmen Sie Platz!« sagte die eine auf englisch, ohne aufzublicken. Ich setzte mich. Yisrael, der mit mir eingetreten war, angelte sich ebenfalls einen Stuhl und machte es sich bequem. Mein Blick ruhte auf dem Gesicht der Sekretärin. Ich sah, daß sie mich mit weit aufgerissenen und rasch zwinkernden Augen anstarrte. Sie schaute abwechselnd zu mir und zu ihrer Kollegin hinüber, die ihren Papierkram ebenfalls zur Seite gelegt hatte und mich anglotzte. Mein Äußeres sowie die Zeitung und die Zigaretten, die ich auf den Tisch vor mir gelegt hatte, ließen keinen Zweifel daran offen, daß ich ein waschechter Palästinenser war. Alle weiteren Fragen erübrigten sich. Die Empfangsdame sah mich, dann Yisrael, dann die andere Frau und wieder mich unverwandt an. Wäre ich in diesem Augenblick aufgestanden, hätte einen Besen ergriffen und begonnen, das Büro zu kehren, hätte sie meine Anwesenheit wohl viel natürlicher aufgenommen als so, wie ich ihr jetzt gegenübersaß – auf einem Stuhl, der bis vor kurzem noch von einem aristokratischen europäischen Hintern gewärmt worden war.

»Ich möchte als Freiwilliger in einen Kibbuz, ya madam«, brach ich schließlich auf englisch mit einem starken palästinensischen Akzent das Schweigen.

»Was???«

»Ja, ich möchte mich freiwillig melden«, wiederholte ich. Dann erklärte ich ihr, daß ich mich besser mit der israelischen Lebensart vertraut machen wolle. Weil die Kibbuzim das Modell einer sozialistischen Gesellschaft darstellten und die Ideale von Frieden und Gleichheit hochhielten (»Ich habe gehört, daß sie sogar für einen Palästinenserstaat demonstrieren«), sei ich sehr daran interessiert, Näheres darüber zu erfahren. »Wer weiß«, sagte ich, »vielleicht werde ich sogar eines Tages in Nablus einen Kibbuz für unsere Leute gründen.«

Die Frau vor mir wandte sich verzweifelt auf hebräisch an ihre Kollegin. »Hast du das gehört? Er meldet sich freiwillig. Was soll ich bloß tun?« Zu ihrem Leidwesen breitete diese jedoch bloß ihre Hände aus, die Handflächen nach oben gerichtet, als wolle sie sagen: »Das ist dein Problem, damit mußt du klarkommen.«

Plötzlich wandte sich die Sekretärin wieder zu mir. Ihr Gesicht erhellte sich, als sei ihr eine hilfreiche Eingebung zugeflogen, wie sie den unwillkommenen Kunden abwimmeln könnte. »Tut mir sehr leid, aber wir befassen uns nur mit Freiwilligen aus dem Ausland, nicht mit Israelis.«

»Gut, gut! Dann bin ich hier genau richtig.« Ich erhob mich ziemlich ungeschickt und schüttelte kräftig die schlaffe Hand, die sie mir entgegenstreckte. »Mein Name ist Ali Hussein, vom Flüchtlingslager Balata bei Nablus. Nach euren Gesetzen ist Nablus in Westjordanien ausländisches Territorium. Ich bin hier also am richtigen Ort.«

Ich setzte mich wieder und streckte mich auf meinem Stuhl aus. Es war einer jener seltenen Augenblicke, wo mir meine Verstellung als Araber ein Gefühl der Überlegenheit und eine starke Position verschaffte, die es mir erlaubte, die Situation mit viel Ironie anzugehen. Ich merkte jedoch schnell, daß es zwecklos war, sich der Illusion hinzugeben, für mich würde jetzt wie für die anderen Freiwilligen auf der Stelle ein Kibbuz organisiert.

»Geben Sie mir Ihren Namen und Ihre Telefonnummer, und wir werden wieder mit Ihnen Verbindung aufnehmen.« Die Botschaft war klar – sie lautete: »Rufen Sie uns nicht an, wir werden Sie anrufen.« Ich bestand darauf, daß sie mir wenigstens irgendeinen Verantwortlichen nannte, den ich telefonisch erreichen konnte. Sie schrieb einen Namen und die Bürotelefonnummer auf einen Zettel, dann nahm sie pro forma meine Personalien auf. Ich nannte ihr den Namen und die Adresse auf meiner jordanischen ID. Die arabischen Laute bereiteten ihr Mühe, und schließlich schob sie mir voller Verzweiflung einen Notizblock herüber und bat mich, sie aufzuschreiben. »Notieren Sie es bitte hier!« Ich gab mich völlig gelassen und kritzelte auf englisch: »Ali Hussein, Block 27/15, Lager Balata, Nablus.«

Im folgenden versuchte ich mehrmals am Tag, mit dem Beamten, dessen Namen ich erhalten hatte, in Verbindung zu treten. Ich rief so oft an, daß die Telefonistin mich bereits an meiner Stimme erkannte, doch mein Mann schien »zufällig« nie im Haus zu sein.

Ich befürchtete schon, daß mein Vorhaben, als Palästinenser freiwillig in einem Kibbuz zu arbeiten, ins Wasser fiel, deshalb sah ich mich gezwungen, einen Kompromiß einzugehen und einen neuen Plan auszuhecken. Dafür wollte ich einen alten Bekannten von mir einspannen: Daud Kuttab, den Herausgeber der englischsprachigen Wochenzeitung *Al Fajr*.

Meine guten Beziehungen zum Redaktionsstab von *Al Fajr* waren einem Zufall zu verdanken. Etwa ein Jahr bevor ich mein Tarnprojekt begann, kam ein Freund mit einem Bündel lädierter Fotografien zu mir, die vom Alter ganz vergilbt waren. »Ich habe sie in einer Mülltonne in der Harakevetstraße in Baka gefunden. Es ist noch ein Haufen anderer Papierkram dort. Vielleicht ist es von Interesse für dich.« Baka ist ein Wohnviertel in Jerusalem, das einst von wohlhabenden arabischen Familien erbaut und bevölkert worden war. Nach 1948 wurden die Häuser von Juden besetzt. Ich fuhr sogleich hin. Die Mülltonne, die mir mein Freund beschrieben hatte, war bis zum Rand mit alten Papieren und Ordnern auf englisch und arabisch und ein paar Dutzend Familienfotos vollgestopft. Einige waren vom Wind die Eisenbahnschienen entlanggeweht worden, die parallel zur Straße verliefen. Ich stopfte alles, was ich in die Hände kriegen konnte, in den Seitenwagen meines Motorrads. Katanchik, mein Hund, saß oben auf dem Haufen, und sein Gewicht reichte aus, damit nicht alles wegflog.

Als ich das Material zu Hause sichtete, merkte ich, daß ich die ganze Geschichte einer wohlhabenden arabischen Familie vor mir ausgebreitet hatte. Die jüdischen Mieter des Hauses hatten offenbar den Lagerraum ausgemistet und die alten Aufzeichnungen der Familie Farah, der einstigen Hausbesitzer, weggeworfen. Eine kurze telefonische Nachforschung mit Hilfe des Redaktionsstabs von *Al Fajr* ergab, daß noch ein Familienmitglied, ein Mann, der für landwirtschaftliche Entwicklungsprojekte im Westjordanland verantwortlich war, in Ostjerusalem wohnte. Ich brachte die Papiere in sein Haus, und wir gingen mit großer Begeisterung die alten Fotografien seiner Familie, Freunde und Schwiegereltern durch. Daud Kuttab, der mir geholfen hatte, den Mann aufzuspüren, berichtete in seiner Zeitung ausführlich darüber. Rückblickend sehe ich, daß ich für meine einfache Anstandsgeste mit guten Verbindungen und mit einer Offenheit belohnt wurde, die ein Journalist, der in einem mißtrauisch und feindselig eingestellten Gemeinwesen arbeitet, normalerweise erst nach vielen Jahren aktiven Einsatzes errungen hätte. Unter diesen Umständen konnte Daud meine ungewöhnliche Bitte nur schwer ablehnen.

Daud gab mir einen Brief folgenden Inhalts mit: »Ali Hussein ist bei uns angestellt. Sein Auftrag lautet, einen Artikel über das Leben in einem Kibbuz zu schreiben. Wir danken Ihnen im voraus für jegliche Unterstützung, die Sie ihm zukommen lassen.« Zuerst zögerte er zwar, mir das Schreiben auszuhändigen. »Das könnte uns arg in Konflikt mit den Behörden bringen«, behauptete er, doch schließlich erwärmte er sich immer mehr für meinen Plan und bat mich, unbedingt etwas für seine Zeitung darüber zu schreiben. Ich dankte ihm für den Brief, lehnte aber sein Ersuchen, eine Reportage zu verfassen, höflich ab.

Mit dem Brief in meiner Tasche rief ich Schlomo Leschem an, den Sprecher der Vereinigten Kibbuzbewegung. »Ich bin Korrespondent der Wochenzeitung *Al Fajr*«, sagte ich ihm, »und möchte gern etwas über das Leben in einem israelischen Kibbuz schreiben. Könnten Sie vielleicht arrangieren, daß irgendein Kibbuz mich aufnimmt?« Leschem, der sich auf sein Handwerk verstand, versah mich mit einer langen Liste von Kibbuzim im ganzen Land. Ich telefonierte mit mehreren von ihnen. Die Antworten reichten von »Lassen Sie uns in Frieden, wir haben Angst vor Journalisten, die hauen uns immer in die Pfanne« (Aharon Sadeh vom Kibbuz Palmahim) bis zu einer echten Bereitschaft, mich aufzunehmen.

Ich wollte gerade mit dem Kibbuz Ortal auf den Golanhöhen in Kontakt treten, dessen Sekretariat eingewilligt hatte, einen palästinensischen Journalisten zu beherbergen, beabsichtigte jedoch, mich vorher bei meinem Freund Amit von Rosch Pina zu erkundigen. Ich wußte, daß er Verbindungen zu verschiedenen Kibbuzim im Norden hatte. Möglicherweise konnte er mich irgendwo einschleusen, ohne daß ich den Journalisten spielen mußte. Ich zog es vor, mich als gewöhnlicher Teilnehmer ins Kibbuzleben zu stürzen, statt als Zaungast am Spielfeldrand herumzustehen. Ich konnte im Geist das schelmische Zwinkern in Amits Augen sehen, als er mir sagte: »Mensch, das wäre Klasse! Ich weiß schon, wen wir fragen müssen – Freunde von mir aus N... Ein Ehepaar mittleren Alters, aber sie sind in Ordnung. Ich denke, sie können uns weiterhelfen.« Amit versicherte mir, daß seine Freunde vom

Kibbuz ein Geheimnis bewahren konnten, äußerte jedoch seine Zweifel, daß ich meine Pose in einem Kibbuz mit Erfolg aufrechterhalten konnte. »Dort sieht man dich tagaus, tagein, vierundzwanzig Stunden am Tag. Bist du sicher, daß du sie so lange zum Narren halten kannst?« Nach meiner dreimonatigen Verstellung war ich jedoch sehr zuversichtlich, was meine Fertigkeit als Hochstapler, aber ebensosehr, was die Leichtgläubigkeit fast aller Menschen betraf. »Ich werde schon dafür sorgen, daß mir niemand auf die Schliche kommt. Versuch doch bitte, mich so schnell wie möglich unterzubringen«, entgegnete ich ziemlich ungeduldig.

Amit schilderte seinen Freunden Irit und Avraham Ron (Namen geändert) meinen Plan. Sie waren begeistert von der Idee, und so legten die drei mein Ansinnen Dalia, der Kibbuzsekretärin, vor. Dalia war unentschlossen und zögerte ihre Antwort immer wieder hinaus. In der Zwischenzeit zog ich zu Amit nach Rosch Pina, damit ich gleich loslegen konnte, sobald wir grünes Licht hatten. Nachdem sie uns so lange wie nur möglich hingehalten hatte, verkündete Dalia schließlich: »Um einen arabischen Freiwilligen aufzunehmen, bedarf es der Zustimmung der Vollversammlung.«

Die Vollversammlung ist ein zentraler Aspekt im Demokratieverständnis der Kibbuzim. Jede wichtige Entscheidung, die das Leben im Kibbuz betrifft, muß sämtlichen Mitgliedern vorgelegt werden. Nach einer Diskussion, bei der alle das Recht haben, ihre Meinung zu äußern, wird das vorliegende Traktandum per Mehrheitsbeschluß entschieden. Solche Beschlüsse umfassen beispielsweise die Einführung eines neuen Industriezweigs, die Prioritätenfestlegung für die Verwendung der finanziellen Mittel (soundsoviel zum Bauen, soundsoviel für Landwirtschaft usw.) oder einen Jahresurlaub für ein Kibbuzmitglied, welches das Leben in der Stadt ausprobieren, studieren oder eine Reise machen möchte.

Mir war nicht daran gelegen, auf das Verdikt der Vollversammlung zu warten, denn dies hätte nur eine weitere Verzögerung bedeutet und die Wahrscheinlichkeit erhöht, daß meine

Kandidatur abgewiesen wurde. Wie mir Amit später erzählte, intervenierten Irit und Avraham zu diesem Zeitpunkt zu meinen Gunsten. Sie beknieten die Sekretärin, indem sie leidenschaftlich für eine liberale Haltung plädierten, wie sie auch offiziell von der Kibbuzideologie vertreten wurde. Zu guter Letzt kapitulierte Dalia und willigte ein, mich vorbehaltlich der üblichen Aufnahmeprozedur, die auch für alle anderen Freiwilligen galt, im Kibbuz aufzunehmen. (Ihre Entscheidung trug ihr später seitens jener Mitglieder, die sich meiner Anwesenheit in ihrem Kibbuz unnachgiebig widersetzten, geharnischte Kritik ein.)

Als letzte Bedingung bestand Dalia auf einem persönlichen Interview, bevor sie sich endgültig festlegte. Eines Abends statteten Amit und ich ihr also einen Besuch ab.

»*Asalamu aleiki,* Miss Dalia, mein Name ist Ali Hussein«, stellte ich mich vor. »Ich bin sehr glücklich, in Ihrem Kibbuz sein zu dürfen, und danke Ihnen, daß Sie mich aufnehmen.«

Nachdem wir verschiedene technische Einzelheiten über die Rechte und Pflichten eines Freiwilligen im Kibbuz besprochen hatten, sagte Dalia schließlich: »Sie wissen wohl, daß nicht alle begeistert sein werden ... von der Tatsache, daß Sie hier sind, meine ich.«

»Sehen Sie«, erwiderte ich, »wenn es Schwierigkeiten gibt, gehe ich einfach wieder weg.«

Meine Antwort schien Dalia zu befriedigen. Wir schüttelten uns die Hand und kamen überein, daß ich am folgenden Tag, am Donnerstag, dem 6. November, wieder herkommen und meine Zeit als freiwilliger Helfer antreten sollte. Wir einigten uns auch, daß Irit und Avraham meine Adoptiveltern im Kibbuz sein würden, da sie mich bereits kennengelernt und ihre Bereitschaft ausgedrückt hatten, mich aufzunehmen. In den Kibbuzim ist es allgemein üblich, Neuankömmlingen eine Familie zuzuweisen, damit sie sich leichter einleben und schneller zu Hause fühlen.

Rechts an der Straße, die in den Kibbuz führt, steht gleich hinter dem Eisentor der Kuhstall. Wenn ein Auto vorbeiflitzt – ein roter Citroën zum Beispiel, der einen neuen Freiwilligen in den Kibbuz bringt –, hören die Kühe einen Moment lang zu fressen auf. Die Köpfe zwischen dem Geländer der Umzäunung eingezwängt, folgen sie dem Fahrzeug mit erwartungsvollen Blicken, dann geben sie sich wieder selbstgefällig dem Wiederkäuen hin. Unterdessen folgt der Citroën seinem Weg, bis die Straße in einen kleinen, runden Platz mündet. Hier stehen der gemeinschaftliche Speisesaal und das Verwaltungsgebäude. Rundherum liegt ein gepflegter Rasen. Er wird von schmalen Betonwegen unterteilt, die vom Zentrum wie die Speichen eines Rads in alle Richtungen ausstrahlen und zu den Häusern der Kibbuzmitglieder führen. Hinter den Wohnquartieren sind die Industriegebäude, und noch weiter weg grenzt der Bereich für das Geflügel und den Viehbestand an den Maschendrahtzaun, der den Kibbuz umgibt.

Die Umzäunung, das Eingangstor und die Stille, die mitten im Zentrum des Kibbuz herrschte (alle Mitglieder waren zu dieser Zeit an der Arbeit), vermittelten mir ein Gefühl der Isolation, als hätte ich ein kleines, separates Königreich betreten, das sich von seiner Umgebung abgekapselt hatte.

Dalia wartete schon in ihrem Büro auf mich. Sie stellte mich einem jungen Mann namens Eran vor, dem vom Kibbuz ernannten Kontaktmann, der sich um alle Belange der Freiwilligen kümmerte. Ich folgte Eran ins Kleiderlager, wo ich zwei blaue Arbeitsanzüge erhielt. Sie trugen an mehreren Stellen Flicken und sahen so aus, als wären sie schon viele Jahre in Gebrauch. Von dort setzten wir unseren Weg fort. Eran schob sein Fahrrad, ich ging neben ihm. Mir fiel auf, daß er stark hinkte. Er war nicht sehr gesprächig und vermied es konsequent, mir in die Augen zu schauen. In angespanntem Schweigen erreichten wir einen alten Schuppen, der offensichtlich den Kibbuzpionieren vor langer Zeit als Behausung gedient hatte und jetzt die Freiwilligen beherbergte.

Eran brach das Schweigen. »Ich hoffe, es macht Ihnen nichts

aus, mit jemand das Zimmer zu teilen«, sagte er. »Wir haben nämlich jetzt eine große Gruppe hier und nicht genug Platz.« Er hatte den niedergeschlagenen Blick eines Mannes, der ständig getadelt wird. »Prima! Ich bin gern in Gesellschaft«, versicherte ich ihm. Als wir auseinandergingen, schüttelte ich ihm kräftig die Hand und klopfte mir dabei aus lauter Gewohnheit mit der Rechten an die Brust, während ich die seine festhielt. Eran schluckte schwer, sprang auf sein Fahrrad und pedalte mit Höchstgeschwindigkeit zum Speisesaal, ohne sich ein einziges Mal umzublicken.

Die kahlen Wände des Zimmers bezeugten, daß es seit längerer Zeit nur von vorübergehenden Bewohnern belegt wurde. Das Fenster ging auf den üppigen grünen Rasen hinaus. Eines der Betten im Raum war in einem unordentlichen Zustand, und die wenigen persönlichen Habseligkeiten meines Zimmergenossen, der zur Zeit weg war, lagen verstreut darum herum. Auf einem kleinen Tisch mitten im Zimmer standen ein elektrischer Wasserkessel, vier Dosen schwarzer Kaffee und ein Plastikbeutel mit Keksen. Ich holte meinen Notizblock hervor und hielt auf arabisch meine ersten Eindrücke fest. Dann streckte ich mich mit einem breiten Grinsen und dem Gefühl, daß ich soeben einen wichtigen Sieg errungen hatte, auf dem Bett aus.

Ich wurde von jemand aus dem Schlaf gerissen, der mich an den Schultern rüttelte und mit stark deutschem Akzent Englisch sprach. Ein blondbärtiges Gesicht, auf dem sich ein breites Lächeln abzeichnete, beugte sich über mich. »Mein Gott, ich glaub's ja nicht! Habe ich aber Glück gehabt, daß der arabische Freiwillige in meinem Zimmer untergebracht worden ist. Wirklich Glück! Freut mich, dich kennenzulernen.« Er streckte seine Hand zum Gruß aus. »Mein Name ist Josef Feurstein, ich bin aus München. Ich habe schon vor ein paar Tagen gehört, daß ein arabischer Freiwilliger ankommen soll. Der ganze Kibbuz spricht davon. Wirklich Klasse, daß sie dich hier einquartiert haben! Meine Freunde nennen mich Jupp.«

»Nett, dich kennenzulernen, Jupp«, antwortete ich in meinem besten Palästinenglisch.

Jupp ging uns beiden einen Kaffee zubereiten, dann schlossen wir nähere Bekanntschaft. Über seine proisraelische Haltung herrschte kein Zweifel. Er war einer jener jungen Deutschen, die sich wegen der Judenvernichtung und ihrer Folgen Gewissensbisse machen und nach Israel kommen, um für das Vergangene zu sühnen, sofern hier eine Wiedergutmachung überhaupt möglich ist. Seine Sympathien für Israel waren von einer entsprechend negativen Meinung über die Araber begleitet. Als er mir die Standardfrage stellte: »Sag mal, Ali, weshalb habt ihr den Weg des Terrors gewählt und tötet unschuldige Menschen?«, versuchte ich ihm mit so viel Geduld, wie ich nur aufbringen konnte, zu erklären, daß die Begriffe »Araber« und »Terrorist« nicht synonym seien. Gleichzeitig erteilte ich ihm unbeabsichtigt eine kleine Lektion über die Realitäten im Westjordanland. Seine völlige Unwissenheit, wie es in den verwalteten Gebieten zuging, zeigte sich in seiner Frage: »Sind denn die Flüchtlingslager in Westjordanien von Stacheldrahtzäunen und Wachttürmen umringt?« (Dies ist nie der Fall gewesen. Den Bewohnern der Flüchtlingslager steht es frei, zu kommen und zu gehen, wann immer es ihnen beliebt, genau wie der übrigen Bevölkerung in den besetzten Gebieten, nur gibt es hier viel häufiger Ausgehverbote, Verhaftungen und Hausdurchsuchungen.) Es war schon gegen sieben Uhr, als wir unser Gespräch beendeten und hinüber zum Speisesaal gingen.

Der Eßraum war in einem großen, zweistöckigen Gebäude im Zentrum des Kibbuz untergebracht. Vor dem Eingang zum Haus standen Dutzende von Fahrrädern, dem zweckmäßigsten Transportmittel innerhalb der Grenzen des Kibbuz. Mitglieder, die direkt von der Arbeit im Kuhstall oder in der Obstplantage gekommen waren, ließen ihre schmutzigen Arbeitsschuhe neben der Tür stehen. Während ich dastand und wartete, bis ein Waschbecken frei würde, wo ich mir die Hände waschen konnte, wurde ich von den eintretenden Kibbuznik neugierig beäugt. Ich schenkte ihnen keine Beachtung und ging mit Jupp in den zweiten Stock hoch.

Mein Auftritt in der Speisehalle war zweifellos etwas vom Unangenehmsten, was ich während meines ganzen Tarnprojekts erlebte. Dreihundert Augenpaare erhoben sich gleichzeitig von den mit Kartoffeln und Schnitzel gefüllten Tellern und starrten mich an. Das Gespräch verstummte schlagartig, und ein Schweigen legte sich über den großen Saal. Es gab hier alle Arten von Gesichtern – bebrillte, schnauzbärtige, dunkle und bleiche, junge und alte –, doch ihr starrer Blick vermittelte stets dieselbe Empfindung: eine schreckliche Neugier, vermischt mit Angst. Es war die Angst vor einem Fremden, dem es irgendwie gelungen war, ihre Schranken zu durchbrechen, und der ihre wohlige, behütete Existenz bedrohte. Während ich an der Theke Schlange stand und Essen auf meinen Teller häufte, spürte ich, wie ihre Blicke Löcher in meinen Rücken bohrten. Ich folgte Jupp zu einem Tisch, wo noch andere Freiwillige zusammensaßen, und wir setzten uns zu ihnen. Ich faltete meinen Keffijeh sorgfältig bis zur Größe eines kleinen Taschentuchs zusammen und kämpfte gegen das nervöse Grinsen auf meinem Gesicht an.

Beim Frühstück am nächsten Morgen waren der forschenden Blicke kaum weniger geworden. Nach der Mahlzeit trat ein stämmiger Kerl mit einem Schnurrbart zu mir und sagte: »Ich bin Schlomo, der Arbeitskoordinator. Die nächsten paar Tage werden Sie auf dem Bau arbeiten.« Ich schaute unsicher auf die große Pistole, die gut sichtbar aus dem Gürtel seiner Arbeitshose herausragte. Später fragte ich eines der Kibbuzmitglieder, ob jeder hier mit einer Pistole im Gürtel herumlaufe, und erhielt zur Antwort, daß nur der Arbeitskoordinator bewaffnet sei – »falls Terroristen hier eindringen und etwas anzustellen versuchen«.

Die Bauarbeiten wurden von einem Bauunternehmer namens Nissim ausgeführt, der nicht zum Kibbuz gehörte. Ich lernte seine Fertigkeiten als meisterlicher Handwerker sehr bald schätzen und gebrauchte häufig den Titel »Hawaja« (Herr) als Anrede, einen Ausdruck freundlichen Respekts. Wie schon bei früheren Gelegenheiten erwies sich mein handwerkliches Können als das beste Mittel, um den Argwohn und die Feindseligkeit zu zerstreuen, mit der er mir zuerst begegnet war. Bald wurden wir so etwas wie ein Team – er der Chef und ich der fleißige Helfer. Das einzig Neue an der Arbeit in einem Kibbuz bestand darin, daß

Nissim mich im Speisesaal oft einlud, mich neben ihn zu setzen, und mir gelegentlich eine Gurke schälte oder das Salz herüberreichte. Nach den Mahlzeiten bereitete ich jeweils eine Tasse starken schwarzen Kaffee für ihn zu.

Nissim und ich renovierten den Kindergarten im Kibbuz. Wir mußten Wände herausbrechen, die elektrischen Leitungen und sanitären Installationen modernisieren und den Fliesenboden erneuern. Eines Tages tauchte mitten in der Arbeit die Kindergärtnerin mit einer Horde ausgelassener Kinder auf. Sie waren gekommen, um sich den Palast anzugucken, der für sie erbaut wurde. Die Kinder rannten überall zwischen den Kübeln mit Beton und den Stapeln von Bodenfliesen herum, die auf dem Sandboden verstreut waren. Sie schauten die Leiter hoch, auf der ich stand. »Wie heißt du?« fragten sie. »Ich heiße Ali.« Ich lächelte ihnen zu. Eines der Kinder zupfte die Kindergärtnerin am Ärmel und zog sie zur Leiter herüber. »Schau mal, Ali flickt für uns Dinge am Dach.« Die Lehrerin rang sich ein freundliches Lächeln ab. »Schön. Woher kommen Sie, Ali?« fragte sie.

»Ich komme vom Lager Balata bei Nablus.«

»Und wo wohnen Sie?«

»Hier in diesem Kibbuz.«

»Was meinen Sie damit, hier in diesem Kibbuz?« Sie war sichtlich bestürzt. Ich wiederholte meine Antwort. Nissim, der uns zugehört hatte, trat schnell hinzu und nahm sie sanft beiseite, um ihr die Sachlage kurz zu erklären.

Bei anderer Gelegenheit kam die Frau, die für die Koordination der gesamten baulichen und handwerklichen Tätigkeiten im Kibbuz zuständig war, unsere Arbeit inspizieren. »Und wie ist er?« fragte sie und deutete auf mich.

»Ausgezeichnet«, antwortete ihr Nissim. »Ich habe noch nie einen Freiwilligen gehabt, der so gut arbeitet wie er. Sobald ich gesehen habe, was er alles kann, habe ich die anderen alle weggeschickt.«

»Na ja, kein Wunder«, entgegnete sie verächtlich. »Er ist schließlich ein Araber.«

Das wichtigste gesellige Ereignis im Routineablauf des Kibbuz war die Disko am Donnerstagabend, zumindest für die jungen Leute. Die Diskothek lag unter der Erde im zentralen Bombenschutzraum, der der Kibbuzjugend zur Benützung überlassen worden war. Sie hatten eine ganz anständige Stereoanlage, schummriges Licht und eine Bar eingebaut, wo es Bier gab. Als ich das erste Mal dort hinging, machte mich Jupp mit ein paar Freiwilligen bekannt, denen ich noch nicht begegnet war. Mit Ausnahme von Jupp selbst kamen sie alle aus Dänemark. Ein junger Däne mit geröteten Wangen bot mir an, sein Bier mit ihm zu teilen, doch ich lehnte höflich ab. Ich war entschlossen, mich streng an alle Vorschriften zu halten, die ein Muslim aus einer traditionellen Gesellschaft befolgen würde. Aus diesem Grund kam auch Tanzen nicht in Frage, und so stand ich an der Wand herum und versuchte, mit einigen der weiblichen Freiwilligen ein Gespräch anzuknüpfen. Dies enthob mich gleichzeitig der Notwendigkeit, meine Hebräischkenntnisse verstecken zu müssen. Das Allerwichtigste, wovon sie mir zu erzählen wußten, war ein Ausflug in die Altstadt von Jerusalem, den sie ein paar Wochen vor ihrer Ankunft im Kibbuz unternommen hatten. Dort hatten einige arabische Jugendliche versucht, mit ihnen anzubändeln. Wie mir die dänischen Mädchen beteuerten, hatten ihre Verehrer die Hände nicht im Zaum gehalten und ihre ausländischen Reize befühlt. »Wieso seid ihr so? So flirtet man doch nicht mit einem Mädchen!« sprudelten sie heraus. Ich verbrachte den Rest des Abends in einer verzweifelten Abwehrhaltung und versuchte ihnen klarzumachen, daß sich nicht jeder Araber auf so ungehobelte Weise benimmt, wenn ihm ein Mädchen gefällt.

Einige der Freiwilligen hielten vorsichtig Distanz. Erst ein paar Tage später entdeckte ich den Grund. Bei ihrer Ankunft hatte ihnen eine Frau im Kibbuz, deren Muttersprache Dänisch war und die deswegen die Gruppe betreute, eine Warnrede über die Gefahren gehalten, die während ihres Aufenthalts in Israel überall lauerten. Eine dieser Gefahren seien die Araber, machte sie ihnen weis. Sie sollten ja keine Freundschaft mit ihnen schließen und unter keinen Umständen per Anhalter in einem Wagen mitfahren, der von einem Araber gelenkt wurde, denn das bedeutete, Mord oder Vergewaltigung zu riskieren. Wie mir mein Informant berichtete, war diese Frau eine der glühendsten Opponentinnen gegen meine Aufnahme in den Kibbuz und hatte sogar gedroht, die Aufnahme von weiteren Gruppen mit Freiwilligen zu verhindern, falls ich hierbleiben durfte.

Es gab einen Menschen im Kibbuz, der aktiv meine Gesellschaft suchte. Mir war ein kleiner, leicht glatzköpfiger Mann aufgefallen, der so aussah, als litte er unter einer ständigen Erkältung, und schüchterne Blicke in meine Richtung warf. Nach ein paar Tagen faßte er sich ein Herz und begrüßte mich von weitem. Einige weitere Tage verstrichen, bis er mich schließlich im Speisesaal ansprach. Dabei schaute er sich unsicher um und versuchte die Reaktionen auf sein abnormales Benehmen abzuwägen. »Mein Name ist Mike«, stellte er sich vor. »Ich möchte gern mit Ihnen sprechen.« Er war äußerst zurückhaltend, und ein Gespräch mit mir schien sehr viel Mut von ihm zu erfordern.

Mike war um die Dreißig und Junggeselle. Er war aus England in den Kibbuz gekommen und zur Zeit Anwärter auf die Mitgliedschaft. (Wer einem Kibbuz beitreten will, muß zuerst ein Jahr lang dort wohnen und arbeiten. Währenddessen können die Kibbuznik den Kandidaten kennenlernen und einen Eindruck von seiner Eignung und seinen Fertigkeiten gewinnen. Nach dem Probejahr wird in der Vollversammlung entschieden, ob man den Anwärter als vollwertiges Mitglied aufnehmen will oder nicht.) Mike wurde keine feste Arbeit zugewiesen, sondern er führte je nach den momentanen Erfordernissen des Kibbuz verschiedene Jobs aus. Der gesellige Teil seines Lebens sah eher düster aus. Obwohl auch er einer Adoptivfamilie zugeteilt war, die ihm helfen sollte, sich in den Kibbuz zu integrieren, blieb er so etwas wie ein Außenseiter.

Mike schien sehr beeindruckt von der Tatsache, daß ich, wie er sich ausdrückte, »trotz des Vorurteils gegen uns, das bei euch existiert, und trotz der Schwierigkeiten, die Sie mit Ihren Extremisten kriegen könnten«, in den Kibbuz gekommen war. Oft schien

mir, daß ich stellvertretend für ihn einen heimlichen Wunschtraum erfüllte: einmal im Leben ein Abenteuer einzugehen, das
die Monotonie des Alltags im Kibbuz durchbrach – in den Avo-
cadopflanzungen arbeiten, im Speisesaal essen und am Freitag
den Film ansehen. Was, wenn er sich zum Beispiel als Freiwilliger
in einem palästinensischen Kibbuz gemeldet hätte?

Eines Abends trat Mike mit einem Vorschlag an mich heran,
der selbst mir verrückt vorkam. »Ali, wie wäre es für dich, hier im
Kibbuz einen Vortrag über die Situation der Araber in den besetzten Gebieten zu halten und welche speziellen Probleme ihr
dort habt?« Beinahe hätte ich laut herausgelacht, konnte mich
jedoch gerade noch zurückhalten. Ich sagte zu. An diesem Abend
lieh ich mir Jupps Rennrad und radelte zu Amits Haus in Rosch
Pina, um ihm die Neuigkeit mitzuteilen. Dann kehrte ich in den
Kibbuz zurück und machte mich sogleich ans Konzept meines
künftigen Vortrags, der auf englisch gehalten werden sollte.
Nach ein paar Tagen voller Euphorie, in denen ich mich kurz vor
dem Gipfel meines Tarnprojekts wähnte, vertraute mir Mike an,
die Koordinatorin für Kulturelles widersetze sich der Idee mit allem Nachdruck. Zwar werden häufig Gastredner in die Kibbuzim
eingeladen (nachdem der Bericht über meine Verstellungskünste
publiziert worden war, wurde ich von mehreren gebeten, bei ihnen einen Vortrag zu halten), doch offensichtlich hatten die Frau,
die für das kulturelle Wohlergehen des Kibbuz verantwortlich
war, und ihre Anhänger Angst vor einer direkten Konfrontation.
Mein Referat hätte wohl die sicheren Schranken harmloser Stan-
dardvorträge über Gegenwartsfragen gesprengt. Als Wiedergutmachung für den abgesagten Vortrag wollte mich Mike zu Kaffee
und Kuchen zu seiner Adoptivfamilie einladen, doch auch dies
fiel ins Wasser. »Sie sind gegen deinen Aufenthalt hier und haben
es abgelehnt, dich für eine Tasse Kaffee in ihr Haus zu lassen«,
berichtete er mir geknickt und mit einem Anflug von Bitterkeit.

Mike war eine gute Informationsquelle, was die im Kibbuz vor-
herrschende Einstellung zu meiner Person betraf. Er berichtete
mir, viele Mitglieder seien der Meinung, daß kein arabischer
Freiwilliger aufgenommen werden sollte, ohne daß er vorher von

den zuständigen Sicherheitsbehörden einen Persilschein erhalten hatte. Daß eine solche Abklärung für die übrigen Freiwilligen auch nicht nötig sei, war für sie kein Gegenargument. Jene aber, die an meiner Anwesenheit nichts auszusetzen hatten, wagten nicht, dies öffentlich zuzugeben – aus Angst, mit den anderen in Konflikt zu geraten.

Außer Mike hatte ich noch einen anderen Informanten. Alle paar Tage ging ich zum Haus von Avraham und Irit hinüber. Avraham war meist außerhalb des Kibbuz an der Arbeit. Irit machte mir eine Tasse Kaffee, dann erzählte sie mir den neuesten Klatsch. Ich hätte die Stunden, die ich dort verbrachte, nicht missen mögen, denn sie waren meine einzige Gelegenheit, Dampf abzulassen und wieder mehr oder weniger ich selbst zu sein. Irit berichtete mir auch über einen Streit wegen meiner Arbeitszuteilung. Man hatte versucht, mir Arbeiten zuzuweisen, die in den Augen der Kibbuznik als »gehobener« galten: die Reparaturwerkstatt beispielsweise oder die Fabrik, wo Solarheizgeräte hergestellt wurden. Die verantwortlichen Leiter dort weigerten sich jedoch, einen Araber zu beschäftigen. Die Reparaturwerkstatt umfaßte eine moderne Anlage zur Instandsetzung automatischer Getriebe. Es war ein sehr erfolgreiches Unternehmen, das genügend Profit abwarf, um andere, weniger gewinnträchtige Projekte mitzutragen. Die Männer, die dort arbeiteten, führten sich auch dementsprechend auf. Im Speisesaal hielten sie wie eine Kohorte von Adeligen in fleckiger Arbeitskluft zusammen und hatten ihren eigenen Tisch, an den sich niemand anderes setzen durfte.

Irit bestätigte, was Mike mir mitgeteilt hatte: »Es gibt Leute, die sagen, daß wir beim Schin Bet nachprüfen lassen sollten, ob du nicht ein Spion der PLO bist. Sie halten es für einen Skandal, daß man dich hier ohne einen Beschluß der Vollversammlung aufgenommen hat.« Einer ihrer Theorien zufolge nutzte ich meinen Aufenthalt hier aus, alle Ein- und Ausgänge im Kibbuz auszukundschaften, um zu gegebener Zeit einen geplanten Terroristenangriff zu unterstützen. Diese Behauptung war völlig absurd. War nämlich Not am Mann, wurde eine ganze Schar angeheuerter arabischer Arbeiter aus den umliegenden Dörfern oder aus dem Westjordanland in den Kibbuz gebracht und auf dem Bau beschäftigt, bei derselben Art von Arbeit also, wie ich sie ausführte. Diese Arbeiter genossen völlige Bewegungsfreiheit, und keiner Menschenseele wäre es je in den Sinn gekommen, aus Angst vor Spionage oder aus anderen Gründen auf ihre billigen Dienste zu verzichten.

Einmal warnte mich Irit, daß einige der militanteren Kibbuznik mit dem Gedanken spielten, mich eines Nachts zu packen und ordentlich zu verprügeln, damit mir ein für allemal die Lust am Kibbuzleben verging. An jenem Abend bat mich Irit beim Weggehen mit mütterlicher Besorgnis, gut auf mich aufzupassen. »Einige von diesen Leuten sind durchaus imstande, dich zu verletzen.« Ich kehrte schweren Herzens in mein Zimmer im Freiwilligenquartier zurück. Selbst Jupps freundschaftliches Geplauder und ein Besuch zweier lächelnder dänischer Mädchen konnten mich nicht aufheitern. Mir wurde immer klarer, daß mich die Mehrheit der Kibbuzmitglieder für einen unwillkommenen Eindringling hielt. Nach außen hin zeigten jedoch alle eine Haltung, die von höflicher Förmlichkeit bis zu gedämpfter Freundlichkeit reichte. Kein einziger Kibbuznik kam je zu mir und sagte mir ins Gesicht, es wäre besser, wenn ich hier schleunigst verschwände – alle ihre Einwände wurden nur im stillen Stübchen laut.

*

Diese Unehrlichkeit auf seiten von Israelis, die der sogenannten gemäßigten Linken angehören, erinnerte mich an ein bestimmtes politisches »Ereignis«, an welchem ich teilgenommen hatte. Es war zu der Zeit, als ich immer noch darauf wartete, von einem Kibbuz als Freiwilliger aufgenommen zu werden. Eine Gruppe israelischer Linksaktivisten führte zusammen mit ein paar palästinensischen Gefährten eine Demonstration durch, um gegen die Tatsache zu protestieren, daß die »Grüne Linie« (die internationale Grenze, die Israel bis 1967 von Jordanien getrennt hat) aus dem politischen Bewußtsein Israels verschwunden zu sein schien. Der Ort, den sie für ihre Kundgebung ausgewählt hatten, lag in der Nähe von Latrun, rund dreißig Kilometer von Jerusalem entfernt.

Ich betrat den Schauplatz in meiner arabischen Verkleidung und schloß mich den paar Dutzend Demonstranten auf dem Karrenweg an, der zu der Stelle führte, wo vor 1967 die Grenze verlaufen war. Dort versammelten wir uns auf einer kahlen, windigen Hügelkuppe. Unter den Anwesenden waren mehrere Leute, die ich von Jerusalem her kannte. Ich tat mein Bestes, um unverdächtig zu wirken, und meine simple Ausweichtaktik machte sich bezahlt – weder bemerkte jemand, daß Yoram Binur mit von der Partei war, noch erregte meine Anwesenheit als Fathi irgendein spezielles Interesse.

Ein israelischer Künstler entwirrte meterweise grünes Plastiktuch und breitete es sorgfältig über die trostlose Landschaft aus, um symbolisch die Existenz einer Grenze zu bekräftigen, die seit langem jede praktische Funktion verloren hatte. Die Teilnehmer streckten Plakate in die Höhe, die von niemand anderem als von ihnen selbst gesehen wurden. Dann setzte man sich zu einem gemütlichen Schwatz in die warme Sonne und trank aus den Feldflaschen, die man für den zehnminütigen Marsch mitgebracht hatte, bevor alle wieder den Hügel hinunterstiegen und zu ihren Autos zurückkehrten. Aus ihrer Sicht hatten die Demonstranten ihr Scherflein für eine wichtige Sache beigetragen und somit wieder ein Gesprächsthema für die nächsten ein, zwei Wochen. Ich gehe jede Wette ein, daß die meisten von ihnen seit Jahren kein Flüchtlingslager von innen gesehen hatten. Alle, die an diesem abgelegenen Ort zugegen waren, teilten dieselben Überzeugungen, die meisten gehörten derselben gebildeten Klasse an, und viele von ihnen kannten sich persönlich. Das »Happening« war ein angenehmes und vergnügliches Ereignis gewesen, so etwa, als hätte man einmütig in einem vollklimatisierten Vortragssaal zusammengesessen. Es herrschte eine Atmosphäre naiver Zuversicht und ein generelles Gefühl: »Wenn wir hier sind, kann es eigentlich gar nicht so schlecht stehen.«

Die Solidarität der linken Demonstranten ging allerdings nicht so weit, auch einen Fathi Awad einzuschließen. Niemand sprach

mich an und wollte wissen, wer ich sei, woher ich käme und wie
ich von dieser Kundgebung erfahren hätte, oder sich bloß ein
wenig mit mir unterhalten. Ich glaube, man ging mir hauptsächlich aus dem Weg, weil viele israelische Linke ein Unbehagen und
eine Beklommenheit verspüren, wenn sie mit palästinensischen
Arabern konfrontiert werden. Ein schlechtes Gewissen manife-
stiert sich dann häufig in Form von Distanziertheit und Entfrem-
dung, wie an jenem Tag in Latrun und auch im Kibbuz. Mit mir als
Ali in ihrer Mitte hätten die Kibbuzmitglieder eine goldene Gelegenheit gehabt, in den Grenzen ihres trauten Heims ihren libera-
len Idealen nachzuleben. Statt dessen kriegten die einen es jedoch
mit der Angst zu tun, während sich die übrigen vehement gegen
das »Experiment« aussprachen.

Es fällt mir nicht leicht, über das Geschehen im Kibbuz zu
schreiben. Ich kritisiere diese Menschen nur ungern, da ich sie
den Zeloten, die meinen, sie hätten den Patriotismus für sich ge-
pachtet, bei weitem vorziehe. Ich kann zwar ihre Besorgnis und
ihr Unbehagen verstehen, wenn sie sich mit jemand auseinander-
setzen müssen, der ihren Seelenfrieden bedroht, doch die Tatsache, daß sie sich davor drückten, dieses Thema offen und ehrlich
zur Sprache zu bringen, gab mir zu denken.

*

Ich war mitten in der Arbeit, als Eran, der Koordinator für die
Freiwilligen, eines Tages aufkreuzte und mich bat, ihn während
der Mittagspause aufzusuchen. »Und vergiß nicht, deine ID mit-
zubringen«, setzte er etwas barsch hinzu.

Ganz unerwartet verspürte ich eine vertraute Welle von Angst
in mir hochsteigen, als ich meinen jordanischen Ausweis in die
obere linke Brusttasche meines Hemds steckte. Ich stellte mir
schon vor, wie ich höflich, aber bestimmt aufgefordert wurde, auf
dem Rücksitz eines Ford Escort oder Opel Sedan Platz zu nehmen, den beiden vom Schin Bet in Israel am häufigsten verwendeten Wagentypen. Die Vorhänge an den Fenstern wären natürlich zugezogen, und man würde mich zu irgendeiner obskuren
Anlage führen und mich dort verhören. Ich spürte in Gedanken

schon den Sack, den *schabab,* wie er genannt wird, den man mir über den Kopf stülpte und der einen schwachen Geruch nach Urin verströmte.

Aber da war kein Auto, das neben dem Verwaltungsgebäude auf mich wartete. Eran saß in seinem kleinen Büro. Er nahm meine ID und drehte sie immer und immer wieder um, ohne verstehen zu können, was das jordanische Innenministerium hineingeschrieben hatte. Dann musterte er das Foto von Ali Hussein und warf einen kurzen Blick auf mich. Ich hielt den Atem an, doch nichts geschah. Als nächstes las ich ihm die Ausweisnummer herunter, die er pflichtschuldig notierte. Schließlich machte er sich mehrere Fotokopien. »Wozu sind diese Kopien?« fragte ich ihn besorgt. »Das machen wir mit den Ausweisen von allen Freiwilligen so. Es ist das normale Verfahren ... für Versicherungszwecke«, log er zwischen den Zähnen hervor. Ich zuckte die Schultern, verließ das Büro und ging wieder an meine Arbeit zurück.

An jenem Abend schrieb ich auf arabisch auf einen schmalen Streifen Papier: »Hier wohnen Ali Hussein und Yussuf Feurstein.« Nachdem ich es Jupp vorgelesen und netterweise auch seinen Namen auf arabisch in sein Tagebuch geschrieben hatte, befestigte ich den Zettel mit einer Reißzwecke an unserer Tür. Ich wollte es jedem, der nach mir suchte, leichtmachen, mich zu finden, was immer er auch im Schilde führte.

Bald darauf fand ich heraus, daß wirklich eine Fotokopie meiner ID dem Schin Bet übergeben worden war. Die Person, die mir davon berichtete, sagte: »Sie haben die Kopie mit der Bemerkung zurückgeschickt, daß über den Besitzer des Ausweises keine Sicherheitsakte bestehe und man nicht annehme, er sei in irgendwelche feindseligen Aktivitäten verwickelt.« Entweder wußte der Schin Bet über mein Vorhaben Bescheid und hatte beschlossen, sich nicht einzumischen – oder wer immer auch die jordanische ID überprüft hatte, war nicht ganz auf dem neusten Stand und hatte keine Ahnung, daß Ali Hussein in Wirklichkeit erschossen und seinem Schöpfer zurückerstattet worden war. Jedenfalls wurde ich nie wieder mit solchen Formalitäten belästigt.

Als Mike mich einmal fragte: »Wo hast du denn so ein gutes Hebräisch aufgeschnappt?«, wußte ich, daß ich langsam unvorsichtig wurde. Ich war nicht mehr an diesem Spiel interessiert. Ich hatte weder Lust, Mike und den anderen zu erklären, weshalb ich wie die große Mehrheit der Bevölkerung in den besetzten Gebieten ein Anhänger der PLO war, noch bereitete es mir irgendwelche Befriedigung, andauernd einen lebendigen Beweis liefern zu müssen, daß Palästinenser tatsächlich menschliche Wesen sind und sich nicht bloß mit der israelischen Besetzung abgeben, sondern auch andere Gefühle und Wünsche hegen. Eigentlich sollte man sich nicht so abrackern müssen, um etwas so Selbstverständliches zu beweisen, dachte ich bei mir.

Erstaunlicherweise erregte die drastische Verbesserung meines Hebräisch keinen Verdacht. Als ich im Kibbuz ankam, sprach ich nur ein paar Worte und beschränkte meine Unterhaltung auf Themen wie die arabisch-israelischen Beziehungen und die Zwangslage des palästinensischen Volkes in den besetzten Gebieten. In wenigen Tagen verdoppelte ich mein hebräisches Vokabular, worauf es sich exponentiell vervielfachte. Nach drei Wochen im Kibbuz merkte ich, daß ich fast fließend Hebräisch sprach und mich kaum noch an die typischen Gutturallaute, die für alle Arabischsprechenden charakteristisch sind, oder an die Verwechslung von *p* mit *b* hielt. Ja ich erlag sogar der Versuchung nach dem geschriebenen hebräischen Wort. Alle Freiwilligen, also auch ich, erhielten die englischsprachige *Jerusalem Post*. Um diese Zeit hatten mehrere Skandale für Schlagzeilen auf den Titelseiten gesorgt. Der prominenteste betraf die mysteriöse Entführung des »Atomspions« Mordechai Vanunu. Ich begann den Leuten an meinem Tisch im Speisesaal über die Schulter zu gukken, um einen Blick auf ihre hebräischen Zeitungen zu erhaschen. Schließlich gab ich klein bei und wandte mich an Eran: »Tue mir einen Gefallen, ya Eran, und schau, ob ich nicht die *Jediot Aharonot* mit der Post kriegen kann.«

»Wozu brauchst du die denn? Die ist doch in Hebräisch, oder nicht?«

»Nun, hmmm... Ich habe beschlossen, Hebräisch zu lernen. So

eine Art Schnellkursus, weißt du. Und wenn ich eine Zeitung habe, kann ich den Lernprozeß beschleunigen.«

Meiner Bitte wurde ordnungsgemäß entsprochen.

Zur selben Zeit, als ich anfing, die hebräische Zeitung zu lesen, begann ich auch kühnere zwischenmenschliche Annäherungsversuche zu unternehmen: Ich ging wieder in die Diskothek. Ich hatte es allerdings satt, allein herumzustehen und mich gegen eine Wand zu lehnen, als hätte ich ein Keuschheitsgelübde abgelegt. Ich wollte mich am Vergnügen beteiligen und lud eine hübsche junge Kibbuznik ein, mit mir zu tanzen. Nach zwei Wochen in einem Kibbuz hätte selbst der gläubigste Muslim nicht anders gehandelt, dessen war ich mir sicher. Das arme Kind schämte sich, mir einen Korb zu geben, hatte aber genausoviel Angst, beim Tanzen mit einem Araber in der Öffentlichkeit gesehen zu werden. Also hüpften wir auf und nieder und standen uns in sicherer Entfernung gegenüber. Auf ihrem Gesicht lag ein so gequälter Ausdruck, daß man hätte meinen können, sie würde in irgendeiner gottverlassenen Gefängniszelle erbarmungslos ausgequetscht. Ich muß ihr jedenfalls zugute halten, daß sie später vorbeikam und sich für den peinlichen Vorfall entschuldigte. Trotz ihrer extremen Kälte war ich von ihrem scheuen Lächeln gefangen.

Ein junger Mann, der den seltsamen Tanz mitverfolgt hatte, kam zu mir herüber. Er war leicht angetrunken. In der einen Hand hielt er ein Bier, mit der anderen klopfte er mir auf den Rücken. »Richtig so, Ali«, rief er aus, »kümmere dich nicht um diese Trottel. Tanz ruhig weiter und vergnüg dich, soviel du kannst. Du mußt wissen, wir sind eine ganze Bande, die zu dir halten. Wir wissen, daß es für dich ein Risiko gewesen ist, hierherzukommen, und wir bewundern dich dafür.«

Als ich später am Abend in mein Zimmer zurückkehrte, fand ich den jungen Mann gemütlich auf meinem Bett sitzen und eine Tasse Kaffee trinken, die er sich genehmigt hatte. Tamir war ein siebzehnjähriger Junge von magerem, muskulösem Körperbau. Die Anfänge eines Bartes sprossen büschelweise zwischen den

Pickeln auf seinem Gesicht. Er erzählte mir, er widme seine Freizeit der Instandhaltung der Pferdeställe im Kibbuz.

»Ich habe einen Onkel in Zarka, der Pferde züchtet. Von ihm weiß ich alles über sie.«

Am nächsten Tag arbeiteten wir zusammen in den Ställen. Tamir gab mir eine gebogene Zinke, mit der man Hufeisen sauberkratzt, und beobachtete, wie ich die Hinterläufe einer der Stuten behandelte.

»Wunderbar, Ali. Ich sehe schon, dein Onkel in Jordanien hat dir wirklich was beigebracht.« Ich schien den Test bestanden zu haben. Als ich bemerkte, daß die Kibbuzjungen Speiseöl verwendeten, um altes Sattelzeug zu behandeln, holte ich eine Dose Motorenöl. Es ist zwar auch nicht ideal, aber bestimmt besser als Speiseöl, weil dieses das Leder verdirbt. Tamir zeigte sich mit einem Räuspern erkenntlich, wie ein Monarch, der von einem seiner getreuen Untertanen ein Geschenk annimmt, und händigte meine Gabe sogleich einem rotköpfigen Jüngling aus, der einen Sattel sauberbürstete. Mit einem herrischen Tritt in den Hintern schickte er ihn weg, um das neue Zeug auszuprobieren, nicht ohne ihm zu verheißen, er komme bald nach, um seine Arbeit zu kontrollieren. »Paß ja auf, daß die Sättel richtig eingeölt sind«, warnte er. Ich konnte mir Tamir, der noch nicht zum Wehrdienst eingezogen worden war, recht gut als erfolgreichen Offizier in einer Eliteeinheit der Armee vorstellen.

Ich wurde zu einer Geburtstagsfeier für Amos, einen von Tamirs Freunden, eingeladen. Als ich mich dem Haus näherte, das nicht weit von meinem lag, konnte ich von drinnen Musik hören. Ruhige Musik – Dire Straits. Ich hielt eine Weile inne, bevor ich eintrat. Aus irgendeinem unerklärlichen Grund kam mir das Haus vertraut vor. Als ich unten an den drei Stufen stand, die zur Haustür führten, erinnerte ich mich plötzlich. Vor zwei Tagen hatte Nissim, mein Boß, mich aufgefordert, auf das Dach ebendieses Hauses zu klettern, die Haufen von Piniennadeln zu entfernen und die Lücken zwischen den Dachziegeln frisch zu teeren. Das Wissen, daß ich das Haus repariert hatte, in welches ich nun als Gast eintrat, weckte ein seltsames Gefühl in mir.

»*Ahalan wesahalan*, Ali.« Tamir probierte sein gebrochenes
Arabisch an mir aus. »*Marhaba, ya schabab*«, antwortete ich mit
einem Lächeln. Mir schien, als wären wir alle Schauspieler in
einem skurrilen Stück. Ich setzte mich auf eine der Matratzen, die
auf dem Boden ausgebreitet waren. Der Gastgeber hatte nonchalant einen Arm um die Schulter eines der dänischen Mädchen
gelegt. Als ich mich umsah, bemerkte ich ein weiteres Mädchen,
eine kleine, dunkle Israeli, die ich noch nie zuvor gesehen hatte.
Einer der Jugendlichen sprach flüsternd auf sie ein. Auf der
umgedrehten Kiste, die als Tisch diente, standen ein Krug
Orangensaft und eine Flasche billigen Wodkas aus Israel. An diesem Abend wollte ich nicht auf Alkohol verzichten, und während
ich den Wodka hinunterschüttete, mußte ich daran denken, wie
sehr sich mein Benehmen während der drei Wochen, die ich nun
schon im Kibbuz war, verändert hatte. Anfänglich hatte ich mich
noch geweigert, zu tanzen und mitzutrinken, jetzt pflegte ich bereits einen recht aktiven sozialen Umgang mit jedem, der gewillt
war, mich zu akzeptieren.

Als das Gespräch lebhafter wurde, entwickelte es sich natürlich zu einer Diskussion über mich. Tamir und Amos spielten häufig auf »diese widerlichen Deppen, die dich nicht hierhaben
wollen«, an. Sie nannten mir die Namen derer, die sich meiner
Anwesenheit im Kibbuz am stärksten widersetzten, und hatten
für jeden eine abfällige Bemerkung übrig. Für mich dagegen fielen nur Lobessprüche ab. »Wirklich, Ali, für uns bist du ein
Wahnsinnskerl. Du bist absolut Spitze.« Ich dankte ihnen für ihre
Unterstützung und bat, mir den Wodka herüberzureichen. Im
weiteren Verlauf des Abends begann ich völlig ungehemmt hebräisch zu sprechen. Am liebsten hätte ich jedem verraten, daß
mein Name gar nicht wirklich Ali, sondern Yoram lautete, damit
sie mich endlich mit ihrem Gequassel über die Palästinenser, die
Besetzung und alles andere in Ruhe ließen.

Das Wohlwollen, mit dem mich Tamir und seine Freunde so
großzügig überschütteten, ist mit ein Grund, weshalb ich die Gesellschaft junger Menschen ganz allgemein bevorzuge. Sie haben
eher die Fähigkeit, die Dinge so zu nehmen, wie sie sind, ohne

gleich alle möglichen Zweifel, Ängste, Sorgen und Vorurteile zu hegen, sie sind direkt und kommen zur Sache. Es versteht sich von selbst, daß ihre lautstark verkündete Sympathie für mich nicht zuletzt auch ein Ausdruck ihrer rebellischen Haltung gegenüber dem Establishment und der restriktiven Gesellschaft war, in der sie lebten.

Zu dieser Zeit wurde ich dank Irits Intervention von der Bauarbeit zum Avocadopflücken versetzt, einer Tätigkeit, der sich die meisten Freiwilligen widmeten. Seit längerer Zeit erzählte ich jedem, der es hören wollte, ich hätte eine Menge Erfahrung als Mechaniker. Doch alle Versuche, mich der Fabrik oder der Reparaturwerkstatt zuteilen zu lassen, stießen auf den erbitterten Widerstand der verantwortlichen Leiter. Im Grunde hatte ich den Baujob liebgewonnen, wo ich mit Nissim allein war. Unsere Beziehung hatte sich sehr stark verbessert. Er erzählte mir oft von seiner Familie, von den Problemen, die er mit dem Kibbuz hatte, und von seiner allgemeinen Lebensphilosophie. Auch der Arbeitsrhythmus war sehr angenehm: Ich mußte weder früh aufstehen noch mich außergewöhnlich anstrengen. Die Arbeit im Avocadohain hingegen begann um vier Uhr morgens, wo wir vom Tau gründlich durchnäßt wurden, während wir uns zwischen den Zweigen durchzwängten, um an die Früchte heranzukommen. Der Vorteil dieses Jobs lag darin, daß er mich in engeren Kontakt zu den Kibbuzmitgliedern und zu den anderen Freiwilligen brachte. Letztere wurden fast ausschließlich zum Avocadopflücken und für Arbeiten im Speisesaal eingesetzt.

Eines Abends fand ich Tamir in meinem Zimmer sitzen und seine Tasse Kaffee trinken, die er sich jeweils mit der typischen Chuzpe eines Kibbuzniks genehmigte. »Hat schon jemand mit dir gesprochen, Ali?« fragte er mit besorgter Stimme.

»Worüber denn?«

»Gestern nacht ist im Quartier der Freiwilligen eingebrochen worden. Etwas ausländisches Geld und Reisepässe sind verschwunden. Man sagt, du seist es gewesen. Angeblich soll die Polizei herkommen, um den Fall zu untersuchen.« Eine polizeiliche Routineüberprüfung hätte das unrühmliche Ende meines Aufenthalts im Kibbuz bedeuten können. Die falsche Anschuldigung rührte natürlich von der Tatsache her, daß ich ein Fremder und anders war als die übrigen. »Zum Teufel mit all diesen kleinen, beschränkten Kommunen!« dachte ich. Ich hatte endgültig die Nase voll vom Kibbuz. Jeden Morgen machte ich mich an die Arbeit im Avocadohain, gefolgt vom ewig gleichen Tagesablauf – Speisesaal, Zimmer, Gespräche mit Jupp oder anderen Freiwilligen, Abendessen und Bett. Ich hatte es satt, jeden Tag dieselben Gesichter zu sehen. Und jetzt, als Gipfel von allem, war ich mit allgemeiner Zustimmung auch noch ein Krimineller.

Ich kam zum Schluß, daß es das beste war, den Kibbuz zu verlassen und einen Schlußstrich unter diese Phase meines Tarnprojekts zu ziehen. An jenem Abend eröffnete ich Dalia, der Kibbuzsekretärin: »Ich habe nach Hause angerufen und erfahren, daß mein Vater sehr krank ist. Ich muß ein paar Tage weg, um nach ihm zu schauen. Ich fahre morgen früh los.« Dalia tat es leid zu hören, daß ich weggehen mußte. Sie hatte meine fleißige und gewissenhafte Arbeit schätzen gelernt, versprach jedoch, die Nachricht dem Arbeitskoordinator mitzuteilen. Als nächstes ließ ich Irit wissen, daß ich für mein ganzes Leben genug Avocados gepflückt hätte. Ich packte meine wenigen Habseligkeiten zusammen und erklärte Jupp meine mißliche Lage. Er versuchte mit allen Mitteln eine Einladung in mein Zuhause in Balata zu ergattern. Tamir, der von meiner Abreise erfahren hatte, zerquetschte mir beinahe die Hand, als er herüberkam, um sich zu verabschieden, und drückte seine Hoffnung auf ein baldiges Wiedersehen aus.

Als ich am nächsten Morgen darauf wartete, daß Amit mich abholen kam, erfuhr ich, in der Nacht sei im Kibbuzladen eingebrochen und ein paar Sachen und etwas Geld seien gestohlen worden. Alle Indizien sprachen ganz klar gegen mich. Meine Geschichte von einem kranken Vater ließ sich leicht zu einem Vorwand für meine hastige Abreise ummünzen, was sie natürlich auch war, doch ich hatte nicht die Absicht, noch länger im Kibbuz zu bleiben, bloß um meine Unschuld zu beweisen.

Das elektronisch gesteuerte Tor des Kibbuz blieb nach unserer Durchfahrt offen, wie um zu demonstrieren, daß jetzt, wo die palästinensische Gefahr gebannt war, keine Notwendigkeit mehr bestand, den Ort zu verteidigen. Ich zog den Keffijeh aus, den ich mir eng um den Hals geschlungen hatte, schob ihn tief in meinen Korb und schmiß diesen auf den Rücksitz. Amit mußte sich aufs Fahren konzentrieren, während ich mir genüßlich ein Päckchen Noblesse-Zigaretten aus seiner Jacke angelte. Ich rauche diese Zigaretten seit Jahren. Ich zündete mir mit unsäglichem Vergnügen eine an und inhalierte den Rauch. Mein Kopf war leer.

Nach meiner Abreise aus dem Kibbuz lag ich mehrere Wochen lang meistenteils bei mir zu Hause in Jerusalem in einem beduselten Zustand herum. Meine Versuche, mich zu entspannen, mißrieten jämmerlich. Immer wieder suchten mich meine jüngsten Erlebnisse heim und störten meinen Seelenfrieden. Eines Tages erhielt ich von Amit eine Zeitung zugesandt. Es war ein Lokalblatt, in dem er einen der Artikel angekreuzt hatte. Ich nahm an, es handle sich um einen dieser Berichte über die Besetzung, die mir ein paar Freunde mit beharrlicher Regelmäßigkeit zuschikken, daher legte ich ihn zur Seite. Dann erhielt ich einen Anruf von Amit, der mich veranlaßte, mir die Zeitung genauer anzusehen. Der Titel des Beitrags lautete: »Arabischer Freiwilliger entfacht Protest in galiläischem Kibbuz«. Ich brauchte mehrere Minuten, bis ich merkte, daß von mir die Rede war. Als es endlich klickte, las ich ihn immer und immer wieder durch. Er enthielt folgendes:

»Ein Araber aus dem Westjordanland, der neununddreißigjährige Ali H., wurde kürzlich als Freiwilliger in einen der regionalen Kibbuzim aufgenommen. Alis Anwesenheit hat einen beträchtlichen Wirbel verursacht. Viele Mitglieder widersetzen sich seinem Verbleiben im Kibbuz aus sicherheitstechnischen und anderen Gründen. Manche beschweren sich, daß so ein heikles Thema der Vollversammlung nicht zur Diskussion vorgelegt wurde.

Ali, ein Automechaniker, fand auf Empfehlung von jüdischen

Freunden aus dem Dorf Rosch Pina, die er in Linkskreisen kennengelernt hatte, Aufnahme im Kibbuz. Sein Ersuchen wurde vor das Kibbuzsekretariat gebracht. Nach einer Konsultation mit dem für die Freiwilligen zuständigen Koordinator und mit einer Familie, die einwilligte, ihm nach den Arbeitsstunden ein Adoptivheim anzubieten, reagierte das Sekretariat zustimmend.

Das Sekretariat glaubt, daß trotz der folgenden Kontroverse keine Irregularitäten stattgefunden haben. In allen Fällen, wo ein Freiwilliger auf eigene Faust und unabhängig von der Kibbuzbewegung ankommt, wird der Fall der Sekretärin zur Genehmigung vorgelegt. Einige Mitglieder glaubten, daß unter diesen Umständen ebenfalls die Zustimmung der Vollversammlung erforderlich gewesen wäre.

Der verantwortliche Koordinator sagte, daß gemäß den Kriterien zur Aufnahme von Freiwilligen keine Hinweise vorgelegen hätten, daß Ali in Drogen- oder Alkoholmißbrauch verwickelt sei.

Ali ging kürzlich seine Familie besuchen und ist bis jetzt noch nicht wieder in den Kibbuz zurückgekehrt. Er erklärte zwar, sein Vater sei krank; einige Mitglieder wollen jedoch zwischen der Tatsache, daß er noch nicht zurück ist, und den jüngsten Vorfällen im Westjordanland einen Zusammenhang sehen, da der junge Mann wegen seiner Beziehungen zu den Israelis in eine heikle Lage geraten sein muß.«

Dschebalja

Ursprünglich hatte ich beabsichtigt, mein Tarnprojekt nur unter Israelis auszuführen, da mich hauptsächlich ihre Reaktionen und Einstellungen gegenüber den Palästinensern interessierten, die mitten unter ihnen arbeiten. Nach meinen Erlebnissen im »Kolosseum« wollte ich jedoch mehr über den Hintergrund der Taglöhner herausfinden, die alle schmutzige und unangenehme Arbeit in Israels städtischen Zentren erledigen. Meist stammen sie aus den unteren Schichten oder kommen von den Flüchtlingslagern, deren Bewohner zu den Ärmsten unter der Bevölkerung in den besetzten Gebieten zählen. Ich entschied mich, meinen ersten Versuch, als vorgeblicher Araber unter Arabern zu leben, im Lager Dschebalja zu wagen, ist es doch ein Extrembeispiel für die Lebensbedingungen unter der israelischen Militärregierung.

Dschebalja ist eines der größten Flüchtlingslager in dem Gebiet, das Israel im Juni 1967 besetzte. Es wurde in aller Eile von der United Nations Relief and Works Agency (UNRWA) auf einem Gelände im Südwesten der Stadt Gaza errichtet, um für die Zehntausenden von Flüchtlingen, die im Gefolge des Kriegs von 1948 in den Gazastreifen geflohen waren, behelfsmäßige Unterkünfte bereitzustellen. (Im israelischen Sprachgebrauch heißt dieser Krieg »Unabhängigkeitskrieg«, die Araber nennen ihn »die Katastrophe von 1948«.) Die Flüchtlinge kamen aus den arabischen Städten und Dörfern im südlichen Teil des neuen Judenstaates, wie etwa Majdal (Aschkelon), Sdud (Aschdod) und Jibneh (Javneh). Im Laufe der Jahre wuchs die Stadt Gaza immer mehr an, und mit ihr wuchsen auch die Flüchtlingslager – sie bilden eine Barackenstadt am Stadtrand, wo fünfundsiebzigtausend Einwohner noch heute eng zusammengepfercht in erbärmlichen Verhältnissen leben. Dieses »provisorische« Lager besteht nun schon seit vierzig Jahren. Hier war es, wo am 8. Dezember 1987 die ersten Krawalle starteten, die sich rasch über das ganze Westjordanland und den Gazastreifen ausbreiteten und den Beginn des massiven Volksaufstands markierten, der unter dem Namen Intifada bekannt ist.

Ich nahm Kontakt zu meinem Journalistenfreund Hassan Dschibril auf und bat ihn, mir zu helfen, unter meiner Deckidentität als Palästinenser aus dem Westjordanland in Dschebalja Fuß zu fassen. Wir verabredeten ein Treffen in seinem Haus in Schati. Von dort sollte er mich nach Dschebalja mitnehmen und mich den Kontaktleuten vorstellen, die er mittlerweile rekrutiert hatte.

Nach einer rund halbstündigen Fahrt auf der Küstenstraße südlich von Tel Aviv trifft man auf den Schwanz einer langen Schlange von Fahrzeugen, die sich sehr langsam fortbewegt. Eine halbe Stunde später kommt die Erez-Straßensperre in Sicht. In ihrer Mitte ragt bedrohlich ein Wachtturm hoch, dessen Seiten mit einem Schutzwall von Sandsäcken gepolstert sind. Oben ist ein Maschinengewehr in Stellung gebracht. Große Betonblöcke hindern die ankommenden Wagen daran, ihre Fahrt zu beschleunigen. Diese Abschreckungsmittel markieren die Grenzlinie zwischen dem demokratischen Staat Israel und dem besetzten Gazastreifen, der von Israels Militärvertretern verwaltet wird. Um alle die notwendigen Kontrolleinrichtungen aufzunehmen, wurde die Straße an dieser Stelle verbreitert. Man könnte sich leicht vorstellen, daß sie aus der Perspektive eines Passagiers in einem Hubschrauber – sagen wir einmal eines Premierministers oder Verteidigungsministers – etwa so wie eine Boa constrictor aussieht, die soeben ein Kaninchen verschlungen hat: ein schmaler Schlauch, der an einer bestimmten Stelle anschwillt und sich dann wieder zu seiner normalen Dicke verengt. Durch diese Schwellung reisen jeden Tag etwa fünfzigtausend Arbeiter aus

Gaza, um die Grenze zu Israel zu überqueren. Nur wer besonders verdächtig wirkt, wird von der Grenzpolizei angehalten, da es unmöglich ist, alle und jeden zu kontrollieren.

Ein schlampiger Reservesoldat, der es müde war, in die Abertausenden von Autos zu schauen, die Tag für Tag vorbeifuhren, winkte mein Taxi verdrossen durch. Yisrael war mit von der Partie. Wir hatten abgemacht, daß er mich am ersten Tag im Flüchtlingslager begleitete. Ich gedachte ihn als »Daniele« einzuführen: ein italienischer Fotojournalist, der sich für die Dokumentation einiger Aspekte der israelischen Besetzung interessierte. Das Taxi setzte seinen Weg fort, bis wir Gaza erreicht hatten.

Es war mehr als ein Jahr her, seit ich Schati aufgesucht hatte. Ich hatte die genaue Zufahrtsroute zum Lager vergessen, deshalb hielten wir bei einem Kaffeehaus in der Innenstadt von Gaza an, um etwas zu trinken und uns nach dem Weg zu erkundigen. Das große Lokal war völlig leer, mit Ausnahme eines einzigen jungen Mannes, der nicht weit von uns entfernt saß und uns mit einem unverschämten starrenden Blick beehrte. Die Aussicht aus dem Kaffeehaus umfaßte das Gebäude der Militärverwaltung sowie das Gefängnis von Gaza, die zusammengelegt und von einem Stacheldrahtzaun umgeben waren. Nachdem wir unsere Tassen mit süßem Tee ausgetrunken hatten, ging ich zum Tresen hinüber, um unsere Rechnung zu begleichen. Zu meiner Überraschung wollte der Wirt kein Geld von mir und deutete auf den jungen Mann in der Ecke, der bereits für uns bezahlt habe. Ich protestierte höflich und ging zu unserem Wohltäter hinüber, um ihm zu danken. Er muß bemerkt haben, daß wir hier in dieser Gegend Fremde waren. Dabei nahm ich auch gleich die Gelegenheit wahr, mich zu erkundigen, wie ich am besten nach Schati kam. Statt mir jedoch zweckdienliche Hinweise zu geben, begann mich der junge Mann auszufragen, wen wir dort treffen wollten. Natürlich hatte ich nicht die geringste Absicht, Hassans Identität zu enthüllen, also gab ich ihm einen falschen Namen an. Nach einem kurzen Gespräch erwies sich, daß der Typ überzeugt war, der Zweck unserer Reise nach Gaza sei, hier Drogen – wahrscheinlich Ha-

schisch – zu kaufen. Er gab sich alle Mühe, den Handel zu durch-
kreuzen, den wir seiner Meinung nach in Schati abschließen wollten, und versuchte uns als neue Kunden abzuwerben. Schließlich
eskortierte er uns zum Taxi, wobei er den ganzen Weg ein recht
großes Stück Haschisch zwischen den Fingern hin und her rollte,
und dies mitten auf der Straße, wo es jeder sehen konnte. Er
nahm mir das hochheilige Versprechen ab, in Zukunft nur bei
ihm zu kaufen, falls wir jemals Haschisch benötigten.

Die Aufdringlichkeit, mit der mich dieser unverschämte Kerl
über den Zweck unserer Reise ausfragte, kam für mich keineswegs überraschend, so wenig wie seine Kühnheit, in aller Öffentlichkeit einen Brocken Haschisch vorzuzeigen. Nur sehr selten
sind die Militärbehörden nicht über die kriminellen Machen-
schaften innerhalb ihres Zuständigkeitsbereiches orientiert, und
überdies genießen Drogenhändler keinen sehr guten Ruf in der
arabischen Unterwelt, da das islamische Gesetz den Genuß von
Rauschgift verbietet. Wer sich vom Drogenhandel einen netten
Gewinn verspricht, dient daher oft gleichzeitig als Informant,
während die Behörden als Gegenleistung ein Auge zudrücken.
Das besondere Interesse, das der junge Gauner an uns zeigte,
rührte zweifellos davon her, daß er irgendeinem Agenten Informationen über Leute zuspielte, die auf dem Weg nach Schati waren.

Wir holten Hassan in seinem Haus in Schati ab, kehrten zum Palestine Circle im Zentrum von Gaza zurück und fuhren von dort
nach Dschebalja. Auf der Straße, die zum Lager führt, finden sich
noch immer einige spärliche Überbleibsel von Asphalt, die aus
besseren Zeiten stammen, doch der dünn aufgetragene Oberflä-
chenbelag ist meistenteils im Sand verschwunden.

Sand bedeckt auch sämtliche Straßen und Wege in Dschebalja
selbst und droht jedes Fahrzeug zu verschlingen, das nicht mit
Vorderradantrieb ausgerüstet ist. Um unser Ziel zu erreichen,
mußten wir von der Hauptstraße im Lager abbiegen und durch
ein sandiges Gelände fahren, wo mehrere Autowracks verstreut
herumstanden. Sogleich war unser Wagen von Hühnern und

zahllosen Kindern umringt. Sobald er einzusinken begann, ließen wir ihn stehen und setzten unseren Weg durch ein kompliziertes Labyrinth von Gäßchen zu Fuß fort.

Aus den Häusern fließt das Abwasser direkt in offene Kanäle, die sich wie häßliche, übelriechende Wundnarben durch das Lager ziehen. Die Straßen sind so eng, daß man kaum durchkommt, ohne anzustoßen. Zu beiden Seiten streifen die Schultern gegen Mauern, die mit Blechplatten und Wellblech bedeckt sind. Wäsche hängt quer über die Gassen und läßt sie noch enger erscheinen. Merkwürdigerweise hingen an praktisch jeder Wäscheleine sorgfältig gewaschene Plastiktüten zwischen den abgetragenen, zerschlissenen Kleidungsstücken. Erst später erfuhr ich, daß die Männer in diesen Tüten ihr Mittagessen mitnehmen, wenn sie nach Israel zur Arbeit gehen.

Hassan machte uns mit Fathi Raban, meinem Kontaktmann in Dschebalja, bekannt. Er war der einzige Mensch im Lager, der wußte, wer ich wirklich war und was ich hier wollte. Ich wußte ebenfalls ein paar Dinge über Fathi. Er war Künstler und vor etwa fünf Jahren wegen des »aufwieglerischen« – das heißt nationalistischen – Gehalts seiner Bilder verhaftet und zu einer Gefängnisstrafe verurteilt worden. Israelische Künstler und Mitglieder der Linken hatten sich aus Protest gegen seine Inhaftierung versammelt und in Tel Aviv und vor seinem Haus im Flüchtlingslager Demonstrationen durchgeführt. Während meines Aufenthalts in Dschebalja sollten Fathi und ich noch näher Bekanntschaft schließen. Obwohl er wußte, daß ich eigentlich Yoram hieß, machte es ihm einen Riesenspaß, daß mein Deckname gleich wie seiner lautete. Er sprach mich selbst dann mit Fathi an, wenn wir ganz allein waren und sicher sein konnten, daß uns kein unbefugtes Ohr belauschte.

Hassan, Fathi Raban und ich hielten eine kurze Besprechung ab, dann führte uns Fathi zu dem Haus, wo ich die nächsten paar Wochen wohnen sollte. Die Straßen in den Flüchtlingslagern haben keine Namen. Jeder Block trägt eine Nummer, und jedes Haus in dem Block hat wiederum seine eigene Nummer. Eine Adresse setzt sich aus beiden Nummern zusammen, die durch einen Schrägstrich getrennt sind – zum Beispiel 28/6. Es gibt hier auch keine Briefträger. Die gesamte Post wird an die lokalen Ladeninhaber geliefert (sofern sie überhaupt je ankommt) und dann oft durch einen hiesigen Polizisten verteilt.

Bei unserem Spaziergang mit Fathi durch die Straßen von Dschebalja konnte ich beobachten, wie intim das Leben in einem Flüchtlingslager sein kann. Viele Leute saßen müßig unter der Haustür, und praktisch jeder, dem wir begegneten, begrüßte Fathi auf unserem Vorbeiweg, während Yisrael und ich gleichzeitig mit forschenden Blicken gemustert wurden.

Yisrael (alias Danny, seines Zeichens italienischer Fotograf) ging durch die engen Gäßchen, als schreite er auf glühenden Kohlen. Der Veteran und Reservist in ihm, der solche Orte nur durch die Scheiben eines militärischen Aufklärungsfahrzeugs kannte, überwachte die Umgebung in ständiger Erwartung von Schwierigkeiten wie ein Luchs.

Auch ich hatte ein kribbeliges Gefühl, erstmals ohne meinen schützenden journalistischen Deckmantel und ohne Israelis in unmittelbarer Rufweite durch das Lager zu gehen. Gewitzt von meinen früheren Erfahrungen, beantwortete ich die neugierigen und argwöhnischen Blicke mit einem »*Asalamu aleikum*«, und »*Aleikum asalam*«, kam die Antwort auf meinen Gruß.

Abd el-Karim Lubad wohnte nicht weit weg von Fathis Haus. Von dem Gäßchen führten drei Stufen zu einer fleckigen, grüngestrichenen Holztür, deren Farbe mit den Jahren verblaßt war. Um sie aufzuschließen, brauchte Fathi einen der riesigen Schlüssel, wie sie in den besetzten Gebieten heute noch von Schmieden kunstvoll angefertigt und stolz »arabische Schlüssel« genannt werden. Die Wohnhäuser des Lagers beruhten auf der traditionellen Bauweise, wie sie in bäuerlich geprägten Dörfern vorherrscht. Lubads Haus war um einen kleinen Innenhof gebaut – zwei Räume auf der einen, Küche und Toilette auf der anderen Seite. Abd el-Karim Lubad, der eingewilligt hatte, den »Bruder aus dem Lager Balata« bei sich aufzunehmen, war noch nicht zu Hause. Es war Mittag, und er war immer noch in Israel an der Arbeit. Fathi führte uns ein bißchen herum, dann gingen er und Hassan ihren Weg. Beim Abschied zwinkerte mir Fathi verschwörerisch zu.

Bald darauf traf Abd el-Karim ein, ein lächelnder, kleingewachsener junger Mann mit einer leichten Glatze. Natürlich hatte er den Gast aus Balata erwartet und akzeptierte ebenso bereitwillig die Anwesenheit eines weiteren Besuchers, eines italienischen Fotografen, der das Leben in den Flüchtlingslagern im Bild festhalten wollte. Wir begrüßten einander, wobei wir uns die Hände schüttelten und uns mit der flachen Hand auf die Brust klopften, wie um zu sagen: »Ich grüße dich von ganzem Herzen.«

Unser Gastgeber entschuldigte sich und ging in seine kleine Küche, von wo er nach wenigen Minuten mit ein paar Gläsern starkem und sehr süßem Tee wieder auftauchte. Dann unterhielten wir uns höflich. Yisrael sprach eigentlich kein Wort Italienisch, Abd el-Karim zum Glück auch nicht, und so hatte ich alle Hände voll zu tun, um aus dem Arabischen ins Englische und wieder zurück zu übersetzen.

»Warum sind Sie so sehr daran interessiert, hier zu leben?« fragte Lubad. »Jeder weiß doch, daß Dschebalja nicht gerade ein Luxushotel ist.«

»Nun, alle sagen, unsere Lage in Balata sei viel besser als das, was hier läuft, und das möchte ich gern selbst herausfinden«, antwortete ich.

Später, nachdem er dafür gesorgt hatte, daß wir nicht hungrig zu Bett gehen mußten, holte Abd el-Karim einige Wolldecken aus einem Raum, der normalerweise nicht benutzt wurde. Ich fragte ihn, wo er schlafe. »Dort«, sagte er und deutete auf das trostlose, unmöblierte Zimmer. Es wäre mir nicht im Traum eingefallen, zu versuchen, ihn davon abzuhalten, denn in diesem Teil der Welt wird die traditionelle Gastfreundschaft noch hochgehalten, und so verbrachte Abd el-Karim die Nacht mit einer dünnen Decke als einzigem Komfort auf dem harten Betonfußboden.

Am folgenden Tag gegen Mittag begleitete ich Yisrael auf dem Rückweg zum Palestine Circle ins Stadtzentrum von Gaza, wo wir uns trennten. Als er ins Taxi nach Tel Aviv stieg, drehte er sich nochmals um, um mir etwas mitzuteilen. »Ich werde von jetzt an bis zum Moment, wo du wieder aus Dschebalja heraus bist, in der Nähe des Telefons bleiben«, meinte er besorgt. »Wann immer du das Gefühl hast, daß du mich brauchst, Binchu, ruf einfach an.«

Als ich zu Lubads Haus zurückkehrte, hörte ich drinnen ein Stimmengewirr. Ich wurde von einer plötzlichen Welle von Panik erfaßt. »Jetzt ist es aus«, dachte ich mir. »Sicher ist jemand hier, der den Journalisten Yoram Binur wiedererkennt. Oder die Aktivisten des Lagers haben beschlossen, die Identität des Gastes aus Balata, der aus freien Stücken seine Zeit im lausigsten Flüchtlingslager in der ganzen Besatzungszone verbringt, genauer unter die Lupe zu nehmen. Und jetzt sitzen sie herum, trinken Tee und beratschlagen, ob sie mich mit einem nassen, um meinen Hals gewickelten Tuch verhören sollen, das abwechslungsweise gestrafft und wieder gelöst wird, oder ob nicht schon eine einfache, direkte Drohung mit einem Messer genügt.« Ich stand vor der Tür, und mein erster Gedanke war, rechtsumkehrt zu machen und schleunigst von hier zu verschwinden. Zwar waren meine persönlichen Habseligkeiten noch im Haus, doch ich hatte genügend Geld in der Tasche, um mich nach Tel Aviv oder Jerusalem durchzuschlagen. Lange Zeit schwankte ich in meinem Entschluß, dann fand ich mich plötzlich mitten in Lubads kleinem Innenhof stehen, ohne zu wissen, wie ich dort hingekommen war. Mehrere Augenpaare waren auf mich gerichtet.

»*Marhaba ala ibn allajiin* [Ein Willkommen dem Flüchtlingssohn]«, ertönte eine Stimme und riß mich ruckartig aus meinen paranoiden Hirngespinsten.

»*Marhabtein, ya jamaat alhir* [Gesegnet seien alle, die hier sind]«, antwortete ich.

Wie es der Brauch wollte, erhoben sich die jungen Männer darauf von den Matratzen, auf welchen sie saßen, und ich ging von einem zum anderen und schüttelte ihnen die Hand. Nach jedem Händeschütteln schlugen sich mein Partner und ich mit der Handfläche auf die Brust. Dieser äußerst höfliche Willkommensgruß beruhigte mich ein wenig. Weil Abd el-Karim Junggeselle war und nicht mit seiner Familie lebte, erhielt er relativ häufig

Besuch von seinen Freunden. Die Anwesenheit eines Gastes aus Balata, der zugleich Gelegenheitsjournalist und mit der palästinensischen Diaspora in Amerika vertraut war, war Grund genug für sie, vorbeizuschauen und mich zu beschnuppern.

Die sechsköpfige Gruppe nahm die Diskussion wieder auf, wo sie stehengeblieben war. Ich bekam mit, daß sie über die für Dschebalja zuständigen israelischen Offiziere des Schin Bet sprachen.

»Hasona, der für die Militärverwaltung gearbeitet hat, war ein Idiot. Gut, daß sie ihn ersetzt haben«, sagte ein bärtiger Kerl namens Munir. »Als ich bei ihm war und ihn um eine Genehmigung für einen Besuch in Jordanien bat, hat er obszöne Ausdrücke gebraucht und mich angeschrien, solange ich nicht mit den Juden zusammenarbeitete, könne ich das Reisen glatt vergessen.«

Ein anderer pflichtete ihm bei. »Hasona war echt dumm. Er hat immer versucht, uns einzuschüchtern. Wenn er jemand zu einem *mukabala* zitiert hat [einem Interview – in diesem Fall vom Schin Bet ausgehend, um in Kontakt mit der ansässigen Bevölkerung zu bleiben], hat er herumgeflucht, und es hat ihm nichts ausgemacht, einem hie und da eine zu kleben. Dieser Neue, Abu Tomar, scheint da viel intelligenter zu sein. Er kann sich an die Namen der meisten jungen Leute hier im Lager erinnern. Bei unserem Gespräch hat er sich ganz ordentlich aufgeführt und mir sogar eine Tasse Tee angeboten. Natürlich hat er nur eine Show abgezogen. Er hat sehr bald versucht, zu sondieren, ob ich bereit wäre, ihm Informationen zu liefern.«

Während ich zuhörte, wurde mir endlich die Bedeutung der seltsamen Zeichen klar, die ich auf den Elektrizitätsmasten an fast jeder Straßenecke im Lager aufgemalt gesehen hatte. Diese Zeichen waren mit roter oder schwarzer Farbe aufgesprüht und zeigten verschiedene geometrische Figuren, vor allem Dreiecke, mit Nummern darin.

»Seit Abu Tomar da ist, haben die Patrouillen wieder mehr Zeichen für die Agenten im Lager gemalt, um ihre Kontaktleute zu treffen«, sagte Munir.

»Wie funktioniert das hier genau mit diesen Zeichen?« fragte ich.

»Wenn der *muhabarat* [Schin Bet] einen bestimmten Agenten treffen will, erhalten die Soldaten, die auf Patrouille sind, den Auftrag, ein abgemachtes Signet aufzumalen. Die Nummer in dem Zeichen steht für die Seriennummer dieser Person oder kann eine spezielle Instruktion bedeuten, zum Beispiel ›Kommen Sie heute abend zu einem Treffen in die Zentralverwaltung‹. Diese Zeichen sind öffentlich und für jeden gut sichtbar, aber keiner weiß, was sie bedeuten. Bloß der betreffende Agent versteht die kodierte Botschaft.«

Munir arbeitete für die Africa Israel Company. »Ach ja«, sagte ich zu ihm, »ich habe gehört, das sei ein großes zionistisches Bauunternehmen.« Ich kannte es hauptsächlich aus Anzeigen in israelischen Zeitungen. Es war eine angesehene Firma, die das wohlhabende Vorstadtviertel Savyon bei Tel Aviv gebaut hatte – das extreme Gegenstück zu Dschebalja.

Während wir uns über die Arbeit für die Israelis unterhielten, platzte Lubad, mein Gastgeber, in die Diskussion. »Wenn ich als Maler für die Juden arbeiten gehe, sind die elektrischen Leitungen im Haus bereits gelegt. Dann muß ich jedesmal etwas an den Kabeln beschädigen, damit ich mich gut fühle und die zionistischen Bosse wenigstens nicht auf meinem Buckel Geld verdienen.«

Die Reden der Männer waren reichlich mit hebräischen Brokken gespickt, wie sie besonders am Arbeitsplatz oder im Umgang mit Soldaten an den Straßensperren gebräuchlich sind – Ausdrücke für »okay«, »fein«, »herkommen« oder »stillstehen«. Da ich laut meiner Tarngeschichte nie außerhalb vom Westjordanland beschäftigt gewesen war und kein Wort Hebräisch verstand, war ich häufig gezwungen, sie zu unterbrechen und nach der Bedeutung solcher Ausdrücke zu fragen. Plötzlich wurde mir bewußt, was für eine riesige Anzahl hebräischer Wörter die arabische Sprache bereits infiltriert hatte.

Neben den Matratzen, auf denen wir saßen, lag ein Stapel alter Illustrierter, die Lubad irgendwo in Israel aufgegabelt hatte. Jemand hob eine auf und begann sie durchzublättern, und bald schauten auch die anderen hinein. Es war eine Broschüre für den »Club Méditerrané«, der die Vorzüge seiner Ferienparadiese in der ganzen Welt anpries. Die jungen Männer schauten sich mit verschämter Neugier die Bilder von sonnengebräunten, halbnackten Mädchen an, die die Seiten der Werbebroschüre füllten. »Was ist das genau?« fragten sie und reichten sie mir herüber, damit ich ihnen den Inhalt erklären konnte. »Das ist so eine Art Hotel«, entgegnete ich unbehaglich. Ich dachte bei mir, der Mond könne nicht weiter von der Realität von Lubads Zuhause entfernt sein als der nächstgelegene »Club Med«, der bloß fünfzehn Autominuten von hier in Aschkelon lag.

Nachdem wir uns etwa eine Stunde lang unterhalten hatten, trat Hassan ein. Er hatte anscheinend erfahren, daß im Haus meines Gastgebers ein Treffen im Freundeskreis stattfand, und wollte sehen, wie ich mich schlug. Hassan schenkte mir einen kurzen, schlauen Blick. Er brauchte nur ein paar Sekunden, bis er sich vergewissert hatte, daß alles in Ordnung war. Dann setzte er sich hin und nahm dankbar eine Tasse Tee in Empfang, die Lubad ihm anbot.

Munir fuhr fort, uns zu erzählen, was er bei der Arbeit für die Juden schon alles erlebt hatte. »Einmal habe ich auf einer Farm in der Nähe von Aschkelon Früchte gepflückt. Wir haben von morgens bis abends wie die Mulis geschuftet und mußten in einem stinkenden, heruntergekommenen Schuppen in der Obstplantage schlafen. Nach einer Woche war Zahltag. In der Nacht karrte der Boß ein paar mit Pistolen bewaffnete Schlägertypen an, die uns verprügelt haben. ›Ihr seid alle Terroristen!‹ haben sie gebrüllt und uns weggejagt. Wir mußten verschwinden, und eine ganze Woche Arbeit war für die Katz. Wir haben nicht einen einzigen Schekel gekriegt.« Eine starke antiisraelische Stimmung hatte sich breitgemacht, und ich war gezwungen, jeder Äußerung beizupflichten.

Abd el-Karim explodierte ein zweites Mal. »Diese Zionisten kriegen ständig Geld von Amerika. Die stehen bloß mit offenem Mund da wie eine Herde Schafe und verlangen immer noch mehr. Und die ganze Zeit sprechen sie davon, was ihnen Hitler in Europa angetan hat. Ich glaube nicht, daß Hitler die Juden umgebracht hat. Die haben sich wohl gegenseitig getötet.«

Diese böswillige Behauptung brachte mein Blut zum Sieden. Die jungen Palästinenser, in deren Gesellschaft ich mich befand, waren alle Intellektuelle. Abd el-Karim, mein Gastgeber, hatte sein Studium an der Universität von Gaza abgeschlossen, und auch die übrigen waren gebildete Menschen und kannten die Wahrheit über den Holocaust – oder hätten sie zumindest kennen müssen. Das Problem war bloß, daß es mir sehr schwergefallen wäre, gegen ihren Haß zu protestieren. Sie mußten unter erbärmlichen Bedingungen in einem Flüchtlingslager aufwachsen, und ihre aufgestaute Wut und Frustration richtete sich gegen alles, was nur den geringsten Beigeschmack von Zionismus hatte. Ich beeilte mich, Lubad beizupflichten, und verwünschte die Zionisten, die meinen Eltern ihr Haus in Wadi Nisnas in Haifa weggenommen und dem palästinensischen Volk soviel Mühsal beschert hatten.

Jemand erkundigte sich nach den Umständen meines Aufenthalts in Dschebalja. Ich berichtete weitere Einzelheiten über meine Familie, die 1948 gezwungen worden sei, ihr Zuhause in Haifa zu verlassen. »Meine Eltern kamen nach Schatila in Libanon, und nach wenigen Jahren emigrierte mein Vater in die Vereinigten Staaten, wo er eine Autoreparaturwerkstatt eingerichtet hat. Vor ein paar Jahren«, log ich mit großer Überzeugungskraft, »bin ich nach Palästina zurückgekommen. Ich habe einen Onkel väterlicherseits von der Familie Awad in Balata, und dort wohne ich jetzt. Ich bin mit der Absicht nach Dschebalja gekommen, mehr über das Leben meines Volkes im besetzten Vaterland zu lernen, und vielleicht kann ich meine Englischkenntnisse verwenden, um ein paar Artikel über die zionistische Besetzung zu schreiben.«

*

Als ich mir eine palästinensische Identität zulegte, wählte ich mir absichtlich eine Herkunft aus dem Flüchtlingslager Balata und nicht von irgendeiner palästinensischen Stadt im Westjordanland aus. Die *abna almuhajaamat* (Söhne der Lager), wie sie genannt werden, teilen eine gemeinsame Sprache und verkehren sehr locker und frei miteinander. Hätte ich mich als Bewohner einer der westjordanischen Städte wie Bethlehem, Nablus oder Hebron eingeführt, so hätte es mich eine Menge Zeit und Energie gekostet, die Bewohner des Flüchtlingslagers von meiner Loyalität zu der palästinensischen Sache zu überzeugen, denn man hätte mich als jemand betrachtet, der weniger unter der Besetzung gelitten hatte als sie. Ich rechnete mir auch aus, daß Balata weit genug vom Gazastreifen entfernt lag und die Chance daher gering war, daß jemand aus Dschebalja dort Bekannte hatte. In meine Tarngeschichte verwob ich überdies so viele Einzelheiten aus meinem wirklichen Leben wie nur möglich. Ich erwähnte die Reparaturwerkstatt meines Vaters, weil ich sehr viel von Automechanik verstehe und jede Frage zu diesem Thema leicht beantworten konnte. Meine vorgebliche Absicht, über das Leben im Lager zu schreiben, diente mir zudem als guter Vorwand, um eine Vielzahl von Leuten kennenzulernen und mich mit ihnen zu unterhalten, während sie mit einem palästinensischen Reporter zu sprechen wähnten.

*

Unter den Anwesenden befand sich an jenem Abend auch ein junger Mann, der einen abweichenden Standpunkt vertrat. Sein Name war Nasser, was auf arabisch »Sieg« bedeutet. Als die Runde über Politik diskutierte, war er der einzige, der Anwar el-Sadats Friedensabkommen mit Israel und die israelische Politik, für die verschiedenen Stadtverwaltungen in den besetzten Gebieten arabische Bürgermeister zu ernennen, heftig verteidigte. Die anderen stritten sich stundenlang mit ihm herum. Ihrer Ansicht nach war Sadat ein verdammter Verräter, und die von der israelischen Militärverwaltung ernannten Bürgermeister dienten bloß den Interessen des Zionismus. In der Hitze des Gefechts brachte Abd el-Karim eines seiner Bilder herein, das normalerweise im anderen Zimmer, in welchem ich schlief, über dem Bett hing. Auf dem Bild war ein palästinensischer Tintenfisch dargestellt, der eine Taube erstickte – das Symbol für den israelisch-ägyptischen Friedensschluß, den Lubad und seine Freunde als Verrat der arabischen Nationen an ihrer Sache ansahen. Im Gegensatz zu den anderen ließ Nasser weder dauernd Bemerkungen fallen, die seinen Haß auf die Juden ausdrückten, noch brüstete er sich mit den Verhören, denen er unterzogen worden war, oder prahlte damit, die Routineaktivitäten israelischer Soldaten zu sabotieren, die im Lager Dienst hatten.

Als ich Nasser fragte, wie es möglich sei, daß ein »Sohn der Lager« solche Ansichten wie er vertrete, entgegnete er mir bloß, er komme aus Beit Lahija, einer Kleinstadt in der Nähe von Dschebalja. Nasser war also kein Flüchtling, sondern ein Dorfbewohner, und seine Familie war nie ihres Landes enteignet worden. Es erstaunte mich, daß sich die Reaktionen auf seine unpopulären Ansichten in heißblütigen Protesten und scharfen Argumenten erschöpften. Nach all den Gerüchten, die ich über den Extremismus in den Flüchtlingslagern gehört hatte, hätte er um sein Leben fürchten müssen.

Im Laufe des Abends tranken wir viele Liter süßen Tee und hier abgefülltes Coca-Cola, das von den Menschen im Gazastreifen im Sommer besonders geschätzt wird. Ich war gerade mitten im Schwung, Nasser wegen seiner Haltung zu kritisieren, als Abd el-Karim hinausging und wenige Minuten später mit drei großen Tabletts auf den Armen zurückkehrte. Ein kleiner Junge begleitete ihn und brachte warmes Pitabrot mit. Ich wechselte meine Stellung, um es mir auf der mit Stroh gefüllten Matratze bequem zu machen, und gesellte mich wieder zu den anderen. Zusammen tunkten wir Pita in Joghurt, kombiniert mit einem Löffel voll *mujadara* (einer billigen, aber wohlschmeckenden Mischung aus Reis, Linsen und Zwiebeln), ein paar Tomatenscheiben und einigen sehr scharfen grünen Pfefferschoten.

Gegen zehn Uhr beschloß die Gesellschaft aufzubrechen. Ich stand neben Abd el-Karim, während die Gäste einer nach dem anderen vorbeidefilierten, dem Gastgeber höflich dankten und uns beiden eine gute Nacht wünschten. Als alle gegangen waren, brachte Lubad seine Wolldecke aus dem Zimmer zurück, wo er die vergangene Nacht verbracht hatte. Wir legten uns in unsere Betten und sprachen über seine Freunde. »Es sind alles Leute, die ich liebe und achte, außer Nasser. Sein Onkel wurde von den Juden zum Bürgermeister von Beit Lahija ernannt. Das ist auch der Grund für seinen Defätismus. Alles nur eine Frage von kleinkarierten persönlichen Interessen.« Nachdem er dergestalt seine Meinung kundgetan hatte, machte Lubad das Licht aus. »*Tisbah bil heir* [Wach morgen gut auf].«

Ich wagte nicht, vor ihm einzuschlafen. Ich habe die Neigung, im Schlaf zu sprechen, was sich unter diesen Umständen gelinde gesagt ziemlich peinlich auswirken konnte. Doch erschöpft, wie ich war, fiel ich bald in einen tiefen Schlaf.

*

Wenige Stunden später, mitten in der Nacht, wurde ich von jemand geweckt, der mich an der Schulter rüttelte. Es war Abd el-Karim. Er saß mit ängstlichem Gesichtsausdruck auf der Bettkante. »Was ist los?« fragte ich. »Pst!« bedeutete er mir flüsternd, »es sind Soldaten draußen.« Jetzt konnte auch ich das deutliche Geräusch von Marschstiefeln vernehmen. Die Schritte hielten direkt vor unserem Haus an. Der aus Kistenholz verfertigte grüngestrichene Fensterladen stand offen, und vor dem Himmel zeichnete sich so etwas wie ein langer, dünner Stab oder eine Angelrute ab, die im Wind hin und her schwankte. Ich brauchte einen Augenblick, bis ich schaltete, dann war der Groschen gefallen. Es war die Antenne eines Funkgeräts von der Art, wie es die israelische Infanterie benutzt. Ich wußte sogar, daß es jetzt auf »Squelch« eingestellt war, um alle Signale, die empfangen oder gesendet werden, zu dämpfen, so daß eine Invasionstruppe ihr Ziel erreichen konnte, ohne vom Feind gestört zu werden.

»Wenn sie hereinkommen«, sagte Abd el-Karim leise, »vergiß nicht, daß ich dich bloß eingeladen habe, eine Nacht hier zu verbringen. Abgesehen davon habe ich nichts mit dir zu tun.«

Seine Angst mußte ansteckend gewirkt haben, denn ich fühlte, wie es mir kalt den Rücken hochkroch. Obwohl meine Herkunft mir allen Grund dazu gegeben hätte, mich mit den Soldaten dort draußen zu identifizieren, die sich die Nacht um die Ohren schlagen mußten, um ihre unwillkommenen Dienstpflichten zu erfüllen, zählte unter diesen Umständen die Bedrohung, die sie jetzt für mich darstellten, viel mehr. Für Soldaten ist es nichts Ungewöhnliches, mitten in der Nacht die Privatsphäre eines Flüchtlingshauses zu verletzen; die Möglichkeit, auf die Lubad anspielte, lag daher sehr nahe. Falls während einer nächtlichen Durchsuchung in seinem Haus ein Gast entdeckt wurde, hätte er genau erklären müssen, was diese Person hier zu suchen hatte, und die Verhörmethoden waren zumeist äußerst erniedrigend.

Wir warteten gespannt, ob sich die Soldaten entschließen würden, ins Haus einzudringen. Hatte jemand sie über meine Anwesenheit hier informiert? Nach einem Gewisper und Geflüster vor dem Fenster ging die Patrouille schließlich weiter. Wir stießen beide einen Seufzer der Erleichterung aus.

Am nächsten Morgen mußte Abd el-Karim schon um vier Uhr weg, wie fast jeden Tag während meines Aufenthalts in Dschebalja, um als Flachmaler in Kiryat Gat im Süden von Israel arbeiten zu gehen. Stunden später erwachte auch ich, streckte mich und ging hinaus, um im Laden ein paar Lebensmittel einzukaufen. Als ich zurückkehrte und den Kühlschrank öffnete, um sie zu verstauen, fand ich die Regale und das Tiefkühlfach mit Notizbüchern, Farben und diversem Malerzubehör vollgestopft. Nahrungsmittel schienen für Abd el-Karim, wenn überhaupt, so ganz unten auf der Dringlichkeitsliste zu stehen.

Lubad, der trotz seines Universitätsabschlusses gezwungen war, sich seinen Lebensunterhalt als Taglöhner zu verdienen, war in hohem Maß frustriert. Er fand einen Ausdruck dafür im Malen, in Motiven, die den Kampf des palästinensischen Volkes für eine nationale Befreiung sowie ihr Leben vor der großen Evakuierung im Jahr 1948 darstellten. Am liebsten malte er nachts. An den Tagen, wo er keine Arbeit fand, kam er meist früh nach Hause, schlief ein paar Stunden und stellte dann seine Leinwand auf. Mehr als einmal bekam ich mit, wie er die Tuben mit billiger Ölfarbe aus dem Kühlschrank holte und palästinensische Menschen vor einem friedvollen ländlichen Hintergrund pinselte.

Wenige Jahre zuvor hatte Lubad an der Islamischen Universität in Gaza im Hauptfach Geographie mit dem Prädikat *jayid jidan* (ausgezeichnet) abgeschlossen. Damit gesellte er sich zu den zwölftausend Universitätsabsolventen aus den besetzten Gebieten, die keine angemessene Anstellung in ihrem Fachgebiet finden können – der Arbeitsmarkt Israel absorbiert sie einzig in ihrer Eigenschaft als Handarbeiter.

Abd el-Karim nährte einen giftigen Haß auf die israelische Okkupation. »Wenn es eines Tages in der israelischen Knesset ein großes Palaver über den Frieden gibt, so kannst du sicher sein, daß das ein Zeichen ist, daß sie einen anderen arabischen Staat angreifen werden«, erklärte er, als er mir die Grundzüge seiner Einstellung zu Israel erläuterte. »Die arabischen Staaten sprechen die ganze Zeit vom Krieg, und wenn es einen gibt, taugen sie nicht die Bohne. Aber als die Israelis letztes Mal vom Frieden sprachen, sind sie in Libanon einmarschiert und haben dort Palästinenser umgebracht. Ein Sieg läßt sich nur mit den Gewehren erringen, alles andere ist leeres Geschwätz.«

»Aber um zu gewinnen, brauchen wir Führer«, wagte ich mich vor.

»Führer können nur diejenigen sein, die selbst gekämpft haben und in zionistischen Gefängnissen gewesen sind«, entgegnete Lubad, »und nicht Leute wie Raschad el-Schawa [der ehemalige Bürgermeister von Gaza und einer der reichsten Männer der Stadt], die nichts mit der palästinensischen Sache gemein haben.«

Eines Morgens wachte ich früh auf und begleitete Lubad, als er das Haus verließ. Um vier Uhr früh herrschte im Lager schon ein geschäftiges Treiben. Es war ein erstaunlicher Anblick, zu einer solchen Stunde beinahe die gesamte arbeitende Bevölkerung von Dschebalja auf den Beinen zu sehen, zerschlagen und mit müden Augen nach einem allzu kurz bemessenen Schlaf, aus der grausamen Notwendigkeit heraus, sich seinen Lebensunterhalt verdienen zu müssen. Jedermann hielt eine Plastiktüte umklammert, die seine magere Kost für einen Werktag enthielt: Brot und Zwiebeln beispielsweise oder ein scharf gewürztes Lebersandwich. Sie fuhren alle zum Palestine Circle in Gaza oder strebten zum Lagerausgang, der zur Straße führte, die Gaza mit der Erez-Straßensperre verband. Haupttransportmittel waren private Peugeots, die in unorthodoxe Taxis verwandelt worden waren. Im Gazastreifen ist ein spezieller Begriff dafür erfunden worden – »Baschena fahren« (eine Ableitung für Peugeot aufgrund der arabischen Aussprache von *p* als *b*).

Wenn Lubad keine Arbeit finden konnte und früh nach Hause kam, machte ich gelegentlich die Runde mit ihm und besuchte seine Freunde im Lager. Mein Wunsch, mich mit dem Leben in Dschebalja vertraut zu machen, stieß auf viel Sympathie, und auf unseren Besuchen wurden wir mit Kaffee und Coca-Cola förmlich überschüttet.

An anderen Tagen spazierte ich allein herum. Aus vielen Häusern im Lager ertönte das klickende Geräusch von Nähmaschinen. Einige der Einwohner, die früher in Ausbeuterbetrieben in Israel beschäftigt gewesen waren, hatten sich eine oder zwei Nähmaschinen erstanden und waren eigenständige Unterlieferanten für die israelischen Fabriken geworden.

»Ich kriege das Material von einem Fabrikbesitzer in Tel Aviv und nähe *bantalon kaboi*«, sagte Rafik, einer von Lubads Freunden. »Jede Woche schicke ich ihm die Fertigware und erhalte mein Geld, aber ich werde bald aufhören müssen. Die Okkupation verlangt so hohe Summen Einkommenssteuer von mir, als hätte ich hier eine eigene Fabrik.«

Ich nickte bedauernd, hatte aber nicht die leiseste Ahnung, was *kaboi* bedeutete. *Bantalon* war, wie ich wußte, das arabische Wort für Hose. Als mir Rafik jedoch seine Ware zeigte, merkte ich, daß *bantalon kaboi* im Lokaljargon Jeans waren und *kaboi* einfach eine verstümmelte Version von »Cowboy« darstellte. Mir zuliebe legte Rafik eine Reihe Etiketts aus, auf denen »Made in USA«, »Made in Hongkong« oder »Made in XY« stand – jeder nur erdenkliche Ort auf der Welt war vertreten. »Diese Etiketts«, sagte er stolz, »werden ebenfalls in Gaza hergestellt.«

Freitag ist Markttag in Dschebalja. Wie überall dient der Markt auch als gesellschaftlicher Umschlagplatz, wo die Leute die neusten Nachrichten aufschnappen. Der einzige erkennbare Unterschied zwischen diesem Markt und anderen liegt in seiner Armseligkeit. Die Verkäufer bringen ihre Ware auf den freien Platz im Lagerzentrum, und viele von ihnen breiten sie einfach auf dem Boden aus. Eine alte Frau hat vielleicht ein paar Tomaten in ihrem Hof gezogen, legt sie hin und wartet dann apathisch, bis jemand Interesse zeigt. Sobald dies jedoch eintrifft, klettet sie sich an den potentiellen Kunden und wird ihn nicht eher ziehen lassen, bis ein Kauf getätigt worden ist, selbst wenn dabei der Preis um die Hälfte gesenkt werden muß. Ein Mann, der bei der Stadtverwaltung von Tel Aviv als Straßenkehrer arbeitet, sammelt altes Spielzeug aus dem Abfall. Am Freitag, seinem freien Tag, baut er auf dem Markt von Dschebalja einen Stand auf und bessert sich so sein mageres Einkommen auf. Eine Puppe, der ein Arm fehlt, Spielzeugautos ohne Räder und allerlei zerbrochene Spielsachen erwachen im Flüchtlingslager zu neuem Leben. »Immer wenn ich eine Plastikpistole anzubieten habe, reißen sie mir die Leute aus der Hand«, sagte er mir.

In einer anderen Ecke des Marktes lud ein Händler aus Gaza mehrere Dutzend Hühner aus, die in Käfigen steckten und noch lebten. »Keine palästinensische Frau – möge Allah sie dafür segnen! – würde je ein Huhn kaufen, wenn sie es nicht vorher mit eigenen Augen herumlaufen und im Dreck herumpicken sieht. Dann wird sie es eigenhändig schlachten oder den Metzger dabei überwachen. Schließlich rupft sie es und nimmt die Innereien heraus. Nicht wie die Jüdinnen«, fügte er verächtlich hinzu, »die ihre Hühner in Plastik eingewickelt kaufen.« War ein nichtsahnendes Federvieh einmal ausgewählt, so war sein Schicksal besiegelt. Der Verkäufer setzte es mit einer flinken Handbewegung auf die Waage, und wenn der Kunde zufrieden war, schnitt er dem Huhn den Kopf ab und warf es zu Boden. Dort rannte es mit viel Flügelschlagen kopflos herum und hauchte sein Leben aus. Über allen Nationalstolz hinaus war es ein blutiges und ziemlich unappetitliches Geschäft.

Trotz seines relativ fortgerückten Alters von sechsundzwanzig Jahren war Abd el-Karim immer noch Junggeselle, was mit ein Hauptgrund war, daß Fathi Raban, mein Kontaktmann in Dschebalja, ihn als meinen Gastgeber ausgewählt hatte. Für muslimische Araber könnte es ziemlich delikate Probleme aufwerfen, in einem Haushalt, wo eine Frau lebt, einen Gast aufzunehmen, der nicht verheiratet ist. Fathis Wissen, daß dieser Gast in Wirklichkeit ein israelischer Jude war, muß ihm noch mehr Kopfzerbrechen bereitet haben und ließ ihn den Entschluß fassen, mich bei einem Junggesellen einzuquartieren. Dadurch bekam ich zwar das Familienleben in Dschebalja nicht aus nächster Nähe mit, doch wie sich herausstellte, wurde dies durch die intime Bekanntschaft, die ich mit Fathi und mit seiner eigenen Familie schloß, bei weitem aufgewogen.

Fathi, ein großgewachsener, neununddreißigjähriger Mann, kam mich bei jeder möglichen Gelegenheit besuchen. Er vergewisserte sich, daß alles zum besten stand, und schüttete mir dabei oft gleichzeitig sein Herz aus – durchaus keine Seltenheit, wenn ein Fremder zu Besuch ist, über den man etwas Wichtiges weiß. Im Lauf der Zeit entwickelte sich zwischen uns eine enge Beziehung, die weit über den Zweck meines Aufenthaltes hinausreichte.

Fathi hatte eine Teilzeitstelle als Kunstlehrer an einer Grundschule für Flüchtlingskinder inne, die von der UNRWA geführt wurde. Er erhielt einen Monatslohn von 60 Dinar (180 Dollar). Seine Freizeit verbrachte er damit, in den Straßen des Lagers herumzuwandern oder zu malen. Seine Bilder, für die Fathi bereits einige Monate im Gefängnis abgesessen hat, handeln meist von palästinensischen Themen und sind oft mit einem starken Schuß Nationalgefühl angereichert. Sie sind im naiven Stil gemalt. Ein Bild mit dem Titel »An die Freiheit« – auf arabisch »Al Muhararun« – zeigt einen vollblütigen Araberhengst, das Symbol für den palästinensischen Widerstand. Die palästinensische Fahne ist raffiniert (und illegal) ins Bild eingearbeitet, so daß sie einen Teil des Pferdehalses formt, um welchen eine schwere Eisenkette geschlossen ist. Aus den Menschenmassen, die in der traditionellen

Tracht der *falahin* (der arabischen Bauern) gekleidet sind, rek-
ken sich zwei Arme, auf denen genau wie bei Fathis eigenen ein
Geflecht von Adern hervorsteht. Eine Hand ist zur Faust geballt,
die andere gibt das V-Zeichen für »Victory«.

Fathi Rabans Familie stammte aus Harbija, einem kleinen
Dorf in der Nähe der Stadt Aschkelon. Sein Vater, Ismail Raban,
war dort Dorfschlachter gewesen und stand im Ruf, weit und
breit der beste *debka*-Tänzer zu sein. (Das Motiv des *debka*-Tan-
zes erscheint auf vielen von Fathis Bildern.) Als 1948 die israelischen Streitkräfte in diese Gegend eindrangen, mußten die Dorfbewohner wegziehen. Fathi erzählte mir mit den Worten seines
Vaters, wie sich dieser Vorgang abgespielt hatte: »Die Juden
nahmen das Dorf mehrere Tage lang unter Beschuß. Viele Leute
wurden verwundet oder getötet, bis die Lage völlig unerträglich
wurde und wir schließlich flohen.«

Wie viele andere Flüchtlingsfamilien, welche glaubten, daß ihr
Wegzug nur von vorübergehender Dauer sei, siedelten sich die
Rabans in einem eilends errichteten Zeltlager auf der ägyptischen Seite der neuen Grenze mit Israel an. Ein Jahr später er-
stellte die UNRWA das Lager Dschebalja, das die entwurzelte Bevölkerung aufnehmen sollte. »Nach einem Jahr hatten wir die
Hoffnung auf eine baldige Rückkehr in unser Dorf verloren«,
sagte Fathi, »und meine Eltern zogen nach Dschebalja. So war es
damals – als die Hoffnung aufhörte, begann Dschebalja.«

Die Hartnäckigkeit, mit der er meinen Adoptivnamen benutzte, obwohl er meinen richtigen Namen kannte, verlieh unserem Gespräch eine skurrile Note, sobald wir einander anredeten.
»Fathi«, sagte er eines Abends zu mir.

»Ja, ya Fathi«, gab ich zur Antwort.

»Weißt du, die Tatsache, daß ich wegen meiner subversiven Bilder sechs Monate in einem israelischen Gefängnis gesessen
habe, weil sie zum Widerstand gegen die Israelis aufrufen – diese
Tatsache hat mir im Leben weitergeholfen. Journalisten aus dem
Ausland haben begonnen, mich aufzusuchen, und mein Ansehen
hier im Lager ist ganz schön gestiegen. Im Gefängnis wollten sie
mich demütigen, damit ich mit dem Malen aufhören würde, wenn

ich wieder draußen war. Die Wärter haben spezielle Anweisungen erhalten, mich in eine Zelle mit kriminellen Häftlingen, Drogenhändlern und Zuhältern zu stecken und nicht zu anderen politischen Gefangenen. Die Behörden hofften, daß mich die Kriminellen piesacken und mir das Rückgrat brechen würden, aber unsere Zelle hat sehr bald eine strikte Warnung von den Führern der politischen Häftlinge erhalten, daß der *schabab* jeden bestrafen würde, der Fathi Raban auch nur ein Haar krümmte. Danach zeigten die Verbrecher Respekt vor mir. Ich erhielt immer das beste Essen und hatte jede Menge Zigaretten.«

Fathis Karriere als nationalistischer palästinensischer Künstler begann eigentlich in der jüdischen Stadt Bat Jam in der Nähe von Tel Aviv. »1972 arbeitete ich dort für einen jüdischen Unternehmer. Nach den Arbeitsstunden auf dem Bau zeichnete ich hie und da etwas für seine Kinder. Er sah die Zeichnungen, kaufte mir Farben und bat mich, einige Bilder für ihn zu malen. Das waren damals kommerzielle Bilder von Landschaftsszenen und Menschen, keine nationalistischen Bilder. In kurzer Zeit war ich bei seinen Freunden sehr gesucht. Dann begann ich mich selbständig zu machen und meine Bilder zu verkaufen. Mein Werk hängt heute in vielen Wohnstuben in Bat Jam.

Später habe ich mich mehr und mehr auf politische Themen verlegt und bin eingeladen worden, an palästinensischen Ausstellungen in Ostjerusalem teilzunehmen. Danach haben die Militärbehörden entschieden, ich sei ein Subversiver, und mich ins Gefängnis gesteckt.«

Fathis Bilder wurden in Ostjerusalem bei verschiedenen Gelegenheiten ausgestellt. Er erzählte mir einmal, wie es ihm gelungen war, mit seiner subversiven Fracht durch die militärischen Straßensperren zu kommen. »Um meine Bilder zu transportieren, spanne ich eine leere Leinwand über den Rahmen. Wenn mich die Soldaten bei Erez fragen, was ich bei mir habe, antworte ich, dies seien Rahmen mit Leinwand, die ich Künstlern in Tel Aviv verkaufen wolle. Einem Palästinenser nehmen die eine solche Geschichte sofort ab.«

Der relative Ruhm, den sich Fathi erworben hatte, war zugleich der Grund für seine tiefe Frustration. Er hatte bis zu einem gewissen Grad am Leben außerhalb des Lagers geschnuppert, und dieser Kontakt mit einer völlig anderen Welt ließ seinen bescheidenen Alltag immer unerträglicher werden. »Jemand wie ich müßte sich unter normalen Umständen nicht mit dem Problem befassen, wie er sich sein Leben verdient. Ich möchte am liebsten den ganzen Tag nur malen.«

Miriam, Fathis Frau, wußte um meine wahre Identität und fand viel Spaß daran. Als ich das erstemal in eine Gallabija gekleidet ihr Haus betrat, klatschte sie in die Hände und lachte entzückt. »Ya Fathi, jetzt sehen Sie wirklich wie ein waschechter Araber aus.«

»Gott segne Ihre Worte«, erwiderte ich, während ich versuchte, ihre zwei jüngsten Kinder abzuschütteln, die unbedingt herausfinden wollten, wie schnell sie meine Gallabija schmutzig machen konnten.

Trotz ihrer Jugend (sie war erst dreißig) war Miriam vorzeitig gealtert, da sie schon acht Kinder geboren hatte. Dies war keineswegs etwas Unmögliches und entsprach der ausdrücklichen Politik der palästinensischen Führung. Arafat und andere haben erklärt: »Jede palästinensische Frau, die Kinder in diese Welt setzt, nimmt an unserem Kampf teil.« Die Namen der Kinder spiegelten denn auch die Auffassung wider, Kinder seien ein demographischer Faktor im Kampf um die nationale Befreiung: Schuala (Flamme), Thair (Revolutionär), Kifach (Kampf) und für das Baby, ein Mädchen, Falastin (Palästina).

»Vor ein paar Monaten malten die Kinder das Wort ›Falastin‹ draußen auf die Hausmauer, auf arabisch und auf englisch«, erzählte mir Miriam. »Eine Patrouille Soldaten kam vorbei – die kommen hier mindestens zweimal am Tag. Der kommandierende Offizier trat ein und fragte, wer das Wort ›Falastin‹ auf die Mauer gemalt habe. Er meinte, dies sei ein nationalistischer und subversiver Slogan, und der Übeltäter, wer immer er auch sei, werde vor ein Militärgericht gestellt. Ich sagte ihm, dies sei der Name meiner Tochter, genau wie viele Israelis ihre Söhne und

Töchter Yisrael oder Yisraela nennen, und es sei mein gutes Recht, wenn die Namen der Haushaltsmitglieder am Eingang zu unserem Haus stehen. Schließlich hat er es eingesehen und ist gegangen.« Miriam lachte über den kleinen Sieg, den sie über die Streitkräfte der Besetzung errungen hatte.

Im Gegensatz zu ihrem Ehemann bleibt Miriam den ganzen Tag zu Hause und ist pausenlos damit beschäftigt, nach den Kindern zu sehen, Wäsche zu waschen, das Haus sauberzuhalten und zu kochen. Da sie ihr ganzes Leben in unmittelbarer Nähe ihres Hauses verbringt, weiß sie gründlich Bescheid über die Soldaten, die in den Straßen des Lagers patrouillieren. Wie die meisten unter der hier ansässigen Bevölkerung kann sie an der Farbe ihres Käppis, an der Art der Waffen, die sie tragen, und an ihrem Alter erkennen, zu welcher Einheit die Soldaten gehören. Sie weiß, welche Einheiten härter vorgehen und wo die Chancen höher sind, bei einem Streit als Sieger hervorzugehen. »Am schlimmsten ist die Grenzpolizei. Wenn eine ihrer Patrouillen vorbeikommt, ist es nicht ratsam, irgendwo in der Nähe zu sein. Und während einer Sperrstunde ist es ganz aussichtslos, um Erlaubnis zu bitten, hinauszugehen und für die Kinder Essen holen zu dürfen. Sie verprügeln dich auf der Stelle. Die besten sind die älteren Soldaten, die Reservedienst leisten.« Die Leute von Dschebalja wußten kaum etwas von der »Operation Moses«, die eine große Zahl äthiopischer Juden nach Israel brachte. Wenige Monate danach erschienen die ersten dunkelhäutigen Soldaten im Lager. »Sie patrouillierten hier in Uniform mit diesen auberginefarbenen Mützen und schleppten Waffen mit sich herum, aber man konnte gleich sehen, daß sie keinen Schimmer hatten, was von ihnen verlangt wurde. Wenn unsere Jungen aufmarschierten, hielten sie die Arme in die Höhe, um sich vor herumfliegenden Steinen zu schützen, und baten sie, ihnen nicht weh zu tun. In ein paar Monaten werden sie es schon noch lernen, Hiebe auszuteilen, jede Wette. Genau wie die Zionisten.«

Einer von Fathis Neffen, ein achtjähriger Junge namens Suheil, wurde – anscheinend irrtümlicherweise – während der Demonstrationen, die im April 1982 im Lager stattfanden, von israelischen Soldaten angeschossen und getötet. Nach dem Glauben der Muslime war der Junge ein *schahid*, einer, der seine Seele Gott geschenkt hat. »Wir haben seinen Leichnam in die palästinensische Fahne gewickelt und ihn zu Grab getragen«, sagte Fathi. »Sein Begräbnis entwickelte sich zu einer Massendemonstration, doch wie in anderen Fällen, in denen wir unsere Meinung kundgetan haben, hat die Militärverwaltung das Lager abgeriegelt und Journalisten den Zutritt verboten, so daß nichts publiziert werden konnte.«

Ich war Suheils Vater begegnet – er war ein gebrochener Mann. Für mich als Israeli war es schwierig, mit einem solch tragischen Ereignis als Folge der Besetzung konfrontiert zu werden. Ich mußte oft darüber nachdenken, was es alles braucht, bis ein unschuldiges Kind zu einem nationalen Symbol werden kann.

Einige meiner Tage in Dschebalja verbrachte ich in der Gesellschaft von Hassan Dschibril. Er kam oft von Schati auf einen Besuch herüber und stellte mich verschiedenen Leuten im Lager vor. Hassan, ein gewiefter Journalist, kannte den Zweck meines Aufenthaltes und betrachtete seine Zusammenarbeit mit mir in erster Linie als ideologische Mission.

Wenn ich ihn richtig verstand, entsprachen seine Ansichten der Ideologie der marxistischen Volksfront für die Befreiung Palästinas (PFLP) unter der Führung von George Habasch. Bezüglich der Situation in Palästina befürwortet sie unter anderem eine Zusammenarbeit zwischen allen »progressiven« Kräften in diesem Gebiet, »nichtzionistische« Israelis inbegriffen (worunter für die PFLP jeder israelische Jude fällt, der akzeptiert, daß für eine friedliche Lösung des Konflikts ein Palästinenserstaat notwendig ist). Ihr Ziel ist es, zu gegebener Zeit eine Volksrevolution auszulösen, die in Israel und auch in den arabischen Staaten das Proletariat an die Macht bringt.

Ich merkte, daß sich Hassan speziell darum bemühte, mich vor allem mit Aktivisten der PFLP und weniger mit Anhängern anderer Organisationen wie etwa der Al Fatah (unter Yasir Arafat) bekannt zu machen. Dadurch hoffte er in mir den Eindruck zu er-

wecken, die PFLP sei die führende Organisation in den Flüchtlingslagern, was sich in meinen künftigen Publikationen nieder-
schlagen würde. Um meinen Verdacht zu erhärten, stellte ich
Hassan direkt zur Rede. Er stritt meine Vermutung über seine
versteckten Motive nicht ab.

Unter den Familien, die wir zusammen besuchten, war jene von
Muhammad Musalem, der als Hausmeister an der Quäkerschule
in Gaza amtierte. Zwei seiner Söhne waren für die Volksfront aktiv geworden und saßen jetzt ihre Strafe ab: Rafik war wegen
eines Sicherheitsvergehens zu fünfeinhalb Jahren Gefängnis verurteilt worden, Muein hatte sogar lebenslänglich erhalten, weil er
eine Granate auf eine Armeepatrouille geworfen hatte.

Im Rahmen der Vergeltungsstrategie, an die sich die israelischen Behörden bis heute halten, war das Haus der Familie Musalem von der Armee zerstört worden. Wenn ein Palästinenser
aus dem Westjordanland oder aus dem Gazastreifen an einem
schweren gewalttätigen Akt teilnimmt, wird sein Haus niederge-
rissen. Da die meisten der Saboteure (»Terroristen« bzw. »Frei-
heitskämpfer«, je nachdem, auf welcher Seite man steht) junge
Männer sind, die bei ihren Eltern wohnen oder irgendwo einen
Raum gemietet haben, der ihnen nicht gehört, läuft dies auf eine
Kollektivbestrafung heraus, welche die Familien der Angeklag-
ten schädigt. Der zerstörte Besitz geht an die Armee über, und
der Familie ist es verboten, das Haus wieder aufzubauen. Im allgemeinen erhält sie eine angemessene Geldsumme von Jordanien oder von einer der palästinensischen Organisationen, damit
sie sich anderswo ansiedeln kann. Diese Praxis ist den israelischen Behörden bekannt, doch sie ziehen es vor, sich nicht einzumischen.

Die Familie Musalem hatte einige Jahre in einem großen Zelt
gelebt, das ihr vom Internationalen Roten Kreuz zur Verfügung
gestellt worden war. Obwohl sie gleich daneben ein neues Haus
gebaut hatte, blieb das Zelt stehen und diente als eine Art Wall-
fahrtsort für Journalisten und andere Leute, die ihre Solidarität
ausdrücken wollten.

Die Taten der beiden Söhne bildeten für die Familie eine Quelle des Stolzes. Sie hat damit ihren Platz unter den »kämpfenden Familien« in den besetzten Gebieten eingenommen, jenen Familien also, die etwas zum gemeinsamen Kampf beigetragen haben. Man zeigte mir stolz die gerahmten Porträts der Söhne mit Hemden, auf welchen in großen Lettern die Initialen der israelischen Gefängnisbehörden aufgenäht waren. Wie jeder gute Vater, dem daran gelegen ist, daß sein Sohn eine Ausbildung erhält, zeigte mir Muhammad Musalem den Studentenausweis von Muein. Es erschien mir irgendwie grotesk, und ich notierte mir, was darauf stand: Name des Studenten – Muein Muhammad Musalem; Name der Schule – Zentralausschuß des Gefängnisses von Gaza. Als ich wenige Wochen später mit Yisrael wieder herkam, um vom Familienvater als »Souvenir« einen Schnappschuß zu machen, ließ er sich mit den Fotografien seiner Söhne in den Händen und einer weißen Taube auf seiner Schulter ablichten.

Während ich durch die engen Gassen von Dschebalja spazierte, beschlich mich nach und nach ein leises Unbehagen. Die Frauen, die bei den Hauseingängen saßen, sandten blitzschnelle Blicke in meine Richtung und begannen zu tuscheln. Ich schrieb ihrem Verhalten keine besondere Wichtigkeit zu, bis Abd el-Karim Lubad eines Tages zu mir sagte: »Diese Weiber schwatzen zu viel. Möge Allah ihre Zungen in Flammen setzen!«

»So ist es nun mal. Frauen sitzen den ganzen Tag zu Hause und tratschen«, erwiderte ich.

Doch Luban gab nicht auf. »Wegen dieser alten Krähen weiß schon das ganze Lager, daß ich einen Gast habe, und alles will wissen, wer er ist. Eine von ihnen hat mich unverblümt gefragt. Ich habe ihr gesagt, sie könne meinetwegen in der Hölle schmoren und solle nicht ihre Nase in anderer Leute Angelegenheiten stecken, aber sie meinte, alle sprächen bereits darüber.« Lubad war sichtlich nervös, und ich spürte seinen Wunsch, daß sich mein Aufenthalt nicht viel weiter ausdehnte.

Während mir diese Dinge durch den Kopf gingen, hörte ich ein leises »*biu, biu*«. Dieses Geflüster war eine Warnung von kleinen Kindern, welche mit den Routen der Patrouillen vertraut waren.

Seit den frühen siebziger Jahren haben sie die Aufgabe, im Lager Warnsignale zu geben. Das Wort *biu* bedeutet »verkaufen« und ist eine Kurzform von *biu silahkum* oder »verkauf deine Waffen«. Es galt als dreiste Beleidigung, besonders wenn ein Araber so etwas einem Soldaten ins Gesicht sagte. Über die Nützlichkeit hinaus, die anderen Lagerbewohner zu warnen, muß es den Kindern viel Spaß gemacht haben, die Soldaten in aller Öffentlichkeit verhöhnen zu können, ohne daß diese verstanden, was sie damit meinten. Ich konnte mir lebhaft vorstellen, daß es ihnen ein ähnliches Vergnügen bereitete wie mir acht Jahre zuvor, als ich in Italien lebte – ich pflegte meinem Vermieter, einem üblen Geizhals, mit einem strahlenden Lächeln auf dem Gesicht meine Monatsmiete zu bezahlen, während ich ihn mit einem unablässigem Schwall hebräischer und arabischer Flüche verwünschte.

Als die Leute in der Straße die Warnung der Kinder hörten, machten sie sich dünn. Keinem Passanten, auch mir nicht, war an einer Konfrontation mit dem Militär gelegen. Während ich mich in einem gewissen Abstand zu der voraussichtlichen Route der Patrouille hielt, fand ich mich plötzlich etwa in der Mitte des Lagers wieder, und zwar an seinem tiefsten Punkt. Ein widerwärtiger Gestank erfüllte die Luft. Er entstieg der Senkgrube, wo sich die Abwässer von ganz Dschebalja sammelten und allmählich vom Sand absorbiert wurden.

*

In den frühen siebziger Jahren war dies meistenfalls der Ort gewesen, wo verdächtige Kollaborateure von Mitgliedern der palästinensischen Organisation summarisch hingerichtet wurden.

Jemand, der aktiv an den Geschehnissen jener Zeit teilgenommen hatte, berichtete mir davon. »Die israelischen Soldaten legten sich nachts jeweils rund um die Senkgrube in den Hinterhalt, um uns zu erwischen, aber es half ihnen nichts. Am Morgen schwammen Leichen im fauligen Wasser. Das Blut unserer Verräter ist wie das Abwasser vom Sand aufgesogen worden.«

Diese Hinrichtungen bildeten einen Teil der generell gewalttätigen Konflikte im Gazastreifen zu jener Zeit. In den siebziger

Jahren, also kurz nach der israelischen Besetzung, waren die Flüchtlingslager praktisch autonomes Gebiet geworden und wurden von den palästinensischen Organisationen regiert. Den Mitgliedern dieser Organisationen stand eine große Anzahl Waffen zur Verfügung. Sie sammelten Handgranaten und automatische Waffen russischer Herkunft (Kalaschnikow-Maschinengewehre) auf, die von der ägyptischen Armee während des Kriegs von 1967 auf dem Rückzug liegengelassen worden waren. Als geheime Waffenlager und Schlupfwinkel für Leute, die auf den Suchlisten standen, wurden überall Verstecke vorbereitet.

Während dieser Zeitspanne gab es häufig Angriffe auf Israelis, die sich in die Gegend wagten. Einmal wurde eine Handgranate auf ein Zivilfahrzeug mit einer israelischen Touristenfamilie geworfen. Die Mutter und zwei Kinder der Familie Arroyos fanden dabei den Tod. Auf dem Höhepunkt des Kampfes, den Israel gegen die Organisationen führte, welche die Lager regierten, wurden unter dem Kommando von Ariel Scharon Streitkräfte eingesetzt, um die Ordnung im turbulenten Gazastreifen wiederherzustellen. Israelische Geheimagenten hatten die palästinensischen Organisationen infiltriert, welche nun ihrerseits eine systematische Säuberung in ihren eigenen Reihen vorzunehmen begannen und verdächtige Kollaborateure eliminierten. Im Lager wurde deshalb sowohl das Blut von Israelis als auch jenes von Ansässigen vergossen, die als Verräter an der Sache der nationalen Befreiung verdächtigt wurden.

*

Nicht weit von dieser Senkgrube steht das zentrale Militärlager, von der Lokalbevölkerung »Center« genannt. Von hier gehen die Armeepatrouillen aus, hierher werden die Verhafteten zu einem einleitenden Verhör gebracht. Die befestigte Anlage wird von einem massiven, von Stacheldrahtrollen gekrönten Gitterzaun umschlossen, und trotz ihres geringen Umfangs überblicken nicht weniger als drei Wachttürme das Lager. Die Mehrzahl der jungen Männer von Dschebalja hat das Center bereits von innen gesehen.

Vor Jahren setzte ein verrückter Australier namens Michael Dennis Rohan die Al-Aqsa-Moschee in Jerusalem in Brand. Die Muslime wollen bis zum heutigen Tag nicht glauben, daß das Feuer der Geistesgestörtheit dieses Australiers zuzuschreiben war. Sie hielten es für einen vorsätzlichen zionistischen Versuch, die Moscheen Haram Al Scharif auf dem Heiligenberg zu übernehmen. Die Lagerbewohner riefen zu einer Demonstration auf und stürmten das Center. Diese Demonstration hat sich tief ins Kollektivgedächtnis von Dschebalja eingegraben und ist mir immer und immer wieder erzählt worden.

Der aufgebrachte Mob rückte gegen das Center, das nächstgelegene Symbol für den verhaßten Zionismus, vor. Zu diesem Zeitpunkt waren nur ein paar wenige Soldaten dort. Die Menge näherte sich dem Zaun, warf Steine und brüllte: »*Allahu akbar!* [Allah ist groß!]« Die Soldaten eröffneten das Feuer. Mehrere Demonstranten wurden verwundet. Einigen verwegenen Jugendlichen gelang es jedoch, ins Lager einzudringen und mit Hilfe von ein paar Lappen und etwas Kerosin einen Teil davon in Brand zu setzen. »Schade, daß du nicht mit dabei warst, ya Fathi«, meinte einer meiner Informanten. »Es war ein richtiger Dschihad [Heiliger Krieg].«

*

Eines Tages brachte mir Hassan eine Botschaft. »Al Wahsch hat von dir gehört. Er achtet deinen Wunsch, etwas über das Leben in Dschebalja zu erfahren, und möchte gerne deine Bekanntschaft machen.« Ich sagte auf der Stelle zu, mich mit ihm zu treffen. Al Wahsch bedeutet »das Biest«. Es ist der Spitzname Muhammed Abu el-Nasers, eines der kühnsten Kämpfer, den das Lager hervorgebracht hat. Al Wahsch hatte viele Jahre in israelischen Gefängnissen zugebracht, wo er unter den Mithäftlingen eine Führerrolle innehatte. Wegen seiner Intelligenz und seiner waghalsigen Vergangenheit wurde er in weiten Kreisen respektiert und genoß im Lager einen privilegierten Status.

Daß »das Biest« schon von dem seltsamen Fremden aus Balata gehört hatte, überraschte mich nicht. Es war nur allzu verständ-

lich, daß mich eine führende Persönlichkeit der Lagergemeinde
kennenlernen wollte, genauso wie sich ein Stammeshäuptling ein
Urteil über einen Neuankömmling in seinem Territorium zu bilden gewünscht hätte. Mir war auch völlig klar, daß Al Wahschs
Urteil über meine weitere Zukunft in Dschebalja entscheiden
konnte.

Muhammad Abu el-Naser, ein kleiner, stämmiger und muskulöser Mann, empfing mich in seinem Haus in Dschebalja mit
einem kräftigen Handschlag. Obwohl er mitten im Flüchtlingslager lebte, gab es keinerlei Anzeichen von Armut oder Entbeh-
rung in seinem Zuhause. Ein massives Metalltor trennte es von
der ärmlichen Umgebung ab. Die Familie Abu el-Naser hatte alles getan, um sich ein gemütliches Nest zu bauen und es vor dem
Schmutz und dem Elend draußen abzuschirmen. Saubere, geräumige Zimmer umgaben den Innenhof, der teilweise von einem
Weinspalier beschattet wurde. Die Räume waren aus Betonblök-
ken gebaut und bescheiden, aber nicht ärmlich möbliert. An der
Wand des kleinen Gästezimmers hingen Fotografien von der Art,
wie ich sie in Dschebalja des öfteren zu sehen gekriegt hatte. Zwei
von Muhammads Brüdern, Ziad und Dschihad, saßen wegen
Verstößen gegen die Sicherheit Gefängnisstrafen in Nafha im
Negev ab. Wie auf den Porträts der beiden Söhne von Muhammad Musalem prunkten die Männer auch hier in der prestige-
trächtigsten Kluft, die ein Flüchtling tragen kann: in der Uniform
der israelischen Gefängnisbehörden.

Bei dem Treffen waren auch Muhammad Abu el-Nasers jünge-
rer Bruder Hosni und ein Freund namens Omar, ein Volksschul-
lehrer, der im Lager lebte, zugegen. Nachdem wir eisgekühltes
7-Up getrunken hatten, fragte Muhammad, was mich nach
Dschebalja geführt habe. Einmal mehr gab ich meine Geschichte
zum besten. »1948, als die Juden kamen, ist meine Familie aus
Haifa ins Flüchtlingslager Schatila in Libanon geflohen ...«

Muhammads viele Auseinandersetzungen mit israelischen Si-
cherheitsagenten – nebst jenen, die er in seiner Gefängniszelle
selbst durchgeführt hatte, um der Kollaboration mit den Behörden verdächtigte Mithäftlinge zu verhören – hatten ihm eine

Menge diesbezüglicher Erfahrung vermittelt, was sehr zu meinem Unbehagen beitrug. Er reagierte kaum auf meine Geschichte. Jedesmal wenn ich wieder eine Episode abgeschlossen hatte, nickte er bloß mit dem Kopf oder grunzte, ohne seine Meinung über das Gesagte zu verraten. Erst als ich ihm über Haifa erzählte, sprach er mich an und fragte, aus welcher Wohngegend meine Eltern stammten und ob ich schon mein Elternhaus besucht hätte.

»Nein, noch nicht. Mein Vater hat mir erzählt, er sei sicher, daß dort jetzt Juden leben würden, und ich möchte mir das ersparen.«

Hassan saß neben mir und verfolgte schweigend unser Gespräch. Er überwachte Muhammads Reaktionen mit der Aufmerksamkeit eines Jagdhundes und suchte nach dem kleinsten Zeichen von Mißtrauen – eines Mißtrauens, das mich und Hassan teuer zu stehen kommen konnte.

Muhammads Freund Omar mischte sich ins Gespräch. »Also, Fathi«, fragte er, »was für eine Lösung für unser Problem sehen Sie denn?«

Die unvermutete Frage verwirrte mich etwas, doch ich faßte mich schnell und antwortete auf die einfachste Weise, die einem Palästinenser möglich war: »Die *awda* natürlich, die Rückkehr zu Palästina. Das allein ist es, was das Problem lösen wird.«

»Wir haben schon seit langem die Hoffnung aufgegeben, je wieder in unser Heimatland zurückzukehren«, erwiderte mir Omar. »Die Juden sollen uns einfach erlauben, einen unabhängigen Staat im Westjordanland und im Gazastreifen zu gründen.«

Omars Ansicht, die von manchen Leuten in den besetzten Gebieten als gemäßigt bis hin zum Verrat aufgefaßt worden wäre, verriet seine Anhängerschaft zur Kommunistischen Partei. Mein diesbezügliches Wissen bot mir eine Gelegenheit, die gespannte Atmosphäre aufzulockern: »Sie sind also einer vom Hizb Schuyui [der Kommunistischen Partei], hm?« entgegnete ich. Meine Antwort wurde von Muhammad, der trotz seiner Freundschaft mit Omar dessen politische Ansichten nicht teilte, sichtlich wohlwollend aufgenommen. »Das Biest« schenkte mir ein vertrauliches Lächeln und entsprach meiner Bitte, von sich selbst zu erzählen.

Am 6. September 1970 verließ Muhammad Abu el-Naser den Gazastreifen mit einer Pistole und einer Handgranate in seinem Besitz. An der Erez-Straßensperre wurde sein Taxi für eine Routinekontrolle angehalten. Um keinen Verdacht zu erregen, stieg er aus und fragte einen der Soldaten, ob es hier Trinkwasser gebe. Der Soldat zeigte ihm, wo der Wasserhahn war, und fuhr fort, die Wagenpapiere zu überprüfen. Als Abu el-Naser seinen Durst gelöscht hatte, kehrte er zurück und setzte seinen Weg nach Jerusalem fort.

Zu jener Zeit war Muhammad als Arbeiter bei einem jüdischen Bauunternehmer in Jerusalem beschäftigt, doch seine eigentliche Mission bestand darin, für ein geplantes Attentat die Anlage der Stadt und die Verteilung der Militärposten auszukundschaften. »Der Boß war im Grunde ein guter Kerl, ya Fathi«, sagte Muhammad, wobei er meine Reaktion auf sein Lob für einen Juden genau studierte, »und das ließ mich zögern, meine Mission auszuführen, die mir von der PFLP anvertraut worden war. Aber jede Woche kehrte ich an meinem freien Tag ins Lager zurück, und als ich sah, wie Ariel Scharons Soldaten uns hier behandelten, überkam mich eine Riesenwut. Dann fuhr ich zurück nach Jerusalem und war bereit, jede nur mögliche Mission auszuführen.

Am selben Tag, als ich von Gaza ankam, ging ich zum Herodestor in den Mauern der Altstadt. Zu jener Zeit hatten wir Anweisungen von der Organisation, möglichst nur militärische Ziele zu beschädigen. Ein paar israelische Soldaten in einem Militärfahrzeug hatten dort geparkt. Offensichtlich hatten sie Urlaub. Ich wartete auf der anderen Straßenseite und bedeckte die Handgranate, die ich in der Faust hielt, mit einer Zeitung. Ein Junge stand dort, einer von uns. Ich wartete, bis er wegging. Als er fort war, trat eine Soldatin zu dem Wagen. Sie aß ein Eis. Sie hatte eine dunkle Hautfarbe, ihre Familie muß also aus einem der Länder im Nahen Osten stammen. Ich hätte meine Granate lieber auf einen Mann geworfen, aber ich konnte nicht warten, denn die Juden hätten mich sonst erwischt. Ich warf sie auf das Fahrzeug, dann spazierte ich von dort weg zum Sankt-Stefans-Tor, wo ein Taxi auf mich wartete, um mich nach Gaza zurückzubringen.«

Wenige Tage später kam Abu el-Naser mit einer weiteren Handgranate nach Jerusalem zurück und schleuderte sie gegen ein Polizeifahrzeug.

Als Abu el-Naser schließlich nach Dschebalja zurückkehrte, hatte er sich den Ruf eines furchtlosen Helden erworben, dem es gelungen war, zwei Sabotageakte gegen die Juden auszuführen. Er wurde Aktivmitglied in einer Zelle der PFLP, die zu jener Zeit im Lager operierte. »Wir hatten in jedem Winkel ein Versteck«, sagte Muhammad. »In diesem Zimmer, wo wir jetzt sitzen, gab es eine doppelte Wand. Sie war vergipst und hatte einen Zugang durch einen Tunnel, den wir im Hof draußen gegraben und mit einem Strauch getarnt hatten. Mein direkter Vorgesetzter war Che Guevara.«

Muhammad musterte mich. Ich stieß einen leisen Pfiff der Bewunderung aus. Che Guevara, auch bekannt als Guevara von Gaza, war einer der verwegensten Terroristen, die je im Gazastreifen operiert hatten. Sein wirklicher Name lautete Muhammad el-Aswad, und jeder Palästinenserjunge in den Flüchtlingslagern hatte schon von ihm gehört. Die Legende will es, daß Mosche Dayan, der damalige Verteidigungsminister, in eigener Person auf dem Schauplatz erschien, nachdem es den israelischen Sicherheitskräften gelungen war, Guevara zu erledigen, und den Toten mit einem Salut ehrte. Diese seltsame Geschichte ist vermutlich eine Erfindung, denn für die Israelis gelten die palästinensischen Kämpfer als verabscheuungswürdige Terroristen, doch paradoxerweise illustriert sie auf sehr schöne Weise die Achtung, die Dayan von den Palästinensern im Gazastreifen entgegengebracht wurde.

»Zuerst kannte mich der Geheimdienst nur unter meinem Decknamen Al Wahsch, doch sie fanden meine wahre Identität sehr schnell heraus. Weißt du, Fathi«, sagte Muhammad und schaute mir direkt in die Augen, »es gibt eine Menge Verräter unter uns.«

»Ja, ich selbst habe auch einige der Leute von Balata mit einem großen X gekennzeichnet«, antwortete ich.

Muhammads Mutter spähte ins Zimmer, in welchem wir sa-

ßen, und sagte: »Das Essen ist fertig, mein Sohn.« Auf einer gepflasterten freien Stelle unter dem Rebenspalier im Hof waren in
einem Viereck Matratzen ausgelegt. In der Mitte stand ein riesiges rundes Tablett, etwa einen Meter im Durchmesser, mit einem
Berg gelbem Reis vollgehäuft, auf welchem drei ganze, knusprig
braun gebratene Hühnchen lagen. Daneben waren Teller mit
einem Gemisch von Tomatenscheiben und scharfen grünen Pfefferschoten und ein Teller mit frischem Joghurt.

Nachdem wir uns die Hände gewaschen hatten, zogen wir unsere Schuhe aus und setzten uns zum Festmahl nieder. Muhammad holte sich ein Hühnchen und riß es geschickt mit bloßen
Händen auseinander. Er breitete die erlesenen Teile auf dem
Reisberg aus und reichte mir einen herüber. »*Tfadalu*, bediene
dich.« Ich machte mich sogleich hinter das Hühnchen. Sein Geschmack war durch eine reichlich bemessene Portion *sumak* ver-
stärkt worden, gemahlener roter Samen, die dem Fleisch einen
erfrischenden Hauch von Säure verleihen.

Dann durchbrach mein Gastgeber die gewohnte Stille, die bei
den Arabern ein Mahl begleitet. Ich hob den Blick und schaute
hinter meinem Hühnchenschenkel hervor. Muhammad saß behaglich da und hielt ein langes Küchenmesser und einen Wetz-
stein in der Hand. »Ya Fathi«, wandte er sich an mich, »wie gut
kennen Sie sich im Koran aus?«

»Recht gut, *allhamdullah* [Der Herr sei gelobt].«

»Wenn es Ihnen nichts ausmacht, so sagen Sie doch bitte die
fatiha auf, die erste *sura* [Kapitel] des Korans.«

Hassan, der zu Muhammads Linken saß, warf einen schnellen
Blick in meine Richtung, wie um zu sagen: »Jetzt sitzen wir aber
schön in der Tinte, und der einzige, der uns rauskriegen kann,
bist du.« Omar, der kommunistische Lehrer, hatte aufgehört, auf
seinem Essen herumzukauen, und starrte mich mit vollem Mund
an. Auf Muhammads Gesicht lag ein dünnes Lächeln. Er ließ seinen Finger leicht und vielsagend über die Schneide seines Mes-
sers streichen, genau wie ein ritueller Schlachter, der sein *halaf*
(Schlachtermesser) prüft, um sich zu vergewissern, daß es ihn —
da sei Gott vor! — nicht im Stich ließ.

Ich warf einen Blick in die Runde und bemerkte, daß das Tor, das vom Hof auf die Straße hinausführte, geschlossen war. Muhammad hätte so oder so zwischen mir und dem Ausgang gesessen. Ich lehnte mich unbehaglich an die Mauer hinter mir zurück. Wo war jetzt Feisal el-Husseinis Brief, wo ich ihn doch so dringend nötig hatte? Dummerweise hatte ich ihn in Abd el-Karims Haus zurückgelassen, sorgfältig in meinem Gepäck versteckt. Doch dann blitzte urplötzlich eine Erinnerung an Professor Kisters Klasse im Anfängerjahr Arabisch an der Universität durch meinen Kopf. Ich holte tief Atem und begann mit einem so korrekten Akzent, wie ich nur aufbringen konnte, das heilige Kapitel zu rezitieren, das praktisch jeder muslimische Gläubige auswendig kennt: »*Alhamda lillahi rab alalamin, malik yaom aldin, iaka naabudu waiaka nastain* [Gott, der Herrscher des Universums, sei gelobt. Dich beten wir an, und deine Hilfe suchen wir].«

Zu meiner Überraschung brachte ich den Text zusammen und hatte die Prüfung bestanden. Ich wischte mir nonchalant den Schweiß aus dem Gesicht, und wir setzten unser Mahl fort.

Als der Besuch zu Ende war, begleitete mich Hassan ins Zentrum des Lagers, wo sich unsere Wege trennten. Ich nahm den schnellsten Weg zurück zu Lubads Haus. Die Gäßchen waren mir vertraut geworden, und mir war, als kehrte ich in einen sicheren Hafen zurück, nachdem ich meine Feuerprobe bestanden hatte. Es war sieben Uhr. Ich sah, wie der Besitzer den Kettensägenladen dichtmachte. Offiziell war keine Sperrstunde verhängt, doch niemand ließ sich draußen blicken.

In den Abendstunden leeren sich die Straßen im Lager. Das lokale Nachtleben erschöpft sich darin, zu Hause fernzusehen, meistens das ägyptische Programm. Wird ein Lagerbewohner nachts auf der Straße angetroffen, muß er damit rechnen, verhaftet und verhört zu werden.

Das einzige, was sich regt, sind die Armeepatrouillen. Zuweilen fährt ein Auto vorbei. Vielleicht ist es kein Armeemodell, hat aber trotzdem ein Militärkennzeichen – ein Fahrzeug des israelischen Schin Bet also, der still und unablässig seinem Geschäft nachgeht, Agenten einzuschleusen und Informanten zu rekrutieren.

Zu Hause fand ich Abd el-Karim ganz blaß und hypernervös vor. Er begrüßte mich nicht mit dem gewohnten Lächeln und kam gleich zur Sache: »Du hättest mir die Wahrheit sagen sollen! Es hätte keine Rolle gespielt, ich hätte dich genau gleich behandelt.«

Lubad, der offenbar herausfinden wollte, was es mit seinem Gast für eine Bewandtnis hatte, hatte in meiner Abwesenheit meine Habseligkeiten durchsucht und dabei Feisal el-Husseinis Brief entdeckt. Ironischerweise erwies sich das Dokument, das im Falle einer Notlage meine letzte Rettung sein sollte, als Bumerang und verriet meine wahre Identität als jüdischer Journalist. Abd el-Karim war durch diese Enthüllung wie vom Blitz getroffen. Ich versuchte mein Bestes, ihn davon zu überzeugen, daß meine Verstellung unabdingbar war, wenn ich wirklich etwas Wesentliches über das Leben der Flüchtlinge erfahren wollte. Er schnitt mir brüsk das Wort ab und verließ zornig das Haus. Später kehrte er mit Hassan zurück und forderte ihn in meiner Gegenwart auf: »Nimm ihn an der Hand und verschwinde, und laß ihn nicht los, bis ihr aus Dschebalja heraus seid.«

Sumud

*B*evor sich etwas über die Intifada, wie die Palästinenser ihren gegenwärtigen Aufstand nennen, sagen läßt, muß man verstehen, wie sie bislang mit dem Leben unter der israelischen Besetzung fertig geworden sind. Der Schlüsselbegriff zu diesem Verständnis ist *sumud*. *Sumud* bedeutet »dranbleiben«, »sich nicht vom Fleck rühren«, seinen Zielen und dem Land »treu bleiben« – mit einem Wort: »überleben«. *Sumud* ist eine Einstellung, eine Philosophie und ein Lebensstil und schließt in sich ein, so normal und gelassen wie nur möglich weiterzumachen. Im Vergleich zu organisiertem zivilem Ungehorsam oder passivem Widerstand, wie ihn Gandhi gepredigt hat, ist *sumud* eine noch grundlegendere Form des Sich-Wehrens. Sie ist aus der Idee gewachsen, es sei bereits ein Akt der Auflehnung, einfach weiterzuexistieren, zu überleben und auf seinem Land auszuharren – dies insbesondere auch deshalb, weil sich die Palästinenser am allermeisten vor einer Deportation fürchten. *Sumud* hat jedoch auch einen politischen Aspekt. Der Begriff wurde offiziell 1978 während des Gipfeltreffens von Bagdad in bezug auf die eineinhalb Millionen Palästinenser geprägt, die unter israelischer Herrschaft leben. Dabei wurde ein spezieller Hilfsfonds, der *amwal sumud*, unter gemeinsamer Überwachung von Jordanien und der PLO geschaffen. Dieser Fonds bezweckte, die Bevölkerung in den besetzten Gebieten finanziell zu unterstützen. Wer zum Beispiel von den israelischen Militärbehörden eine Baugenehmigung erhalten hat, kann mit einer Fotokopie der Bescheinigung nach Jordanien gehen, sie dort dem *sumud*-Fonds vorlegen, und er wird für seinen Hausbau finanzielle Hilfe kriegen. Das Hauptziel dieses Fonds besteht ganz eindeutig darin, es der palästinensischen Bevölkerung zu ermöglichen, das Eigentumsrecht über so viel Boden und Hausbesitz wie nur möglich zu erwerben.

Obwohl *sumud* seiner Natur nach im wesentlichen passiv ist, schließt das Konzept auch eine aktive Seite mit ein. Sie äußert sich in kleinen Ausdrucksmöglichkeiten, welche letztlich den Unterschied zwischen einem Überleben unter schwierigen Bedingungen und dem Akzeptieren dieser Bedingungen ausmachen. Im Laufe meines Tarnprojekts wurde ich mehrmals mit Beispielen dieses aktiven *sumud* konfrontiert. Bei einer dieser Gelegenheiten unterhielt ich mich mit einer Gruppe palästinensischer Jugendlicher im Flüchtlingslager Dschelazun, etwa zwanzig Kilometer nördlich von Jerusalem, wo mir einer der jungen Männer, den ich Abed nennen will, seine Version von *sumud* erklärte. »Obwohl ich eigentlich ein Universitätsstudium abgeschlossen habe«, sagte er, »kann ich in meinem Beruf keine Arbeit finden und muß mir mein Leben als Bauarbeiter verdienen.«

»Wo arbeitest du denn?« fragte ich ihn.

»In Beit El, dort oben.« Er zeigte auf den Hügel, der das Flüchtlingslager überblickte. An seinem Hang konnte man verstreute Häuser mit schrägen roten Ziegeldächern im europäischen Stil sehen, wie sie für die jüdische Besiedlung im Westjordanland typisch sind, obgleich sie überhaupt nicht in diese trockene, staubige Landschaft passen. Der Stacheldrahtzaun, der die Siedlung umgab, ließ sich von meinem Standort nicht ausmachen, aber ich hatte ihn bereits vorher im Vorbeifahren bemerkt. »Das heißt also, du arbeitest nicht nur für die Juden, sondern für die allerschlimmsten unter ihnen, die Siedler«, sagte ich in vorwurfsvollem Ton.

Abed wechselte hurtige Blicke mit seinen Freunden, die um uns herumsaßen, wie um sie zu fragen, ob er mich in ihr kleines Geheimnis einweihen solle, und entgegnete: »Stimmt, wir arbeiten für die Siedler. Das Geld, das wir damit verdienen, erlaubt uns, hier zu leben und *samidin* zu sein [*sumud* auszuüben], aber damit hat es sich noch nicht. Für uns in diesem Lager heißt *sumud* nicht bloß Geld nach Hause bringen, um einen Sack Reis und ein paar Tüten Zucker zu kaufen. Wenn ich in der Siedlung arbeite, nehme ich jede Gelegenheit wahr, die Juden zu bekämpfen.«

»Was kannst du als einfacher Arbeiter schon groß tun?«

»Recht viel. Als erstes: Wenn ich im Bad oder in der Küche eines israelischen Siedlers Fliesen verlegt habe und alles ist an seinem Platz und der Zement bereits trocken, nehme ich einen Hammer und zerschlage ein paar. Und wenn wir mit der Installation der Abwasserrohre fertig sind und der jüdische Zulieferer nachgeprüft hat, ob alles in Ordnung ist, stopfe ich einen Sack voll Zement in die Röhre. Sobald Wasser durch dieses Rohr läuft, wird der Zement hart wie Stein, und das ganze Abwassersystem ist blockiert.«

Wir saßen in einem Kaffeehaus im Zentrum von Dschelazun. Das kleine, aus Zementblöcken errichtete Gebäude bestand bloß aus einem einzigen Raum mit vier kahlen Wänden. Es gab hier etwa acht niedrige Tische, um die sich ein paar Lagerbewohner versammelt hatten, was angesichts der Tageszeit bedeutete, daß sie arbeitslos waren. Einige schwatzten miteinander, andere spielten *schadde*, ein beliebtes Kartenspiel. In einer Ecke hinter einem irdenen Tresen, dessen Oberfläche von all den Tabletts mit Kaffee, die darübergeschlittert waren, blankgeschliffen war, stand ein riesiger Kupferkessel auf einem brennenden Kerosinkocher, daneben war ein kleiner Trog, um die Tassen auszuspülen. Ein Büschel frischer Nanablätter lag auf dem Tresen und verströmte süßen Minzeduft. Der alte Mann, dem der Laden gehörte und der zugleich als Kellner die Gäste bediente, warf in jedes Glas Tee, das er servierte, ein paar Blätter. Eine weite Öffnung in der Südwand des Raums ging auf eine kleine, von Weinreben überdeckte Terrasse hinaus. Während wir auf dieser Terrasse saßen, fuhren unten auf der Hauptstraße zerbeulte alte Autos vorbei und wirbelten kleine Staubwolken auf, die sich mit dem süßen Tee vermischten, den ich schlürfte.

Ich hatte mich den Jugendlichen unter meinem üblichen Deckmantel vorgestellt: Ich käme ursprünglich aus Balata und hätte mich nach langer Abwesenheit entschlossen, meine Heimat aufzusuchen. Sie akzeptierten dies als einen natürlichen Grund für meine Neugier und begannen mir die Lebensbedingungen im Flüchtlingslager zu schildern. Einer von ihnen deutete auf ein Geschäft mit Elektrogeräten im Zentrum von Dschelazun. Schwarzweißfernseher seien dort für ein Butterbrot zu haben, versicherte er mir. »Wir sind die Müllhalde von Israel geworden«, beklagte er sich. »Wir kaufen ihre Gebrauchtwagen, mit denen keiner mehr herumfahren will, und wir sind es, die ihre zerbrochenen Möbel und defekten Haushaltgeräte auf die Müllwagen laden. Dann bringen wir das Zeug hierher, statt es auf die städtische Müllhalde zu karren.«

Die jungen Männer waren sehr erpicht darauf, mir von ihrer Teilnahme am palästinensischen Kampf zu berichten. Der jüngste, ein Sechzehnjähriger, wurde von seinen Gefährten ermuntert, von seiner Inhaftierung im Faraa-Gefängnis in der Nähe von Nablus zu erzählen. Diese »Einrichtung«, wie die Armee sie zu nennen beliebt, war vordem ein Militärlager gewesen und zu einem Zentrum umgebaut worden, wo man all jene inhaftiert und verhört, die zu jung sind, um in ein reguläres Gefängnis gesteckt zu werden. Das Personal von Faraa verwendet sehr viel Mühe darauf, den Widerstandswillen der Jungen zu brechen und sie zum Unterschreiben von Geständnissen zu bewegen, in welchen sie zugeben, verschiedene Gewalt- und Sabotageakte verübt zu haben. Daneben konzentriert man sich auch darauf, Informanten zu rekrutieren. Die Jugend der Häftlinge sowie die strengen Verhörmethoden, die dort angewendet werden, haben den Ort in ein schiefes Licht gerückt, und die Ansässigen haben ihn *maslah laschabab* (Schlachthaus der Jugend) getauft. Eine Strafe in Faraa abgesessen zu haben gilt bei der Generation der Nach-67er, die unter der Besetzung geboren ist, als eine Art Ehrenabzeichen – ein Beweis, aktiv am *sumud* teilgenommen zu haben.

Als der Junge, der bei uns saß, seine Geschichte zu erzählen begann, wurde es ganz still. »Man hat mich in der Nacht von zu Hause weggebracht und mit verbundenen Augen auf den Boden eines Jeeps gefesselt. Weil ich die Straßenkurven zählte und die Dauer der Fahrt abschätzte, wußte ich gleich, daß es nach Faraa ging. Der Empfang dort war wie üblich. Ich mußte draußen mit zusammengebundenen Händen stehenbleiben, bis es Morgen wurde. Dann hat man mich verhört und verlangt, ich solle zugeben, einen Molotowcocktail auf eine Armeepatrouille geworfen zu haben. Ich wollte nicht zu sehr leiden, also habe ich ein Geständnis unterschrieben. Dann wollten sie, daß ich zugab, ich hätte eine Handgranate geworfen. Sie sagten, sie hätten Zeugen dafür und es sei das beste, wenn ich gestünde, aber diesmal wehrte ich mich, und das war gar nicht so leicht. Ich habe nichts zugegeben und am Ende fünf Monate Gefängnis gekriegt.«

»Für den Molotow?«

»Ja.«

»Und die Granate?«

»Bei der Granate habe ich nichts zugegeben, und sie konnten nichts tun.«

»Heißt das, daß du sie gar nicht geworfen hast?«

»Nein, mein Freund, das heißt nicht, daß ich sie nicht geworfen habe. Es heißt bloß, daß ich nichts zugegeben habe.« Dann stellte der Junge zu meinem Nutzen eine Liste der Feinde zusammen, fein säuberlich nach ihrer Priorität geordnet: zuerst die Soldaten, dann die Zionisten, schließlich die Juden. Mit den Zionisten, so erfuhr ich, meinte er israelische Nationalisten, jüdische Siedler sowie jeden, der sich der Errichtung eines palästinensischen Staates widersetzte.

Zwei ältere Männer, die an einem Nebentisch saßen, mischten sich ins Gespräch. Abu Adnan und Abu Ibrahim vertraten eine Generation von Palästinensern, die vom Gespenst der schmerzlichen Niederlage von 1948 verfolgt wird, wo sie entweder flohen und ihre Dörfer und ihr Land zurückließen oder gewaltsam deportiert wurden. Die jüngere Generation, die der Besetzung aktiv Widerstand leistet, verdankt ihre nationalistische Erziehung und Inspiration diesen Älteren, denn sie sind es, die die Identifikation der Palästinenser mit ihren Dörfern, in denen sie geboren wurden, genährt und aufrechterhalten haben. Jeder Junge, der keine andere Existenz gekannt hat als die armseligen Hütten der Flüchtlingslager und gefragt wird, woher er sei, kann stolz den Namen des Ortes nennen, von wo seine Familie stammt. Häufig ist es ein Dorf, das lange bevor er geboren wurde, zu existieren aufgehört hat. Abu Adnan, ein runzeliger alter Mann von etwa siebzig Jahren, berichtete uns ganz in diesem Sinne. Erst vor kurzem sei er an dem Zitrushain in Beit Naballah vorbeigefahren, der einmal ihm gehörte, ganz in der Nähe, wo heute der Ben-Gurion-Flughafen liegt: »Ich bat den Fahrer anzuhalten und stieg aus dem Wagen. Ich wollte ein paar Apfelsinen von den Bäumen im Hain pflücken, der einmal mir gehört hat, doch ein Jude, offensichtlich der neue Besitzer, bemerkte mich und hat mich verjagt.« Der Alte seufzte ergeben und nahm einen langen Schluck aus seiner Teetasse. Sein Leben war voller Drangsal und Plage, und nur Allah, der Allmächtige, wußte den Grund.

Der *sumud* der älteren Generation ist stärker verwurzelt und entspricht mehr dem ursprünglichen Geist dieses Begriffs, ohne daß Gewalt oder Aktivismus um ihrer selbst willen mitschwingen, doch ich nahm wahr, wie einige der jungen Männer die Fäuste ballten, als sie Abu Adnans Erzählung hörten. Abu Ibrahim, sein Freund, ein untersetzter Mann mit einem Schnurrbart, segnete mich für mein Vorhaben, die Bewohner der Flüchtlingslager kennenzulernen. Er lud mich ein, ihn am folgenden Tag auf seinen wöchentlichen Besuch des großen Viehmarkts in Nablus zu begleiten, der jeden Donnerstag stattfand. Wir vereinbarten, uns am Morgen im Kaffeehaus zu treffen, danach verabschiedete ich mich höflich.

Die Route von Dschelazun zur Straße von Ramallah nach Hebron verläuft einen Hang hoch. Oben wurde eine improvisierte Straßensperre errichtet. Ein paar Soldaten hielten die Stellung. Es waren neue Rekruten aus dem Militärstützpunkt, wo ich einst die Ehre hatte, Zugführer zu sein. Ein Mann in Zivil, augenscheinlich ein Mitglied des Schin Bet, lehnte sich in der Nähe an einen weißen Sedan. Als ich heranfuhr, wurde ein Gewehrlauf durch das offene Wagenfenster gesteckt. Man befahl mir und dem Fahrgast, der mich begleitete, aus dem Wagen zu steigen, die Scheinwerfer anzulassen und uns in ihrem Licht aufzustellen. Ein junger Soldat führte eine Leibesvisitation durch und warf einen langen, strengen Blick auf meine ID. Er öffnete den Kofferraum und wühlte mit Hilfe einer Taschenlampe in seinem Inhalt herum, dann befahl er uns weiterzufahren – alles bloß eine Routineprozedur!

Abu Ibrahim wartete bereits auf mich, als ich tags darauf im Zentrum von Dschelazun aufkreuzte. Nachdem wir uns an Tassen mit starkem, schwarzem Kaffee gütlich getan hatten, der selbst einen Toten zum Leben erweckt hätte, stiegen wir in den alten, zerbeulten VW-Lieferwagen von Abu Ibrahims Geschäftspartner und fuhren Richtung Nablus los. Als ich oben von der Hauptstraße Ramallah-Nablus auf Dschelazun zurückblickte, schien das Lager mit ländlichem Frieden gesegnet. Es liegt in einem kleinen Tal und wird von weitläufigen Feldern umringt. Von weitem lassen sich weder der Schmutz noch die sich ausbreitende Armut erkennen, in welcher die Leute dort leben müssen. Man sieht nur den Ziegenhirten, der seine Herde auf die Weide führt, Frauen, die auf den flachen Dächern ihrer Häuser Wäsche aufhängen, und ein munteres, lebendiges Menschengewimmel.

Während der Fahrt erzählte mir Abu Ibrahim mehr von sich. Er arbeitete als Nachtwächter für die Büros der UNRWA in Dschelazun. Sein Monatslohn betrug rund zweihundert Dollar und war seiner Aussage nach völlig unzureichend, selbst wenn man ihn am bescheidenen Lebensstandard im Lager maß. Er mußte eine große Familie ernähren und deshalb sein Einkommen mit einer Zusatzbeschäftigung aufbessern. Jeden Donnerstag fuhr er zum Viehmarkt in Nablus, kaufte ein paar Schafe und verkaufte sie später mit einem kleinen Gewinn an die Schlachter in Dschelazun und in den umliegenden Dörfern. Dann wandte Abu Ibrahim seine Aufmerksamkeit wieder der engen, gewundenen Straße zu. Der zwanzigjährige Lieferwagen tuckerte kläglich hinter einem großen Lastwagen her, ohne ihn überholen zu können. Der Laster war mit Pferden und Mauleseln beladen. Er hatte das gleiche Ziel wie wir, und so mußten wir den ganzen Weg zum Markt hinter ihm bleiben.

Der Markt von Nablus ist der größte in den besetzten Gebieten. Wie Märkte ganz allgemein dient auch er von jeher als Treffpunkt, wo Informationen und Klatsch ausgetauscht, der Zustand der Ernte und des Viehs analysiert und über den Gang der Geschäfte diskutiert wird. Neben dem betriebsamen Viehhandel bieten viele Handwerker – Sattler und Hufschmiede zum Beispiel – ihre Dienste an, und Getreidehändler schließen hier ihre Geschäfte ab. In den letzten Jahren sind auch Israelis auf den Viehmärkten im Westjordanland aufgetaucht, hauptsächlich um Esel zu kaufen, deren billiges Fleisch an die Raubtiere in den israelischen Zoos verfüttert wird.

Am Eingang zum Markt ist ein riesiges Tor. Ganz in der Nähe sitzt der »Waagemeister«, ein Mann, der mit zwei immensen Waagschalen auf den Markt kommt und für ein paar Pfennige die Schafe wiegt, um ihren genauen Wert nachzuprüfen oder festzustellen. Eine unaufhörliche Prozession von Last- und Lieferwagen fuhr heran und lud ihre Fracht von Kühen, Stieren, Kälbern und Schafen aus. Die Tiere wußten instinktiv, was ihnen bevorstand, und weigerten sich, kampflos ihre Transportmittel zu verlassen. Mehrere Männer mit der Statur von Ringkämpfern hüpften in die Abteile hoch, verdrehten ihnen die Schwänze und zwangen die Viecher mittels dieser grausamen und schmerzvollen Prozedur ins Freie. Andere Männer in blutbefleckten Schürzen traten aus einem Gebäude und luden große Stücke noch warmes und dampfendes Frischfleisch auf die Fahrzeuge, die soeben ihre lebendige Fracht hergeführt hatten.

Ich war wie hypnotisiert von dem blutigen Spektakel und dem Gestank nach Tod. Aus irgendeinem unerfindlichen Grund beschloß ich, das Schlachthaus zu betreten. »Wer ist der Bruder?« erkundigte sich ein Schlachter, von dessen Gürtel einige scharfe Messer baumelten. »Ich bin von hier, von Balata. Ich bin einige Jahre weggewesen, studieren. Jetzt bin ich wieder da. Ich sehe mich nur ein wenig um.« Ich wollte mich schon wieder verdrücken, doch der Metzger grinste und bat mich hinein. Er machte mich mit der ganzen Belegschaft bekannt, als erstes mit dem Tierarzt, der hinter einem Tisch stand und die Eingeweide der Tiere untersuchte, um sicherzugehen, daß sie nicht krank waren. Hinten in der Halle, wo ein Gemisch aus Blut und Wasser endlos in zwei Zementkanäle floß, die an den Seiten entlangliefen, stand ein Kalb. Es beschnüffelte mich mit seiner feuchten Nase und schien all die Aufregung, die Ströme von Blut und das Todesröcheln der geschlachteten Tiere überhaupt nicht wahrzunehmen. Ich hielt es nicht mehr länger aus, doch der freundliche Metzger beharrte darauf, mir seine Kunstfertigkeit beim Häuten einer soeben geschlachteten Kuh zu beweisen. In Minutenschnelle war der Tierkadaver von seiner natürlichen Hülle befreit, und ich konnte endlich gehen und mich Abu Ibrahim anschließen.

Abu Ibrahim war nach bester orientalischer Tradition in ein hitziges Wortgefecht verwickelt und feilschte mit ein paar Beduinen, die eine Herde Schafe zum Markt gebracht hatten. Er untersuchte die Schafe eins nach dem anderen und befühlte ihre fetten Schwänze, bevor er einen Preis nannte. Die Gegenseite heuchelte Entsetzen, als sie sein lächerliches Angebot vernahm, und der Beduine schwor im Namen Allahs, dies sei geradezu eine Beleidigung für die prächtigen Tiere, die mit so viel Fürsorge aufgezogen worden waren, als gehörten sie zur Familie, und sogar sein Brot mit ihm geteilt hatten.

Darauf mischten sich etwelche Zuschauer und auch ich in die Diskussion. Einige überredeten den Verkäufer, den überrissenen Preis, den er festgesetzt hatte, zu senken, andere versuchten Abu Ibrahim zu überzeugen, »um Ihrer Ehre willen« oder »um Allahs willen« sein Angebot um ein weniges zu erhöhen. Schließlich schüttelten sich Abu Ibrahim und der Beduine die Hände und besiegelten den Handel mit den traditionellen Formeln – der Verkäufer sagt zum Käufer: »Sei gesegnet!«, dieser antwortet: »Allah segne dich!« Der heftige Streit, der erst vor wenigen Augenblicken getobt hatte, war so spurlos verflogen, als hätte er nie stattgefunden. Fünf unglückliche Schafe blökten laut und mit herzergreifender Inbrunst, während sie vom Rest der Herde abgesondert und roh in den Lieferwagen gestopft wurden. Es war anzunehmen, daß noch vor Sonnenuntergang ein Schlachtermesser ihre Kehlen aufschlitzte.

Ich dachte über Ibrahim nach, der im Herzen ein *falah* (Bauer) geblieben war, obwohl er seit vierzig Jahren ohne Land und ohne eigene Herde lebte. Früher einmal, bevor er ein Flüchtling geworden war, hatte er in seinem Dorf gewohnt und beides besessen. Hier auf dem Markt von Nablus war er in seinem Element, weit eher als in den trostlosen Büros irgendeiner Wohltätigkeitsorganisation für Flüchtlinge unter der Schirmherrschaft der Uno. Man brauchte ihm bloß zuzusehen, wie seine geübte Hand über den Rücken eines Schafes strich und sein Gewicht, seinen Gesundheitszustand und die Menge Fleisch abschätzte, die es liefern würde, um zu verstehen, daß ihn selbst vierzig Jahre Flüchtlingsdasein nicht grundlegend verändern konnten.

Als ich nach Dschelazun zurückkehrte (zum Kaffeehaus wie üblich), teilte mir einer der Männer mit, eine Gruppe Leute aus dem Lager fahre am Abend nach Deheische, einem Flüchtlingslager in der Nähe von Bethlehem, um an der Hochzeit von Hamdi Faraj teilzunehmen. Hamdi war zufällig ein guter Freund von mir, und ich wollte unbedingt auf seiner Hochzeit dabei sein. Das einzige Problem war, daß ich ihn eine Weile nicht mehr gesehen hatte und er folglich nichts von meinem Tarnprojekt wußte. Ich befürchtete, daß er mich mit Yoram begrüßen würde und die Männer von Dschelazun meine wahre Identität entdeckten, daher nahm ich hastig Abschied und fuhr nach Deheische hinüber.

Hamdi war zu Hause und mußte es auch bleiben, da eine behördliche Verfügung ihm verbot, das Lagergelände zu verlassen. Ich gratulierte ihm und fragte ihn über seine zukünftige Braut aus. Mit der gewohnten Freimütigkeit berichtete er mir, es habe noch ein zweites Mädchen aus Hebron gegeben, das er heiraten wollte. Doch als er bei ihrem Vater um ihre Hand anhielt, hieß es, er werde wegen seiner politischen Aktivitäten sicher noch einmal im Gefängnis landen oder mit einer Kugel im Kopf enden. Der Vater war nicht gewillt, seine Tochter einem solchen Mann zur Frau zu geben. »Dann habe ich ein hiesiges Mädchen aus Deheische getroffen, das ich ebenfalls sehr gern hatte. Ihre Familie ist sich unserer Lage viel mehr bewußt und hat nichts gegen eine Heirat einzuwenden gehabt.« Ich erzählte Hamdi alles über mein Tarnprojekt und fragte ihn, ob er mitmache und mich als Fathi aus Balata vorstelle, wenn ich am Abend zu seiner Hochzeit käme. Wie ich mir gedacht hatte, willigte er sofort ein.

Hamdi ist Journalist, etwa dreißig Jahre alt und einer der Ideologen der Volksfront in Deheische. Ich begegnete ihm erstmals im Militärgefängnis von Ramallah, wo er vorgeführt wurde, um eine Haftverlängerung zu kassieren. Seine schlaksige, etwas asketisch wirkende Gestalt in Handschellen hatte meine Aufmerksamkeit geweckt, und ich bat den mich begleitenden Fotografen, eine Aufnahme von ihm zu machen. Von seinem Rechtsanwalt erhielt ich ein paar Einzelheiten über seinen Fall und schickte meiner Zeitung eine kurze Zusammenfassung. Als er freigelassen wurde, nahm er Kontakt mit mir auf, und wir wurden gute Freunde. Die gegen ihn erhobene Anklage lautete auf »Aufwiegelung«: In bezug auf die besetzten Gebiete ist darunter jedwelche Äußerung von Gedanken zu verstehen, die nicht mit der offiziellen Politik übereinstimmen. Gemäß dieser Doktrin sollen Palästinenser arbeiten, essen, schlafen und mit den Behörden zusammenarbeiten; allerhöchstens dürfen sie ihre Sympathie für Jordanien und König Hussein ausdrücken. Soviel ich weiß, wurde Hamdi noch nie irgendwelcher terroristischer Aktivitäten oder gewaltsamer Umtriebe gegen die Israelis angeklagt.

An jenem Freitag abend kehrte ich nach Deheische zurück. Es hatte den Anschein, als sei fast die gesamte Einwohnerschaft des Lagers zu der *zaffa* (Hochzeitsfeier) gekommen. Die engen Gäßchen waren mit Fahrzeugen verstopft, die Nummernschilder aus praktisch jeder Stadt im Westjordanland trugen. Ein großer, freier Platz vor Hamdis Haus war mit Hunderten von Stühlen und Bänken bestuhlt. Hamdi saß mit einigen seiner besten Freunde in der ersten Reihe gegenüber von einem Rohbau, der in eine improvisierte Rednertribüne verwandelt und mit ornamentalen Teppichen, Palmzweigen und großen Plakaten von Karl Marx und Che Guevara geschmückt worden war. Er saß ruhig da, als ginge ihn die ganze Zeremonie überhaupt nichts an, und trug seine gewohnten Kleider und die Sandalen, die ich Sommer und Winter an seinen Füßen gesehen hatte. Es gab hier keine strenge Trennung zwischen Männern und Frauen, wie es an traditionellen Muslimhochzeiten üblich ist. Die Frauen saßen als Gruppe neben den Männern beieinander. Auch die Gäste waren in einfachen Alltagskleidern gekommen und hatten meistenteils praktische Geschenke mitgebracht, die einem jungen, mittellosen Paar sehr gelegen kommen mußten: Säcke mit Mehl, Reis oder Zucker. Im Unterschied zu anderen *zaffa*-Zeremonien, denen ich beigewohnt hatte, wurde hier zur Feier auch kein Kalb oder Schaf geschlachtet, und es gab keine mit Reis und Fleisch beladenen Platten, nur Tee wurde ausgeschenkt. Jene anderen Hochzeiten waren in den Städten gefeiert worden – dies hier war eine Hochzeit für Flüchtlinge. »Solange wir unter solchen Bedingungen leben, besteht kein Bedürfnis nach protzigen Festlichkeiten«, meinte Hamdi.

Ein etwa vierzigjähriger Mann betrat die Tribüne. Er begrüßte die Menge durch ein Mikrophon: »Guten Abend, *ya schabab*. Wir kündigen hiermit den Beginn dieser revolutionären Hochzeit an, die ein wichtiges Ereignis im Leben unseres Waffengefährten Hamdi Faraj ist. Die Feier ist dem Genossen Hassan Abed el-Jawad gewidmet.« Hassan Abed el Jawad, einer der Lagerinsassen, war einige Monate zuvor von den Militärbehörden unter der Anklage, er sei in der PFLP aktiv, nach Jordanien deportiert worden. Seine Mutter war unter den Hochzeitsgästen, und der Sprecher ernannte sie zum Ehrengast.

Ich brauchte eine Weile, bis ich merkte, daß dies keine Hochzeitsfeier im üblichen Sinn war, sondern eine politische Veranstaltung von Sympathisanten der PFLP. Die Worte, die auf dieser Bühne vor dem bärtigen Gesicht von Karl Marx im Hintergrund gesprochen wurden, das unbewegt auf das Geschehen hinausblickte, hatten rein gar nichts und doch sehr viel mit der Heirat von Hamdi Faraj und Hiam Schahin zu tun. Beide waren sie Flüchtlinge, beide Familien stammten aus dem einstigen Dorf Zakaria in der Nähe von Beit Schemesch, das heute unter seinem hebräischen Namen Zeharia bekannt ist. Jeder Sprecher oder Darsteller, der zur Tribüne hochging, hob einen dort liegenden roten Keffijeh auf und schlang ihn sich um den Hals.

Der Zeremonienmeister fuhr fort: »Ich hoffe, ihr erinnert euch alle an das jüngste Treffen zwischen Schimon Peres und König Hussein, ein Treffen, das bezweckt hat, uns zu verraten und zu verkaufen.« Und wieder schickte er Grüße von den *samidin* aus Deheische an den teuren Genossen Hassan Abed el-Jawad. An der improvisierten Lautsprecheranlage wurde jetzt die Lautstärke aufgedreht, und er begann zu singen: »Zerstört den Zionismus! / Was mit Gewalt genommen wurde, wird mit Gewalt zurückgeholt, / und der Zionismus wird verschwinden«, worauf die Menge antwortete: »Selbst wenn man mich auf den Grund des siedenden Höllenflusses wirft, / werde ich mein Land und meine Identität nicht aufgeben.« Als nächstes kam ein allerhöchstens achtjähriger Junge auf die Bühne und rezitierte: »Wir sind Kinder der Revolution, / Kinder von Molotow und Kalaschnikow!«

Der Zeremonienmeister nahm dem Kind das Mikrophon wieder ab. Jetzt war es an der Zeit, mit denen abzurechnen, die von den Flüchtlingen für noch schlimmer als der Feind gehalten werden: mit den Verrätern an ihrer Sache. »Es wird keine Gnade geben für Verräter wie Raschad el-Schawa [ehemaliger Bürgermeister von Gaza und einer der reichsten Männer der Stadt] und Elias Frej [Bürgermeister von Bethlehem, bekannt für seine versöhnliche Haltung gegenüber Israel und seine guten Beziehungen zu König Hussein]. Unsere Leute haben bis jetzt immer wieder die Pläne des Feindes durchkreuzt, und wir werden auch mit diesen Typen fertig werden.«

Letzteres war eine deutliche Anspielung auf die Ermordung des Bürgermeisters von Nablus, der mit Jordaniens Zustimmung von der Militärregierung in sein Amt berufen worden war. Zafer el-Masri war beim Eingang zum Rathaus von einem Killerteam der Volksfront erschossen worden. Ich hatte den Mann einen Tag vor seinem Tod interviewt. Er strahlte Würde aus, bar jeder verräterischen Absicht. Seine Ermordung hatte mich schockiert. Meiner Meinung nach war sie ein Beweis für die politische Unreife der palästinensischen Gesellschaft.

Hamdi klopfte mir leicht auf den Arm und gab mir den Rat, mich gründlich umzusehen. Auf allen umliegenden Hausdächern waren bewaffnete Soldaten als Ausgucksposten aufgestellt. Von Zeit zu Zeit ging in einer der benachbarten Straßen eine Militärpatrouille vorbei. Ich war sicher, daß unter den Soldaten und vielleicht sogar unter den Gästen Mitglieder des Schin Bet steckten, die Arabisch verstanden und genau wußten, worum es bei dieser Feierlichkeit ging. Selbst für jemand, der die Sprache nicht kannte, vermittelten die Plakate von Marx und Che Guevara ein klares Bild.

Auch diese Hochzeit in Deheische war eine Form von *sumud*. Für die Bewohner der Städte, Städtchen und Dörfer ist *sumud* eine eher private Überlebensstrategie, und sie widersetzen sich allerhöchstens einer Inbesitznahme von Land durch die jüdischen Siedlungen. Unter den Einwohnern der Flüchtlingslager hingegen ist das politische Bewußtsein höher entwickelt, und es herrscht hier ein starkes Verlustgefühl, eine Art Trauma der Entwurzelung. Für die Flüchtlinge hat *sumud* eine viel aktivere Bedeutung und funktioniert als gemeinschaftliches und politisches Band. Ich erwartete jeden Moment, daß die Soldaten eingreifen und dieser Feier ein Ende setzen würden, da deren Teilnehmer öffentlich ihre Solidarität mit der verbotenen Volksfront bekundeten – und dies erst noch in einem Gebiet, das angeblich unter Kontrolle der israelischen Armee stand. Doch niemand der Anwesenden schien sich darüber Sorgen zu machen, und die Festlichkeiten wurden fortgesetzt. Die Soldaten hielten Abstand und mischten sich nicht ein. Es herrschte ein allgemeines Gefühl vor, hier sei eine exterritoriale Zone, in welcher die Lagerbewohner tun und lassen konnten, was ihnen beliebte. Wer die Augen offenhielt, konnte an dieser Hochzeit in Deheische – und zweifellos auch an anderen Orten überall in den besetzten Gebieten – den Samen herankeimen sehen, der wenig später den *sumud* hinter sich lassen und zu einem hochaktiven Volksaufstand erblühen sollte – der Intifada.

Intifada

Die Araber nennen es Intifada (»das Schütteln«, im Sinn von »sich frei- oder wachschütteln«), israelische Vertreter dagegen ziehen es wie immer vor, von »gewaltsamer Störung der Ordnung« oder sogar schlicht von »Aufruhr« zu sprechen. Der palästinensische Volksaufstand begann am 8. Dezember 1987 um die Mittagszeit im Lager Dschebalja.

Wenige Tage zuvor war Schlomo Sakal, ein israelischer Handelsvertreter, der in Gaza Geschäfte tätigen wollte, erstochen worden. Dann ereignete sich nicht weit von der Erez-Straßensperre ein schrecklicher Verkehrsunfall. Ein israelischer Fahrer verlor die Kontrolle über seinen Lastwagen und krachte in ein Auto voller Einwohner von Dschebalja. Vier Menschen fanden den Tod. Im Lager verbreitete sich das Gerücht, der Fahrer sei ein Verwandter von Sakal und habe den Unfall vorsätzlich verursacht, um Blutrache zu üben. In der gespannten Atmosphäre von Dschebalja reichte eine solche Verdächtigung aus, um die Mehrheit der Bevölkerung in wütendem Protest auf die Straße zu treiben.

Am ersten Demonstrationstag starb ein junger Mann im Kugelhagel der Soldaten, und etwa dreißig Menschen wurden verwundet. Einen Tag nach den Demonstrationen in Dschebalja erfolgten Protestzüge in Nablus, einer relativ wohlhabenden Stadt im Westjordanland, die auf den ersten Blick wenig mit dem verarmten und konservativen Gaza gemein hat. Am Tag darauf starben im Flüchtlingslager Balata eine Frau und zwei Jugendliche im Gewehrfeuer des Militärs. Was anfänglich nach ein paar weiteren verzettelten Demonstrationen ausgesehen hatte – vielleicht nur ein bißchen ernster zu nehmen als je zuvor –, nahm das Ausmaß eines veritablen Volksaufstands an.

Fast alle Arbeiter aus den besetzten Gebieten hörten auf, nach Israel zur Arbeit zu fahren, was auf die israelische Wirtschaft bald spürbare Auswirkungen hatte. Eilends wurden ausländische Arbeiter anderer Nationalitäten rekrutiert, um die fehlenden Palästinenser zu ersetzen, welche normalerweise die überwältigende Mehrheit der billigen Arbeitskräfte ausmachen. Die jungen Leute, die die Intifada organisierten, wandten gelegentlich Gewalt an, um die Mitwirkung aller zu gewinnen. In den wenigen Fällen, wo palästinensische Arbeiter dennoch ihre Arbeit in Israel aufnehmen wollten, wurden ihre Fahrzeuge mit Steinen beworfen, und zwar sowohl am Ausgangspunkt in den Flüchtlingslagern selbst als auch entlang den Straßen, die aus den besetzten Gebieten nach Israel führen. In Tel Aviv zogen Jugendliche von einer Restaurantküche zur anderen und warnten die arabischen Arbeiter, daß es in ihrem eigenen Interesse lag, wenn sie ihre Stelle aufgaben.

Meistenteils erfolgte die Teilnahme jedoch freiwillig. Die Bewohner der Städte im Westjordanland, im Gazastreifen und in Ostjerusalem traten in den Streik. Die meisten Leute hielten sich an eine selbstauferlegte Ausgangsperre und verließen ihre Häuser nur noch für eine begrenzte Anzahl Stunden, um die nötigen Vorräte einzukaufen. Die Dörfer – darunter auch völlig abgelegene, die der Besetzung nie viel Beachtung geschenkt hatten – verbarrikadierten ihre Zufahrtsstraßen mit Felsbrokken. Palästinensische Jungen verhöhnten die Soldaten, die angerückt waren, um die Demonstrationen zu unterdrücken, und warfen mit Steinen nach ihnen. Einige Dörfer erklärten sich sogar als »unabhängige Rechtspersönlichkeiten« und wollten die Autorität der israelischen Behörden nicht länger anerkennen.

In Jerusalem zerplatzte die friedliche Koexistenz nach zwanzigjähriger mühseliger Aufbauarbeit wie eine Seifenblase. Arabische Jugendliche schleuderten Steine auf benachbarte jüdische Wohnhäuser. Die Polizei mußte auf den Straßen, die Ostjerusalem mit dem Rest der Stadt verbinden, Sperren errichten, die etwa dem Verlauf der internationalen Grenze vor 1967 folgten. Bewaffnete Posten wurden aufgestellt, um die arabische Jugend davon abzuhalten, die benachbarten jüdischen Wohnviertel zu stürmen. Ein höherer Polizeioffizier definierte dies als eine »Notstandsmaßnahme, um nicht den gesamten Osten der Stadt einzubüßen«. Einen Monat später formierte die Polizei eine neue Spezialeinheit zur Kontrolle und Auflösung von Demonstrationen.

Für die zuständigen israelischen Sicherheitsbehörden kam der Ausbruch anscheinend völlig überraschend. Man mußte zwar schon blind oder dumm sein, um nicht zu merken, was in der Luft lag, doch Tatsache ist, daß sie total überrumpelt wurden. Dies zeigte sich in den konfusen Informationen über die Lage in den besetzten Gebieten, welche die Soldaten erhielten, bevor man sie hinschickte und ihnen befahl, die »Störungen« zu unterdrücken. Die Verwirrung der Soldaten wiederum fand ihren Niederschlag rasch in Vorfällen extremer Brutalität gegenüber den Demonstranten.

Zu Israels Leidwesen ist eine solche Brutalität jedoch sehr fotogen, und sie war für die internationalen Medien ein gefundenes Fressen. (Bürger der »einzigen Demokratie im Nahen Osten« bekommen nur ein Bruchstück des Gesamtbildes zu sehen, nachdem das Bildmaterial vom Direktor des israelischen Fernsehens gründlich gesichtet und zensiert worden ist.) Die intensive Berichterstattung hat Israels Ruf schwer angeschlagen und viel dazu beigetragen, die Okkupation in ein schiefes Licht zu rücken. Allein schon dies muß als ein kleiner Sieg für die palästinensische Sache verbucht werden.

Alles in allem hat es Hunderte von Toten und Verwundeten gegeben. Während der ersten acht Monate der Intifada sind laut israelischen Angaben mehr als zweihundertdreißig Menschen getötet worden. Ausländische Quellen nennen noch höhere Zahlen, desgleichen alternative Berechnungsmethoden, die beispielsweise auch ältere Leute mitzählen, welche durch das Einatmen von Tränengas einen Herzanfall erlitten, sowie Fälle unfreiwilliger Aborte einschließen.

Die Hauptakteure auf der Bühne der Intifada sind die Jugendlichen, die Vertreter der Generation nach 1967. Die Identität der führenden Initiatoren bleibt ein absolutes Geheimnis, das zu lüften selbst der Schin Bet bis jetzt nicht in der Lage war. Diese Führer sind allesamt jung. Viele von ihnen haben einige Zeit in den israelischen Gefängnissen abgesessen. Auf diesem guten Nährboden lernten sie, wie man verdeckte Operationen von der Art handhabt, an denen sie jetzt beteiligt sind. Die Militärverwaltung hat sie großzügigerweise kostenlos durch diese Schule geschickt.

Hinter der Bühne wird die Intifada mit beeindruckendem Erfolg von lokalen und nationalen Ausschüssen geleitet, die ohne jede sichtbare Koordination operieren. Es gibt jedoch ein Zentralkomitee, das an die Bevölkerung Flugblätter mit Anweisungen verteilt, wann gestreikt werden soll, wann die Händler ihre Geschäfte öffnen dürfen, damit die Leute ihre Lebensmittelvorräte ergänzen können, und so fort. Eine weitere Informationsquelle ist die Rundfunkstation von George Habaschs PFLP, die aus Syrien sendet. Einer meiner palästinensischen Freunde sagte mir: »Wir anerkennen weder die Polizei noch die Armee, nur noch die ›Stimme Jerusalems‹. Was Handlungsanweisungen betrifft, ist uns ihr Wort heilig. Wenn man uns auffordern würde, nur noch bei Rot über die Straße zu gehen und bei Grün zu warten, wir würden es, ohne zu zögern, ausführen.«

Die Tatsache, daß große Teile der Bevölkerung, die bis vor kurzem eine sehr milde Form von *sumud* praktiziert haben (sich nach Kräften zu bereichern und gleichzeitig gute geschäftliche Beziehungen zu den Israelis zu unterhalten), nun zu aktivem Widerstand übergegangen sind, ist wohl eine der einschneidendsten Veränderungen im Gefolge der Intifada und stellt Israel vor gravierende Probleme. Ständig sind Streiks gegen den Handel in Gang. Dadurch werden die wohlhabenderen Bewohner gezwungen, ihren bedürftigen, von den Ausständen betroffenen Brüdern unter die Arme zu greifen. Zudem war der israelische Arm, der seinen Knüppel schwang, nicht feinfühlig genug, um zwischen Demonstranten und gewöhnlichen Zivilisten, zwischen Anstiftern und Normalbürgern zu unterscheiden. Viele Palästinenser, die nie in irgendeine Form von aktivem Widerstand verwickelt gewesen waren, sahen Vertreter der Okkupation in ihr eigenes Zuhause eindringen und kriegten die »Eisenfaust« am eigenen Leibe zu spüren. So ist es nur natürlich, daß sie den Entschluß faßten, dem Kreis der Widerstandskämpfer beizutreten.

Wenige Wochen nach Ausbruch der Intifada erhielt ich eines Donnerstags um zwei Uhr morgens einen Anruf von einem meiner Bekannten, den ich hier Abu Halil nennen will. Er lebt in einem kleinen, von Drogen und Kriminalität verseuchten Flüchtlingslager in der Nähe von Jerusalem. Mit vor Wut erstickter Stimme berichtete mir Abu Halil von einer Operation, welche die Polizei von Jerusalem im Gefolge wiederholter Störaktionen seitens der lokalen Jugend im Lager durchgeführt hatte. »Etwa dreihundert Polizisten und Mitglieder der Grenzpolizei sind im Lager erschienen. Durch Lautsprecher wurden alle Ansässigen aufgefordert, aus den Häusern zu kommen und sich im Lagerzentrum zu versammeln. Der Sprecher versicherte, daß niemand etwas zu befürchten habe, wenn er auf den Hauptplatz komme, und jeder, der im Haus blieb, bestraft würde. Die Leute begannen herauszutreten, doch schon auf den Straßen, die zum Platz führten, griffen sich die Polizisten ein paar Jugendliche heraus und schlugen mit Knüppeln auf sie ein. Wir wurden aufgefordert, uns auf dem Platz hinzusetzen, dann ergriff ein Sicherheitsbeamter, der arabisch sprach, das Wort. Er sagte uns, er wisse, daß die meisten der Lagerbewohner nicht an Demonstrationen teilnehmen würden und dies nur eine Gruppe jugendlicher Hitzköpfe betreffe. Doch wir, das breite Publikum, würden uns blind stellen und der Polizei nicht angeben, wer die Demonstranten seien, und solange wir so weitermachten, müßten wir dafür bezahlen. Während er sprach, gingen die Soldaten durch die Reihen der sitzenden Männer und ließen ihre Knüppel wahllos auf sie niedersausen. Einige Jugendliche wurden beiseite geführt und ganz schlimm verprügelt. Nach zwei Stunden zogen sie ab. Wir brachten etwa zwanzig

Verletzte ins Krankenhaus, einige davon mit gebrochenen Armen.«

Ich kenne Abu Halil jetzt schon seit einigen Jahren. Er ist gewiß kein beispielhafter palästinensischer Nationalist, sondern meiner Ansicht nach eher etwas zwischen einem potentiellen Kollaborateur und einem gewöhnlichen Opportunisten. Er hat immer von friedlicher Koexistenz geredet, und es war sein größter Ehrgeiz, eine Stelle in der Stadtverwaltung von Jerusalem zu erhalten. Das Lager, in welchem er lebt, gehört zum Bezirk Jerusalem. Der Job, von dem er träumte, hätte ihm ein festes Einkommen garantiert und ihm zudem einen mäßigen Einfluß sowie ein gewisses Ansehen unter den anderen Bewohnern verschafft – all dies natürlich in den relativen Begriffen eines Flüchtlingslagers. Ich habe ihn nie für jemand gehalten, der sich an irgendeiner Handlung gegen Israel oder auch nur an einer Demonstration beteiligen würde. »Du kennst mich ja, ya Yoram«, sagte er in fließendem Hebräisch. Ich wollte ihm nicht unter die Nase reiben, daß ich ihn bloß für einen elenden Opportunisten hielt, und antwortete diplomatisch: »Sicher, ya Abu Halil, ich weiß, du bist einer von denen, die an Koexistenz und Frieden glauben.« »Nun gut, ihr Juden sollt eins wissen: Wenn ihr eine Liste eurer Feinde aufstellt, die euch hassen und bereit sind, euch mit allen Mitteln zu bekämpfen, dann könnt ihr mich, Abu Halil, als Nummer eins zuoberst auf diese Liste setzen. Jetzt hat eure Armee und eure Polizei ihr wahres Gesicht gezeigt. Sie haben unschuldige Leute verprügelt und Tränengas in die Häuser gesetzestreuer Bürger geschossen. Ich mußte mein kleines Mädchen ins Krankenhaus bringen, weil es beinahe erstickt ist.«

Die Intifada hat Israel völlig überrumpelt. Während der ersten paar Wochen versuchten die Leute sich noch einzureden, es handle sich bloß um isolierte Geschehnisse. Verschiedene Experten stritten sich miteinander, ob die Demonstrationen und Streiks wirklich unter die Rubrik »ziviler Ungehorsam« fielen oder nicht. Manche (darunter auch jene, die es eigentlich wissen müßten) mögen sich gefragt haben, weshalb die Intifada genau zu diesem

Zeitpunkt ausbrach und aus welchen Gründen sie sich behaupten konnte. Dieses Überraschungsmoment war sicher mit eine der Ursachen für den Erfolg der Palästinenser.

Zwanzig Jahre lang hatte Israel es versäumt, dem Geschehen in den besetzten Gebieten und den Entwicklungen, die die Bevölkerung durchmachte, die nötige Aufmerksamkeit zu schenken. Zwischen der Militärverwaltung und der großen Mehrheit der Palästinenser im Westjordanland und im Gazastreifen bestand (und besteht noch heute) ein Informations- und Kommunikationsmanko. Statt sich mit diesem Problem auseinanderzusetzen, konzentrierte sich Israel auf intensive (und notwendige) Bemühungen, nachrichtendienstliche Informationen zur Verhütung von Sabotage, Terrorismus und jeglicher Form subversiver politischer Aktivität zusammenzutragen, mögliche Ziele im voraus zu identifizieren und potentielle Missetäter festzunehmen. Zu diesem Zweck bediente sich der Schin Bet aller ihm zur Verfügung stehenden Mittel, um ein weitverzweigtes Geheimdienstnetz aufzubauen und wirksame Aufspür- und Verhörmethoden zu entwickeln. Viele Menschen verdanken dem erfolgreichen Wirken des Schin Bet ihr Leben.

Diese Art von nachrichtendienstlicher Tätigkeit ist jedoch im wesentlichen örtlich beschränkt. Ihre Aufgabe besteht darin, potentiell gefährliche Einzelpersonen zu identifizieren und gründliche Abklärungen durchzuführen, um sicherzugehen, daß über eine bestimmte Gruppe oder Organisation nichts im dunkeln bleibt. Der Schin Bet hat sich nicht damit beschäftigt, die Stimmungslage und politische Orientierung unter der Gesamtbevölkerung einzuschätzen. Er konzentrierte sich auf wichtige Führerpersönlichkeiten in den besetzten Gebieten, die meistenteils eng mit der PLO liiert waren. Feisal el-Husseini zum Beispiel, einer dieser bedeutenderen Führer und inoffiziell anerkannter PLO-Mann, wurde etwa ein halbes Jahr nachdem ich mein Tarnprojekt abgeschlossen hatte (also lange bevor die Intifada begann), verhaftet und ohne Prozeß neun Monate lang in administrativem Gewahrsam gehalten.

Die Verhaftung und Deportation der eingesessenen palästi-

nensischen Führung hinterließ ein Vakuum, das auf der lokalen
Ebene der Flüchtlingslager, Wohnviertel und Städte sehr rasch
aufgefüllt wurde. Die meisten örtlichen Führer kennen die israelischen Gefängnisse von innen und sind sowohl mit der hebräischen als auch mit der palästinensischen politischen Doktrin vertraut. Selbst in Abwesenheit ihrer »Vorgesetzten« ist diese neue
Generation durchaus fähig, die Intifada mit beträchtlichem Ge-
schick zu leiten.

Bei der Besetzung gilt es verschiedene Aspekte zu berücksichtigen. Die Mission des Schin Bet, Subversion und Sabotage zu verhindern, ist nur einer davon – es gibt auch einen verwaltungstech-
nischen Aspekt, denn die Administration steht nicht wirklich in
einer engeren Beziehung zur breiten Basis der palästinensischen
Bevölkerung als der Schin Bet. Sie verkehrt hauptsächlich mit
Mitgliedern der lokalen Einwohnerschaft, die zur Kollaboration
bereit sind. Die Verwaltungsbehörden haben kaum je Kontakt zu
PLO-Anhängern verschiedenster Färbung, obwohl sie die überwältigende Mehrheit in den besetzten Gebieten ausmachen.

Nur so konnte es der jungen Führung, die mit der PLO zwar
ideologisch, aber nicht in operativem Sinn verbunden ist, gelingen, sich ungestört vom israelischen Geheimdienst und von den
Verwaltungsbehörden zu entwickeln. Während sich die Mikro-
filmakten des Schin Bet mit den Namen von Kollaborateuren und
subversiven Elementen füllten, entstanden neue Organisationen,
die nicht direkt mit terroristischen oder antizionistischen Aktivitäten assoziiert waren. Diese Organisationen machten sich Israels Bereitschaft zunutze, einen freien Zustrom ausländischer
Geldmittel in die besetzten Gebiete zu tolerieren, da diese Gelder
auch der eigenen notleidenden Wirtschaft zugute kamen. Auf solche Weise etablierte sich eine stabile Infrastruktur in bezug auf
Organisation und menschliches Einsatzpotential. In allen Städten im Westjordanland und in Gaza wurden freiwillige Jugendko-
mitees gegründet; die meisten von ihnen standen unter dem
Schutzschild der *schabiba*, der Jugendbewegung der PLO, deren
Führer als informelle regionale Koordinatoren agierten. (Es dauerte ganze drei Monate, bis die Behörden beschlossen, gegen die

schabiba einzuschreiten und sie zur illegalen Organisation zu erklären.) Wohlfahrtsorganisationen wurden ins Leben gerufen, starke Gewerkschaften gebildet und von PLO-Sympathisanten geleitete Zeitungen publiziert. Fast jeder Bewohner in den besetzten Gebieten konnte so mit Unterstützung von einer der zahlreichen palästinensischen Organisationen ein Ventil für eine legitime, gewaltlose Betätigung finden.

Der tägliche Umgang mit den Behörden lehrte die Palästinenser, wie sich die Fehler der Vergangenheit vermeiden ließen. Sie lernten, ihre Untergrundaktivitäten zu strukturieren und besser über ihre Geheimnisse zu wachen. Dies ist mit ein Grund, weshalb die Israelis immer noch nicht wissen, wer die Führer der Intifada sind, obwohl es ganz offensichtlich welche gibt. Im übrigen findet ein offener Austausch von Informationen statt. Ich besuchte einige Vorlesungen, in denen arabische Rechtsanwälte eine junge und militante Zuhörerschaft über ihre Rechte ins Bild setzten und sie aufklärten, wie man einem Verhör durch den Schin Bet standhält oder welche Taktiken die Vernehmungsspezialisten anwenden, um ein Geständnis zu erzwingen. Im Untergrund zirkulieren Flugblätter, die heute als eines der wichtigsten Mittel dienen, um die Intifada zu lenken, und in den letzten Jahren fast ununterbrochen unzensierte Informationen über das Geschehen in den besetzten Gebieten unter die Leute brachten. Schon eine geraume Zeit vor der Intifada fand ein solches Flugblatt seinen Weg zu mir. Es führte die Namen arabischer Spitzel an, die mit den Israelis kollaborierten, sowie die Codenamen ihrer Kontaktleute beim Schin Bet; daneben waren aber auch die Fälle von neun spurlos verschwundenen oder ermordeten Leuten aus den besetzten Gebieten aufgelistet, die alle aktive Mitglieder in den palästinensischen Organisationen gewesen waren.

Für ihre Intifada machen die Palästinenser aktiv von ihrem Wissen über die Operationsmethoden des Schin Bet Gebrauch, das sie sich mit den Jahren erworben haben. In mehreren Dörfern erhielten als Kollaborateure bekannte Einwohner anonyme Anweisungen, die Waffen, die sie vom Schin Bet zu Selbstverteidigungszwecken erhalten hatten, zurückzugeben. Einige fügten sich dem Befehl, schworen beim Koran, künftig keine Kontakte mehr zum Feind aufrechtzuerhalten, und wurden von den Volkstribunalen begnadigt. Einer der Kollaborateure, ein gewisser Muhammad Alaid, von Beruf Wahrsager und wohnhaft in Kabatja im Norden des Westjordanlandes, weigerte sich, den Forderungen der jungen Militanten seines Dorfes nachzukommen. Sein Haus wurde von einer wütenden Volksmenge angegriffen und in Brand gesteckt, Alaid selbst erdrosselt und seine Leiche als Warnung für andere Kollaborateure gut sichtbar an einem Elektrizitätsmast aufgeknüpft.

Seit gut zwanzig Jahren leben die Palästinenser jetzt unter uns. Tagsüber waren wir die Arbeitgeber, die von ihrer Arbeitskraft profitierten und sie nach Strich und Faden ausbeuteten; nachmittags waren wir die Polizei, abends die Soldaten an den Straßensperren auf ihrem Nachhauseweg und in der Nacht die Sicherheitskräfte, die in ihre Häuser eindrangen und sie verhafteten. Während viele Israelis die palästinensischen Araber hauptsächlich als billige Arbeitskräfte und potentielles Sicherheitsrisiko betrachteten, konnten die Palästinenser (oft unbewußt) die israelische Gesellschaft mit ihren charakteristischen Schwächen und wunden Punkten in aller Ruhe studieren. Sie wissen genau, wie der durchschnittliche Israeli denkt und fühlt, wissen, was ihm wichtig ist und wo er empfindlich getroffen werden kann. Sie können die Militäreinheiten identifizieren, die ausgeschickt werden, um ihre Demonstrationen niederzuschlagen. Man weiß inzwischen, welche rauher vorgehen und welche lascher sind und wie das Toleranzprofil jeder Einheit aussieht. Ein seltsamer Beleg dafür, wie genau die jungen Palästinenser die wunden Punkte ihrer Unterdrücker kennen, sind die Beleidigungen, welche die Kinder den Soldaten unter einem Steinhagel ins Gesicht schleudern: »Deine Schwester fickt mit einem Araber!« rufen sie. Wie gewünscht werden viele Soldaten rasend vor Wut. Anscheinend wissen sie die Ironie nicht zu würdigen, daß ein Araber auf so abschätzige Weise von sich selbst spricht, um den Feind in seinem Stolz zu verletzen.

Die jungen Palästinenser arbeiten in Tel Aviv, Jerusalem und anderen israelischen Städten und identifizieren sich mit den Werten der israelischen Gesellschaft mindestens ebensosehr wie mit jenen ihrer traditionellen Herkunft. Sie kriegen einen Hauch der demokratischen Privilegien mit, deren sich israelische Bürger erfreuen, können aber selbst nicht davon profitieren. Unter der Woche arbeiten die jungen Männer mitten in einer Gesellschaft, die nach demokratischen Spielregeln lebt, dann kehren sie in ihr Zuhause zurück – nur eine Stunde Wegs entfernt und dennoch seit zwanzig Jahren (wenn auch nicht offiziell, so doch in Wirklichkeit) unter einem Ausgehverbot. Jeder Araber, der zu später Stunde noch auf der Straße angetroffen wird, muß selbst in relativ ruhigen Zeiten damit rechnen, verhaftet und verhört zu werden. Er sieht und anerkennt den Wert der Freiheit, doch ihm selbst wird eine Behandlung zuteil, welche die rückständigsten diktatorischen Regimes charakterisiert – kein Wunder also, daß sich unweigerlich Frustration breitmacht.

Der Umgang mit den Palästinensern in den besetzten Gebieten folgt denselben Leitlinien wie die Politik, die im Staat Israel nach dem Krieg von 1948 bezüglich der arabischen Minderheit ausgeübt wurde. Wie im Jahre 1948 wurde auch 1967 im ganzen besetzten Gebiet eine Volkszählung durchgeführt, und die Anwesenden erhielten einen Identitätsausweis. Wer jedoch zu diesem Zeitpunkt aus was für Gründen auch immer von zu Hause weg war, wurde von den Israelis als abwesend erklärt. Sein Besitztum wurde einem israelischen Hausverwalter übertragen, und man verweigerte ihm das Recht, in sein Haus in Jerusalem, Nablus oder Hebron zurückzukehren. Das galt selbst dann, wenn seine Frau und seine Kinder zur Zeit der Volkszählung dort anwesend gewesen waren und von der Militärregierung Identitätsausweise erhalten hatten. Ein Abwesender erhielt einzig und allein eine Besuchserlaubnis für das entsprechende Gebiet. Die paar wenigen Ausnahmen, bei denen es Familien gestattet wurde, sich wieder zu vereinigen, erfolgten meist im Austausch mit der Bereitschaft für irgendeine Form von Kollaboration oder aus wirtschaftlich verlockenden Gründen.

Mit diesem Vorgehen sicherte sich Israel einen Großteil des arabischen Eigentums und konnte nach Belieben mit den Arabern umspringen, die nach dem Krieg von 1948 innerhalb der Grenzen Israels geblieben waren. Wie heute die Palästinenser im Westjordanland wurden sie während eines Zeitraums von dreizehn Jahren einer strengen Militärherrschaft unterworfen.

Es gilt jedoch auch die Unterschiede zu berücksichtigen, die zwischen der Situation von 1948 und heute existieren. Von den ursprünglich 700 000 Arabern vor 1948 blieben nach dem Krieg bloß 156 000 in Israel, weit weniger also als die eineinhalb Millionen Palästinenser in den besetzten Gebieten heute. Zudem waren sie damals schwach und zersplittert und vom Trauma der Niederlage wie gelähmt, was es Israel erleichterte, seine Herrschaft über sie zu festigen.

Heute liegen die Dinge völlig anders. Die Bevölkerung in den besetzten Gebieten hat sich organisiert, und es finden sich palästinensische Organisationen, die als Bannerträger im Kampf für die Unabhängigkeit dienen und mit denen sich die Bevölkerung identifizieren kann. Die Berichterstattung in den Medien spielt gegenüber 1948 eine viel bedeutsamere Rolle. Sie verbreiten ihre Botschaften in alle Ecken der Welt, so daß es heute weit weniger dunkle Schlupfwinkel gibt, wo Agenten der Regierung im Interesse der Aufrechterhaltung von Disziplin und Ordnung unter der Zivilbevölkerung mit Taktiken operieren können, die am besten mit dem Mantel der Verschwiegenheit zugedeckt werden.

Sowenig wie die israelischen Behörden je eine nüchterne und realistische Einschätzung der politischen Lage bezüglich der Araber in den besetzten Gebieten vornahmen, sowenig waren sie gewillt, die menschlichen Dimensionen der ganzen Problematik in Betracht zu ziehen. Dieses Buch versucht aufzuzeigen, wie israelische Juden im alltäglichen Umgang ihre arabischen Nachbarn ausgebeutet und gedemütigt haben. Die Palästinenser wurden unter oft entwürdigenden Umständen in einer Vielzahl von schlechtbezahlten Jobs beschäftigt; man hat ihnen Tausende von Hektar Land weggenommen, um darauf jüdische Siedlungen zu gründen; dadurch wurde eine ganze Generation von Bewohnern des Westjordanlands in Industriearbeiter verwandelt, die meistenteils in israelischen Fabriken arbeiten müssen.

Ob aus Sicherheitsgründen gerechtfertigt oder nicht – Tatsache ist, daß das palästinensische Volk das Opfer von Willkürakten der Polizei und des Schin Bet geworden ist und an den allgegenwärtigen Straßensperren schikanös behandelt wird. Fährt ein Wagen aus den besetzten Gebieten auf israelischen Straßen, wird er höchstwahrscheinlich gleich mehrmals angehalten, und dies nicht nur von Soldaten, die Sicherheitskontrollen vornehmen, sondern auch von der Verkehrspolizei, welche die Papiere des Fahrers genau überprüft und ihm für das kleinste Vergehen eine Buße aufbrummt. Erst vor kurzem wurde übrigens ein Bildband mit schockierenden Aufnahmen publiziert. Er zeigte, wie Polizisten in Tel Aviv arabische Häftlinge schikanierten, meist Arbeiter, die wegen nicht schwerwiegender Vergehen verurteilt waren. Das Oberkommando der Polizei befaßte sich ausgiebig mit der Frage, wie es dem Fotografen Joel Greenberg gelungen war, als Insider zu diesen Bildern zu kommen. Doch es gab keine parallele Untersuchung über die hier dokumentierten und für alle Welt sichtbaren Vorfälle polizeilicher Brutalität.

Bei jeder Gelegenheit, bei der ein durchschnittlicher Palästinenser mit den Behörden in Berührung kam, stieß er auf eine starre und unflexible Haltung. Dahinter steckte eine erstaunlich phantasielose Politik, die von ihren Vertretern Bezeichnungen wie »Zuckerbrot und Peitsche«, »mit eiserner Faust« oder »Wir helfen denen, die uns helfen« usw. erhielt. Die Art und Weise, wie Araber in Israel behandelt wurden und es auch heute noch werden, spiegelt eine Engstirnigkeit wider und einen Mangel an Bereitschaft, sich mit den politischen, diplomatischen und menschlichen Implikationen in diesem Bereich auseinanderzusetzen.

Die Intifada kann meiner Ansicht nach ebensogut als Aufschrei einer gequälten Minderheit verstanden werden, der die Aufmerksamkeit auf die Diskriminierung lenken soll, wie sie sich als Forderung nach nationaler Befreiung ansehen läßt. Während der Vorfälle in den letzten Monaten haben mich ständig palästinensische Freunde angerufen. Sie alle wissen, daß ich im Augenblick nicht als Journalist arbeite und mein Besuch keinerlei Garantien böte, in die Medien zu kommen – sie suchen einfach jemand, dem sie ihr Herz ausschütten können. Seit langer Zeit habe ich das Gefühl, daß die palästinensische Bevölkerung die Hoffnung auf die üblichen Kontakte mit Vertretern der israelischen Verwaltungsbehörden aufgegeben hat und mit allen Mitteln versucht, das Establishment zu umgehen und sich direkt an die israelische Öffentlichkeit zu wenden. Mehr als einmal hörte ich Palästinenser sagen: »Die Israelis haben keine Ahnung, was hier wirklich vorgeht. Wenn sie es wüßten, würden die Dinge anders stehen.« Meiner bescheidenen Meinung nach ist dies ein naiver Kinderglaube.

*

Etwa drei Wochen nach Ausbruch der Intifada fuhr ich nach Nablus, um ein paar Freunde zu besuchen und mich mit eigenen Augen über die Vorfälle im Westjordanland ins Bild zu setzen. Alle Geschäfte hatten geschlossen. Mit Ausnahme der häufigen Militärpatrouillen war Nablus an jenem Tag relativ ruhig. Ich suchte meine Freunde auf, hörte ihren Erläuterungen zu, wie sie und ihre palästinensischen Miteinwohner mit der Situation zurechtkamen und auf welche Weise die Intifada gesteuert wurde; dann machte ich mich wieder auf den Rückweg nach Jerusalem. Ich muß noch erwähnen, daß der Abstecher nach Nablus etwas ganz Gewöhnliches war und ich mich nicht als Palästinenser ausgab.

Etwa fünfzehn Kilometer südlich von Nablus auf der Straße nach Ramallah gab es eine große Verkehrsstockung. Eine lange Autoschlange war am Straßenrand geparkt. Niemand schien Anstalten zum Weiterfahren zu machen. Sicher wurde der Verkehr durch eine Straßensperre aufgehalten, oder ein Molotowcocktail war auf eines der vorbeifahrenden Autos geworfen worden oder so etwas Ähnliches. Ich konnte sehen, wie sich in einiger Entfernung weiter vorn eine Menschenmenge versammelt hatte, parkte meinen Wagen und schlenderte zu dem Handlungsschauplatz hinüber.

Als ich näher kam, zeigte sich mir eine bunte Menschenmenge: israelische Soldaten, jüdische Siedler, die überall herumrannten und wie üblich Waffen trugen, sowie eine Gruppe Palästinenser aus dieser Gegend. Auf der linken Straßenseite in Richtung Jerusalem stand ein kleiner Peugeot mit Militärkennzeichen oder vielmehr das, was von ihm übriggeblieben war, nachdem er offenbar auf die Gegenfahrbahn ausgeschert und frontal mit einem arabischen Bus zusammengestoßen war. Auf dem Führersitz des schrottreifen Wagens war ein Armeeoffizier von enormem Leibesumfang festgeklemmt. Überall war Blut. Es sickerte ihm noch immer aus dem Mund. Der Offizier murmelte zusammenhanglos. Er war im Koma.

Eine Militärambulanz, die zufällig vorbeifuhr, hielt an der Unglücksstelle an, und ein paar junge Hilfssanitäter stolperten heraus, doch wie alle die anderen Soldaten und Siedler, die herumstanden, schienen auch sie ziemlich ratlos. Einer von ihnen fragte in die Menge, ob ein Arzt unter ihnen sei. Ein Araber von ungefähr dreißig Jahren trat hervor. »Ich bin Arzt«, sagte er auf englisch. Der Hilfssanitäter bat ihn, eine intravenöse Nadel in eine Vene des Verwundeten einzuführen, da sie zu diesem Eingriff nicht qualifiziert seien. Der Offizier krümmte und wand sich vor Schmerzen, und ich ging hin, um dem Arzt zu helfen. Ich schlang eine Aderpresse aus Gummi um den Arm des Verletzten, während der Arzt ihn befühlte, um eine Vene zu finden. Es war nicht leicht, denn Fettleibigkeit und Schockzustand verwischten sämtliche Spuren der Venen, doch schließlich gelang es ihm, eine geeignete Stelle zu lokalisieren. Er murmelte die traditionelle islamische Beschwörungsformel, die vor jeder bedeutsamen Handlung aufgesagt werden muß: »*Bismillah Al Rahman Al Rahim* [Im Namen Allahs, des Barmherzigen und Gnädigen]«, und stieß die Nadel hinein. Ein dünnes Rinnsal von Blut kletterte langsam den Gummischlauch hoch, der die Nadel mit der Infusionstasche verband, und zeigte an, daß die Nadel ihr Ziel gefunden hatte.

Das Gewehr des Offiziers, eine M-16, war noch im Wagen. Es war verbogen, aber immer noch geladen. Ich entlud die Waffe und reichte sie einem der Soldaten, wobei ich ihn anwies, sie nochmals zu überprüfen, falls infolge des Aufpralls bei der Kollision eine Kugel in den Lauf geraten war. Dann begann ich zusammen mit einem rotbärtigen Siedler, der eine geladene Uzi-Maschinenpistole mit sich schleppte, den vorderen Teil des Wagens wegzusägen, um besser an die Metallteile heranzukommen, die das Bein des verletzten Offiziers festklemmten. Als nächstes gelang es uns, das Autodach zu entfernen, dann half uns jemand anderes bei unseren Bemühungen, den Wagen unter dem Bus herauszuwuchten. Der Neuankömmling stand auf der anderen Seite des Autos, und als ich für einen Moment den Kopf hob, trafen sich unsere Blicke, und wir erkannten uns wieder: Es war Nidal Taha, ein Rechtsanwalt aus Nablus und ein guter Bekannter von mir. Er streckte über den blutenden Kopf des Offiziers seine Hand zum Gruß aus, und wir unterhielten uns miteinander, während wir uns wieder daranmachten, die verbogenen Metallteile zurückzubiegen. Schließlich tauchte ein Militärjeep auf, der mit Stahlkabel und Haken ausgerüstet war. Zuerst benutzten wir den schweren Haken, um einen Teil des Metalls nach außen zu hämmern, dann befestigten wir das Kabel am Wagen, und der Fahrer des Jeeps schleppte den zertrümmerten Peugeot vom Bus weg nach hinten, während der rotbärtige Siedler, der palästinensische Rechtsanwalt und ich ihm Anweisungen zuriefen.

Ein Armeehelikopter landete und brachte medizinisches Personal, das den verletzten Mann aus dem Autowrack zog und ihn in ein Krankenhaus flog. Ich stand noch eine Weile herum und sprach mit einigen der anwesenden Araber. »Das war vermutlich ein hoher Offizier«, sagte einer von ihnen zu mir.

»Auf gar keinen Fall«, antwortete ich. »Man sieht an seinem langen Haar, daß er ein Reservist ist. Gestern hat er noch zu Hause bei seiner Frau und seinen Kindern gesessen, und heute ist er hierher geschickt worden, um die Intifada zu bekämpfen. Und nun mußte ihm das passieren.«

»Möge Gott seine Heilung beschleunigen«, sagte der Araber und hastete davon, um die anderen zu informieren: »Er ist kein hoher Offizier, sondern ein Reservist. Gestern hat er noch mit seiner Frau in ihrem Haus in Tel Aviv ferngesehen, und heute ist er hier verunglückt.«

Ich hörte genau hin, ob unter den Palästinensern feindselige Äußerungen laut wurden. Die meisten waren Pendler und hatten im Bus gesessen, der in den Unfall verwickelt war. Doch alles, was sie zueinander sagten, war: »Hoffentlich wird er im Krankenhaus gut gepflegt und erholt sich bald wieder, inschallah.«

Als ich mich anschickte, zu meinem Wagen zurückzugehen, wurde ich von einem jungen Soldaten angesprochen, der zu dem Militärjeep zurückkehrte, den er weiter vorn geparkt hatte. In leicht gebrochenem Arabisch sagte er: »Wissen Sie, heute habe ich meine Meinung über euch geändert. Es war sehr menschlich von Ihnen, einem von unseren Offizieren zu helfen, mitten in all dem Aufruhr und den Unruhen.« Ich blickte über meine Schulter zurück, ob er vielleicht zu ein paar Arabern sprach, die hinter mir standen, aber da war niemand. Einen Moment lang war ich in Verlegenheit, dann faßte ich mich wieder. Die meiste Zeit auf der Unglücksstelle hatte ich mit den Palästinensern arabisch gesprochen, und er nahm offensichtlich an, ich sei einer von ihnen. Ich konnte jetzt also schon als Araber durchgehen, ohne mich bemühen zu müssen, mich zu verstellen.

*

Mehrere Tage nach dem Vorfall von Nablus erhielt ich einen Anruf von Hassan Dschibril aus dem Flüchtlingslager Schati in der Nähe von Gaza. »Alle fragen hier nach dir und möchten dich sehen.« Hassans Einladung schloß eine Liste von Dingen ein, die er benötigte und die wegen der Streiks und des Ausgehverbots weder im Flüchtlingslager noch in der Stadt Gaza zu kriegen waren. Entgegen seinem Rat, von der Altstadt von Jerusalem aus ein arabisches Taxi zu nehmen, beschloß ich aus lauter Bequemlichkeit, mit meinem eigenen Wagen hinzufahren.

Als ich an der Erez-Straßensperre vorbei war, breitete ich meinen roten Keffijeh über das Armaturenbrett aus und fügte aus Respekt vor der Intifada auch gleich einen schwarzweißen hinzu, den ich draußen wie eine Art Fahne festband. Als ich Omar Almukhtar, die Hauptstraße von Gaza, erreichte, sah ich, daß der ganze Verkehr nach links in eine schmale Seitenstraße einbog. Ich suchte nach einem kürzlich aufgestellten Fahrverbotsschild auf der Hauptstraße, doch es gab keins, und so fuhr ich weiter geradeaus in Richtung Küste. Zwei Jugendliche, deren Gesichter von Keffijehs verhüllt waren, verbrannten einen Gummireifen am Straßenrand. In der Nähe saß eine Gruppe von Jungen auf einem Zaun und schaute zu. Einer von ihnen erblickte meinen Wagen, und im Nu warfen sie alle Steine von Apfelsinengröße in meine Richtung. Zum Glück hatten sie mich einen Augenblick zu spät entdeckt. Ich trat aufs Gaspedal und brauste außer Reichweite davon.

Als nächstes begegnete ich einem Konvoi von Militärjeeps, die mit halsbrecherischer Geschwindigkeit und aufgedrehten Scheinwerfern aus dem Areal der Militärverwaltung von Gaza brausten. Die Soldaten in den Jeeps waren mit Schlagstöcken bewaffnet und schlugen die Fenster und Türen der wenigen arabischen Autos ein, an denen sie vorbeifuhren. Diese vorsätzliche Beschädigung war offensichtlich eine Lokalversion der Alarmsirenen, die bestimmte Fahrzeuge in Notfällen gebrauchen, und war wohl auch als Warnung gedacht.

Die südliche Zufahrt nach Schati wurde von Haufen alten Gerümpels blockiert. Eine Bande Kinder schleuderte Steine zum Dach eines vierstöckigen Gebäudes hoch. Ich fuhr rückwärts und parkte meinen Wagen an einem sicheren Platz hinter einer Mauer, dann ging ich auf die Kinder zu. Ein paar Steine landeten neben meinen Füßen, doch das Hauptziel war ein Beobachtungsposten der Armee oben auf dem vierstöckigen Haus, das für Gaza relativ hoch war und einen guten Ausblick auf die Umgebung bot. Zwei Soldaten mit gelangweilter Miene hielten die Stellung. Einer von ihnen erblickte mich. Als er bemerkte, daß ich ein Fremder war, brüllte er »He, Sie da!« zu mir herunter, wobei er mit dem Zeigefinger gegen seine Stirn tippte, um mir anzudeuten, daß er mich für einen Verrückten hielt.

Ich versuchte, an die Kinder heranzukommen, doch sie rannten in ein Gäßchen, wo sie mit ihrem Zeitvertreib fortfuhren. Bewohner des Lagers gingen wie beiläufig durch den Steinhagel, als ob sie die ganze Sache nichts anginge.

Ich sprach eine junge Frau an, die mit einer älteren Frau, vermutlich ihrer Mutter, vorbeiging. »Entschuldigen Sie mich bitte. Ich bin Journalist und auf Einladung von Hassan Dschibril und Ibrahim Abu Giap hierhergekommen.« Ich erwähnte Ibrahims Namen, weil ich wußte, wieviel Respekt ihm hier in Schati entgegengebracht wurde. »Vielleicht könnten Sie hinübergehen und mit den Kindern sprechen, damit sie mich durchlassen?«

»Nur keine Angst. Kommen Sie mit!« erhielt ich zur Antwort. Ich ging also hinter den beiden palästinensischen Frauen in Deckung und wagte mich in die Nähe der Demonstranten. Die Frauen riefen dem ältesten Jungen der Bande zu, er solle herüberkommen und mich in seine Obhut nehmen. Die ältere Frau setzte ihren Weg fort, die jüngere blieb zurück, um zu schauen, was die Jungen mit mir anstellen würden. Ich wiederholte meine Bitte und erwähnte dabei nochmals die Namen von Hassan und Ibrahim.

»Geben Sie mir Ihren Presseausweis!« befahl der Bursche schroff. Er blickte kurz auf meine Karte, ohne sie wirklich zu lesen. »Sind Sie Jude oder Araber?«

»Jude.«

»Sind Sie bewaffnet?«

»Nur zu, schau nach.« Ich hob meine Arme, doch dem Jungen schien nichts daran gelegen, mich zu durchsuchen. Jetzt mischte sich die junge Frau ein, die mich begleitet hatte. »Bring ihn zu Hassan Dschibril und schau, wer er ist. Wenn er kein Journalist und Freund von Hassan ist, laß ihn hier nicht lebend wegkommen.« Ihre Worte waren nicht für meine Ohren bestimmt gewesen, doch ich war überzeugt, daß sie meinte, was sie sagte.

Wir betraten das Lager. Die Straßen waren schwarzverkohlt, und die Luft stank vom Geruch brennenden Gummis. Überall war Schrott aufgehäuft und versperrte die engen Straßen. Die Kinder, die sich bis dahin damit beschäftigt hatten, Steine nach den Soldaten zu werfen, hatten ein neues Vergnügen entdeckt – mich. Sie gingen hinter mir her, steckten kleine Steine in meine

Tasche, stellten mir ein Bein und deckten mich mit einem Schauer von Kieselsteinen ein. »*Sahayuni wassah* [dreckiger Zionist]«, verwünschten sie mich. Immer wieder fühlte ich einen Aufprall an meiner Schulter oder im Nacken und wurde es bald müde, mich jedesmal umzudrehen, um herauszufinden, wer mich angerempelt hatte. Bald hatte ich mich an die Situation gewöhnt und ging einfach immer weiter geradeaus.

Dann hörte ich jemand hinter mir »*Ahalan*, ya Fathi« rufen. Es war Hassan. Es stellte sich heraus, daß er mir seit einiger Zeit folgte und er es gewesen war, der mir auf den Rücken geklopft hatte, um auf sich aufmerksam zu machen. Wir hielten einander nach alter Sitte die Lippen an die Wange. Dies war für die rauhbeinige Gesellschaft, die mich eskortierte, das Zeichen, daß ihre Aufgabe erledigt war. Sie zerstreuten sich und ließen uns in Frieden.

Als erstes fragte mich Hassan, welchen Namen ich benutzt hätte, als ich mich vorstellte. Als ich ihm sagte, ich hätte meinen eigenen Namen, Yoram, angegeben, wurde er wütend. »Das geht unmöglich. Es gibt zu viele Leute hier, die sich an dich als Fathi erinnern. Du mußt also weiterhin Fathi sein, sonst kriege ich Schwierigkeiten.« Als dies geregelt war, kehrten wir zu meinem Wagen zurück. Wir schlugen einen sicheren Umweg ein. Die jungen Demonstranten, die sich am Lagereingang zusammendrängten, waren so machttrunken, daß selbst Hassan sie nicht davon hätte abhalten können, meinen Wagen mit einer Salve Steine einzudecken. In diesen Tagen der Intifada muß man damit rechnen, daß jedes Auto mit gelben (israelischen) Kennzeichen demoliert wird. Plötzlich war es umgekehrt: Wagen mit Nummernschildern aus den besetzten Gebieten waren sicherer geworden als die von Israelis.

Es gelang uns, durch die Steinbarrikaden und brennenden Autoreifen ins Lager hineinzufahren. Einige von Hassans Freunden mußten um meinen Wagen herumstehen, um die Kinder, die die Straße regierten, daran zu hindern, die Scheiben einzuwerfen. Sie waren zwischen drei und zwölf Jahre alt, und ich sah schon den Tag voraus, wo Zwanzig- bis Dreißigjährige wie Hassan hilflos einem Mob von Kindern gegenüberstehen würden und nicht mehr für die Sicherheit eines jüdischen israelischen Gasts garantieren konnten. Schließlich schafften wir es bis zur Reparaturwerkstatt eines Freunds von Hassan, wo wir den Wagen parkten und gut zudeckten.

Selbst zu normalen Zeiten ist Schati ein erbärmlicher Ort zum Leben, doch jetzt herrschte ein noch nie dagewesenes Chaos. Die Kloake war übergelaufen und hatte ganze Straßen überschwemmt. Die großen Mülltonnen wurden als Straßenbarrikaden verwendet, und der Sand in den Gäßchen war mit einer schwarzen Schicht verbrannten Gummis bedeckt, dem Überbleibsel all der verbrannten Reifen der letzten drei Monate. Die Kinder, die wahren Herrscher der Intifada, waren überall an der Peripherie des Lagers verstreut. Sie waren mit improvisierten Steinschleudern bewaffnet und verbreiteten eine apokalyptische Atmosphäre von Anarchie. In den Gassen sah man die Spuren des Müßiggangs im Gefolge der Streiks. Auf einer alten Matratze vor dem Eingang eines der Häuser spielte ein Großvater mit seinem fröhlich lachenden Enkel. Die jungen zwanzig- bis dreißigjährigen Männer, die sonst zu dieser Stunde irgendwo in Israel an der Arbeit waren, schlenderten in kleinen Gruppen herum. Alle waren gut gekleidet, sauber rasiert und hatten frisch gewaschenes und gekämmtes Haar. Sie plauderten miteinander oder lasen Zeitung. Sie waren schon zu alt, um an den täglichen Demonstrationen teilzunehmen.

Wir gingen zum Schifa-Krankenhaus hinüber, das in der Nähe des Lagers liegt. Dort besuchten wir unter anderem den jungen Muhriz Hamuda el-Nimnim, ein Opfer der jüngsten Gewalttätigkeiten. Sein Bruder saß an seinem Bett. »Wenn sie das mit mir gemacht hätten, hätte es wenigstens irgendeinen Sinn ergeben, weil ich Steine und Molotowcocktails werfe«, meinte er. »Aber Muhriz ist krank und hat nie an Demonstrationen teilgenommen.« Dann erzählte er uns alles, was er von dem Vorfall wußte.

Leute im Lager hatten gesehen, wie Muhriz von den Soldaten des Beobachtungspostens, an dem ich bei meiner Ankunft vorbeigekommen war, verhaftet wurde. Achtzehn Tage später fand man ihn bewußtlos vor dem Eingang zum Schifa-Krankenhaus auf. Er wies die üblichen Verletzungen auf, die von den israelischen Truppen zugefügt werden – gebrochene Arme und Beine –, war aber zusätzlich auf den Kopf geschlagen worden. Jetzt vegetierte er bloß noch sprachlos dahin, unfähig zu erzählen, was passiert war. Seine Handflächen und Finger wiesen schwere Verbrennungen auf, als hätte man ihn gezwungen, einen rotglühenden Metallgegenstand zu umklammern.

Ich fragte seinen Bruder, ob es sicher sei, daß die Soldaten ihn so zugerichtet hatten. Er entgegnete, Zeugen hätten beobachtet, wie er bei seiner Verhaftung geschlagen wurde, »aber nicht auf diese Weise«. Dann breitete er den Inhalt eines Sacks aus, den man neben dem Verletzten am Tor des Krankenhauses gefunden hatte und in dem die Kleider steckten, die Nimnim anscheinend während der ganzen Zeit seiner Abwesenheit getragen hatte. Zu meinem Schrecken entdeckte ich unter den übelriechenden Lumpen ein erdrückendes Beweisstück: einen Streifen Flanelltuch von der Art, wie er in der Armee gebraucht wird, um Waffen von Schmutz und Öl zu reinigen. Der Stoffetzen war zu einer Schlinge von der Größe eines Männerkopfes zusammengeknüpft. Soldaten verwenden solche Stoffstreifen gewöhnlich, um Verdächtigen die Augen zu verbinden – der kriminelle sadistische Akt an Muhriz war also aller Wahrscheinlichkeit nach von Angehörigen der israelischen Streitkräfte ausgeführt worden.

Ich bat Hassan, mich nach Dschebalja mitzunehmen, weil ich Fathi Raban und Muhammad Abu el-Naser besuchen wollte. Wir fuhren in einem völlig zerbeulten Fiat mit eingeschlagenen Scheiben hin. Sein Besitzer, ein Lehrer aus Gaza, entschuldigte sich und erklärte: »Ich bin am Tag des Generalstreiks damit herumgefahren, und die Kinder haben ihn demoliert.«

Auf dem Weg berichtete mir Hassan, daß in den ersten Tagen der Intifada Soldaten ins Haus von Muhammad Abu el-Naser eingedrungen seien. »Sie sind von Haus zu Haus gegangen und haben nach Kindern gesucht, die an den Demonstrationen teilgenommen hatten. Als sie in seinen Ausweispapieren sahen, daß er ein freigelassener Häftling ist, haben sie ihn hinausgeführt und ihm mit ihren Knüppeln ein Bein gebrochen.« Fathi Raban hatte mehr Glück gehabt. Er hatte sich einen alten Wunschtraum erfüllen können und für sich und seine Familie eine relativ geräumige Wohnung in einem Wohnviertel in der Nähe des Lagers gekauft.

Wir betraten Dschebalja, ohne Aufmerksamkeit zu erregen, da wir einen Wagen mit den lokalen Nummernschildern fuhren. Bei unserer Ankunft hörten wir ganz in der Nähe eine Salve Pistolenschüsse. (Später am Abend erfuhren wir, daß zwei bewaffnete Männer einen jüdischen Bohrunternehmer angegriffen und schwer verletzt hatten.) In Minutenschnelle brachen Massenunruhen aus. Ein militärisches Kommandofahrzeug verkündete über einen Lautsprecher eine Ausgangssperre, und die Lagerbewohner eilten alle in ihre Häuser zurück. Meine Aufmerksamkeit richtete sich auf ein kleines Mädchen, das mitten in all dem geschäftigen Treiben über einen Müllhaufen rannte, wo ein paar Enten herumwatschelten. Sie packte sie an den Flügeln, klemmte sie sich unter die Arme und lief hastig weg – ein kleines Mädchen, das drei schnatternde Enten in Sicherheit brachte.

Unter diesen Umständen konnten wir nicht nach Dschebalja hinein, daher machten wir eine Kehrtwendung und fuhren nach Gaza zurück. Der Besuch mußte auf unbestimmte Zeit verschoben werden.

Schlußwort

Als ich mich das erstemal als Araber ausgab, legte ich mein Hauptaugenmerk darauf, die Beziehung zwischen Juden und Arabern in Israel möglichst direkt zu erforschen. Statt mich so nebenbei intellektuell ein bißchen mit Politik zu beschäftigen und auf einem dogmatisch-ideologischen Standpunkt zu beharren, wollte ich mich lieber kopfüber ins Geschehen stürzen, und zwar so hautnah an der Wirklichkeit, wie es sich ein Israeli nur wünschen konnte. Insbesondere suchte ich die persönliche Dimension der Problematik zu ergründen, die in so vielen gelehrten Artikeln mit Analysen des arabisch-israelischen Konflikts leider fehlt.

Alles in allem haben sich aus meinen Erlebnissen keine weitreichenden Schlußfolgerungen ergeben – die Feststellung, daß die Araber im jüdischen Staat Israel diskriminiert werden, ist sicherlich kaum mehr eine erschütternde Enthüllung. Was ich aber vorher nicht gewußt hatte und nun am eigenen Leib erfuhr, waren zur Hauptsache Einzelheiten und nicht so sehr Verallgemeinerungen abstrakter und theoretischer Natur.

Die Taktik, mich zu verstellen, ermöglichte es mir, den Konflikt aus einer neuen Perspektive zu sehen und ihn mit größerer Intensität zu erfahren. Als vorgeblicher Araber konnte ich zum erstenmal verstehen, was es für einen Mann bedeutet, sich in seinen eigenen vier Wänden ängstlich und unsicher zu fühlen, wenn draußen vor seinem Fenster eine Militärpatrouille vorbeigeht.

Ich hatte schon öfter Palästinenser davon berichten hören und es jeweils als ein etwas ausgeleiertes Beispiel zur Ausschmückung ihrer Argumente gegen die Okkupation empfunden. Als ich jedoch selbst von dieser lähmenden Angst gepackt wurde und sie in meinem Bauch fühlte, begriff ich eine Dimension in ihrem Leben auf so konkrete Art, wie mir dies als israelischem Journalisten trotz allen Verständnisses für ihre Situation nie wirklich möglich gewesen wäre. Es ging nicht darum, neue Tatsachen zu entdecken – es ging vielmehr darum herauszufinden, was es bedeutete, diese Tatsachen zu spüren. Mein Tarnmanöver veränderte zwar nichts an meiner politischen Auffassung, verhalf mir jedoch zu einer vertieften Bewußtheit und verstärkte meine Fähigkeit, anderen Menschen meine Einsichten über die Lage der Palästinenser mitzuteilen.

Neben der Intensität und Intimität, die das Mittel der Verstellung meinen Erfahrungen verlieh, brachte es mir noch einen zweiten Vorteil: die unvoreingenommene Offenheit, mit der mir die Palästinenser begegneten, mit denen ich in Kontakt kam. Die Bewohner der besetzten Gebiete sind im Umgang mit Journalisten sehr versiert und halten sich im allgemeinen an gewisse Normen. Als Journalist hätte ich höchstwahrscheinlich kaum je die Art von Diskussion mitgekriegt, wie sie unter den jungen Männern in Dschebalja geführt wurde, wo einer in aller Öffentlichkeit den anderen freimütig widersprach. Und während ich zusammen mit den Jungen aus dem Gazastreifen die Nächte in Abu Naims Absteige in Tel Aviv verbrachte, vertraute mir einer von ihnen an, wofür er arbeite und was ihn neidisch mache – um seinem neuen Haus einen weiteren Quadratmeter anfügen zu können und daß die Mädchen von Nablus freier seien als jene von Gaza. Als er hinzufügte: »Hoffentlich wird einmal der Tag kommen, wo wir mit den Juden abrechnen können«, hatte ich allen Grund, seine Worte als einen ungebrochenen und authentischen Ausdruck seiner Gedanken aufzufassen. Er sagte sie zu mir, als hätte er laut zu sich selbst gesprochen und nicht als Pose für einen Journalisten, der gekommen war, um ihn zu interviewen.

Jetzt, wo mein Tarnprojekt abgeschlossen war, wurde es Zeit, meine Erlebnisse aller Welt mitzuteilen. Während ich damit beschäftigt war, sie zu Papier zu bringen, wurde ich auch bei mehreren Gelegenheiten als Gastredner eingeladen. Was in der Öffentlichkeit in Israel am meisten Aufsehen erregte, war natürlich mein Auftritt im Fernsehen, dem verschiedene Zeitungen einen Kommentar widmeten. Die Reaktionen unter den israelischen Juden reichten ganz allgemein von vehementer Verachtung und wütender Kritik auf der einen Seite bis zu wohlwollender Neugier auf der anderen.

Einige der gegen mich vorgebrachten Vorwürfe waren völlig absurd. Eine Kolumnistin der Zeitung *Haaretz* (die als liberal und progressiv gilt) tadelte mich, ein »professioneller Gerechtigkeitssucher« zu sein. Was war wohl ihrer Meinung nach falsch daran, Gerechtigkeit zu suchen? Oder störte es sie, daß ich dies als »Profi« tat – das heißt als Journalist und Reporter, der dafür bezahlt wurde? Man könnte ebensogut einen Arzt anklagen, ein »professioneller Gesundheitssucher« zu sein, oder einem Mechaniker vorwerfen, daß er sich bemüht, jedes Auto zu reparieren, das in seine Werkstatt gebracht wird.

Wer aus meiner jüdischen Zuschauerschaft wirkliches Interesse zeigte, war leider nicht so sehr an den Palästinensern und an der Frage interessiert, wie sie unter extrem widrigen Umständen ihr Leben meistern, sondern viel eher neugierig zu erfahren, wie ich das alles »geschafft« hatte. Mein Aussehen läßt nicht auf den Nahen Osten schließen, und jemand mit arabischer Muttersprache hätte gleich bemerkt, daß ich kein Araber war, sofern wir über Themen diskutiert hätten, die ein gewisses Maß an Differenziertheit erforderten. Unsere Erscheinung wird jedoch nicht nur von dem bestimmt, was uns die Natur mitgegeben hat, sondern auch von einer ganzen Reihe von Requisiten, von Hilfsmitteln und Kleidungsstücken, welche für verschiedene Menschengruppen charakteristisch sind, und ebenso von ihren typischen Verhaltensweisen. Ich habe bereits geschildert, wie sorgfältig ich mich in dieser Hinsicht vorbereitet hatte.

Was ich unter anderem lernte: wie leicht es fällt, Menschen zu täuschen, solange man ihre Erwartungen nicht über den Haufen wirft. Das Risiko, entdeckt zu werden, war viel kleiner, wenn ich mich unter Juden als Araber ausgab. In dem Augenblick, wo sie mich mit einer arabischen Zeitung und in abgetragenen Kleidern sahen, war ich in ihren Augen bereits ein Araber. Mit Juden ließ ich mich auch kaum je auf ein Gespräch ein, das über rudimentäre Äußerungen im Zusammenhang mit der Arbeit hinausging, doch selbst wenn ich eine intimere Beziehung zu Juden hatte – wie etwa mit Miri oder im Kibbuz –, erregte ich keinen Verdacht. Man wird sich vielleicht erinnern, daß ich mich im Kibbuz kaum bemühen mußte, mich zu verstellen. Vielleicht beweist dies alles bloß, wie blauäugig die Leute eigentlich sind. Sie glauben alles unbesehen, und wenn sie sich einmal ein erstes Urteil gebildet haben, bleiben sie dabei.

Und wieso sollte ein Jude einen Araber verdächtigen, ein jüdischer Hochstapler zu sein? Wem könnte schon daran gelegen sein, sich für etwas Minderes auszugeben, wo doch in Israel ein Araber eindeutig unter einem Juden steht? Es wäre zwar durchaus denkbar, daß sich ein arabischer Arbeiter in Israel als Jude ausgibt, um sich das Leben ein bißchen leichter zu machen. Aber kein vernünftiger Mensch käme wohl je auf den Gedanken, daß ein arabischer Arbeitnehmer, der für einen Hungerlohn schwere körperliche Arbeit verrichtet, nicht wirklich ein Araber ist.

Die Palästinenser hatten da schon mehr Grund, mich zu verdächtigen, denn sie leben unter Umständen, die zu Verstellungsmanövern und verdeckten Aktivitäten geradezu einladen. Aber auch hier fand ich es relativ leicht, mich als Araber zu etablieren. Die rituelle Begrüßung beispielsweise, die bei jeder Begegnung stattfindet, dient ebensosehr als Echtheitsbescheinigung der Beteiligten wie das Aufsagen von Koranstellen. Wenn sich zwei Palästinenser über den Weg laufen, tauschen sie ganz automatisch Segenswünsche aus, selbst wenn sie sich nicht näher kennen: *»Asalamu aleikum …«* Dies ist ein authentischer Ausdruck ihrer kulturellen Identität, und jeder, der sich an die relativ umständlichen Sitten und Umgangsformen der Araber halten kann, wird von ihnen als einer der Ihren angesehen.

Eine weitere häufige Reaktion stammte von den Apologeten, die versuchten, meine Argumente mittels eines Vergleichs zu entkräften, der die Israelis in ein günstiges Licht stellte. Ihre Behauptung, ein Araber unter Juden sei immer noch viel besser dran als ein Jude unter Arabern, ist jedoch ein alter Zopf. »Und was wäre, wenn Sie sich unter Arabern als Jude ausgäben? Sie wären bald mausetot«, griffen sie mich an. Nur – warum sich als Jude ausgeben? Eine solche Absurdität entlarvt a priori, was hinter ihren Argumenten steckt. Ich brauchte mich nicht als Jude zu verstellen – zufällig war ich einer, von Geburt auf. In diesem Zusammenhang ist es übrigens interessant festzustellen, daß die rechtskonservativen Siedler des Gusch Emunim ja immer wieder von sich behauptet haben, friedliche Beziehungen zu ihren arabischen Nachbarn zu unterhalten. Der Gusch Emunim und seine Artgenossen führen dies als »Beweis« an, daß die Siedlungen keine unerwünschten Reibereien mit den Arabern verursachen.

In Wirklichkeit besteht natürlich eine beträchtliche Animosität seitens der Juden wie auch seitens der Palästinenser, und die Lage in Israel und in den besetzten Gebieten kann oft sehr leicht bedrohlich werden. Vieles hängt jedoch von den jeweiligen Umständen ab. Ein israelischer Zivilist, der in den Tagen vor der Intifada in einem Flüchtlingslager zu Gast war, wurde vermutlich weit weniger als Vertreter der Okkupation angesehen als einer, der auf dem Freimarkt in einer der Städte im Westjordanland einkaufen ging, obwohl in den Augen vieler Israelis gerade das Umgekehrte der Fall zu sein schien. Ich selbst habe mich drei Jahre lang als Journalist unter der palästinensischen Bevölkerung des Westjordanlands bewegt und dabei oft Leute angetroffen, die geschworene Feinde des israelischen Regimes waren, aber kein einziges Mal während jener Zeit irgendeine Bedrohung oder Gefahr gespürt. Meines Wissens teilen auch meine Kollegen, die sich Tag für Tag als israelische Journalisten unter Arabern aufgehalten haben, diese Ansicht.

Es führt in jedem Fall in die Irre oder ist geradezu eine eklatante Ungerechtigkeit, eine Analogie zwischen Herrschern und Beherrschten, zwischen einer Besatzungsmacht und einem unterjochten Volk zu ziehen. Anton Schammas, der israelisch-arabische Schriftsteller, antwortete auf diese Interpretation meines Tarnprojekts mit dem Kommentar, man könne nicht guten Glaubens die Lage eines palästinensischen Arabers in einem Restaurant in Tel Aviv mit jener eines Juden in einem Restaurant in Nablus vergleichen. Jedem, der die Beschreibung meiner Erlebnisse als Arbeiter in Tel Aviv gelesen hat, müßte dieses Argument eigentlich einleuchten.

Was die Reaktion der Palästinenser auf mein Projekt betrifft, schienen es die meisten, die davon gehört hatten, mit gemischten Gefühlen zu betrachten. Zum einen waren sie eher skeptisch, was ich damit erreichen würde, zum anderen drückten sie etwas aus, was sich vielleicht am besten als Dankbarkeit definieren ließe. Zumindest realisierten sie, daß ich mich ehrlich bemüht hatte, um zu einem besseren Verständnis ihrer Situation beizutragen. Unmittelbar nachdem das Projekt zu Ende war, schickte ich den zahlreichen Palästinensern, die ich hinters Licht geführt hatte, eine Kopie von Feisal el-Husseinis Empfehlungsschreiben, meistenteils begleitet von einer Entschuldigung. Sie reagierten fast alle gleich: Zuerst waren sie wütend, daß ich sie getäuscht hatte, dann begannen sie allmählich meine Beweggründe zu würdigen und meine Handlungsweise zu verstehen. So lautete etwa die erste Reaktion von Muhammad Abu el-Naser aus Dschebalja, dem freigelassenen Häftling, der mich genötigt hatte, aus dem Koran zu zitieren: »Sie haben etwas sehr Häßliches getan. Wie konnten Sie in meinem Haus Kaffee trinken und an meinem Tisch essen und mich gleichzeitig anlügen? Nebenbei war es gar nicht notwendig für Sie, sich zu verstellen. Wenn Sie mir gesagt hätten, Sie seien ein israelischer Jude, hätte ich Sie auf genau die gleiche Art empfangen.« Ich bat ihn um Verzeihung, und schließlich ließ er sich umstimmen.

Sowohl Juden als auch Palästinenser fragten mich, weshalb ich nicht konsequent bis zum Letzten gegangen sei, obwohl »bis zum Letzten gehen« für beide etwas ganz Verschiedenes bedeutete. Die Juden wollten wissen, warum ich nicht versucht hatte, einer der palästinensischen Organisationen beizutreten, wo man mich vielleicht sogar aufgefordert hätte, einen Terrorakt auszuführen. Meine Antwort lautete jedesmal, der Terrorismus sei zwar durchaus ein realer Aspekt der Situation im Nahen Osten, die überwältigende Mehrheit der Palästinenser nehme jedoch nicht an terroristischen Aktivitäten teil und es wäre eine gefährliche Fehlinterpretation, ihnen dies zu unterstellen. Ich muß auch zugeben, daß es gewisse »spannende« Erlebnisse gibt, auf die ich liebend gerne verzichte.

Die Palästinenser hatten etwas viel Wesentlicheres auszusetzen. Sie argumentierten, mein Unternehmen habe eine zu kurze Zeitspanne gedauert, um mich wirklich nachempfinden zu lassen, wie sich ein Palästinenser unter der Okkupation tatsächlich fühlt. Trotz meiner gutgemeinten Absichten sei ich halt doch bloß ein Israeli, der eine kleine Weile sein Spiel gespielt habe. In dieser Behauptung liegt sehr viel Wahres, doch auch hier muß man mir zugute halten, daß ich schon zu Anfang meines Projekts sehr gut informiert war, was in den besetzten Gebieten vor sich ging.

Wieso ich dann nicht ein Gefängnis von innen kennengelernt oder mich einem Verhör unterzogen hätte, insistierten einige Palästinenser – dies seien typische Erfahrungen für Tausende von jungen Palästinensern. Die Antwort lautet, daß ich mir selbst gewisse Grenzen setzen mußte. Der Deckmantel, unter welchem ich operierte, war nicht genügend hieb- und stichfest, wenn ich es mit den Sicherheitsbehörden in Israel zu tun kriegte, denn sie besitzen die nötigen Mittel, um die Identität einer Person in wenigen Minuten und mit einem hohen Grad an Genauigkeit zu überprüfen. Man muß sich vor Augen halten, daß ich mich in einer extrem gespannten Situation bewegte, in welcher überall und immer sehr schnell Argwohn aufsteigt. Hätte man mich verhaftet, so wäre die Wahrheit fast sofort ans Licht gekommen, und in der Folge hätte man mich der behördlichen Irreführung bezichtigt oder mich einfach daran gehindert, mein Projekt weiterzuverfolgen.

Alles in allem formten sich meine Eindrücke schließlich zu einem ziemlich niederschmetternden Bild von Angst und Mißtrauen auf beiden Seiten. Die als billige Arbeitskräfte beschäftigten Palästinenser werden bezüglich der israelischen Gesellschaft in die Rolle aktiver Beobachter gedrängt, während die israelischen Juden nicht einmal so viel tun und sich mit ihrer Herrscherrolle zufriedengeben, ohne die geringste Neugier an den Tag zu legen, wie die andere Seite lebt. Meine eindeutigste Schlußfolgerung ist vielleicht die, daß eine Weiterführung der militärischen Präsenz im Westjordanland und im Gazastreifen Israel in ein Land zu verwandeln droht, in dem es sich für manche Menschen (darunter auch für mich) nicht mehr leben läßt. Auf den einfachsten Nenner gebracht: Ich bin es müde, jeden Tag die katastrophalen Folgen der Besetzung miterleben zu müssen, und fürchte mich vor der Möglichkeit von Gewalttätigkeit und Blutvergießen, unter denen viele Menschen auf beiden Seiten unausweichlich leiden werden. Als israelischer Jude halte ich dies für einen viel zu hohen Preis für die messianischen und imperialistischen Ambitionen einer kleinen, aber militanten Minderheit unter uns – ungeachtet aller legitimen Ansprüche auf einen unabhängigen und sicheren jüdischen Staat.

Um die Stärken und Schwächen von Sicherheitsvorkehrungen zu testen (auf dem internationalen Flughafen Ben Gurion zum Beispiel), schleusen die Behörden periodisch einen ihrer Agenten ein, der ein potentielles Risiko simuliert oder einen falschen Alarm auslöst und so das System in Gang bringt. Dies ist genau die Taktik, die auch ich verwendete.

Es war meine Absicht gewesen, ein Warnsignal zu geben und der israelischen Gesellschaft, von der auch ich ein Teil bin, einen Spiegel unter die Nase zu halten. Seit dem Ausbruch der Intifada hat sich die Lage dramatisch zugespitzt. Das Mißtrauen unter den Bewohnern der besetzten Gebiete ist sehr stark angestiegen, und es wäre heute entschieden gefährlicher (wenn nicht sogar unmöglich), mein Experiment, das sich vor zwei Jahren noch bewerkstelligen ließ, zu wiederholen. Die Entwicklung, vor der ich warnen wollte, hat die Warnung – die Veröffentlichung dieses Buches – längst eingeholt.

Erfahrungen

Erfahrungen

Monatelang lebte die wagemutige amerikanische Journalistin Jan Goodwin in dem vom Krieg zerrissenen Afghanistan. Aus den Fakten und aus ihren Impressionen ist ein bewegendes Antikriegstagebuch entstanden.

Erfahrungen

»Wenn es in England die Todesstrafe gäbe, wären Sie zum Tode verurteilt worden.«

Als Band mit der Bestellnummer 61 206 erschien:

Als angeblicher IRA-Terrorist wird Paul Hill nach zwei Bombenanschlägen auf Londoner Pubs zu lebenslanger Haft verurteilt. Immer wieder beteuert er seine Unschuld. Doch es wird fünfzehn Jahre dauern, bis die Wahrheit ans Licht kommt.